Ralf Bohn

Das Karussell des Genießens und die allgemeine Ökonomie

Szenografie & Szenologie Band 18

EDITORIAL

Die Reihe *Szenografie & Szenologie* versammelt Aufsätze und Monografien zur praktischen und theoretischen Szenografie, zur Inszenierung und Inszenierungskritik. Im Kontext neuer Medien und Medientechniken, seltsamer Objekte, ungewohnter Erzählweisen und innovativer Auftrittsformen analysieren die Beiträge beispielhaft wie verallgemeinernd, historisch wie systematisch die Auseinandersetzung um eine Kultur des szenischen Ereignens und Gestaltens in Alltag und Kunst, Politik und Gesellschaft.
Die Reihe fördert den transdisziplinären Austausch der beteiligten Wissenschaften.
Die Reihe wird herausgegeben von Prof. Dr. Ralf Bohn und Prof. em. Dr. Heiner Wilharm.

Ralf Bohn (Prof. Dr., Dipl.-Des.) lehrt Medienwissenschaften an der FH Dortmund. Er ist Autor zahlreicher Monografien zur philosophischen und zur historischen Problematisierung von Inszenierung im medialen Kontext und Mitherausgeber der Reihe *Szenografie & Szenologie.*

Ralf Bohn

DAS KARUSSELL DES GENIESSENS UND DIE ALLGEMEINE ÖKONOMIE

Zur Inszenierung von Askese und Verausgabung

[transcript]

Bibliografische Information der Deutschen Nationalbibliothek
Die Deutsche Nationalbibliothek verzeichnet diese Publikation in der Deutschen Nationalbibliografie; detaillierte bibliografische Daten sind im Internet über http://dnb.dnb.de abrufbar.

Umschlaggestaltung: Ralf Bohn
Umschlagabbildung: Ralf Bohn
Satz: Ralf Bohn
Druck: Majuskel Medienproduktion GmbH, Wetzlar
Print-ISBN 978-3-8376-6998-5
PDF-ISBN 978-3-8394-6998-9
https://doi.org/10.14361/9783839469989
Buchreihen-ISSN: 2747-3104
Buchreihen-eISSN: 2747-3112

Gedruckt auf alterungsbeständigem Papier mit chlorfrei gebleichtem Zellstoff.
Besuchen Sie uns im Internet: https://www.transcript-verlag.de
Unsere aktuelle Vorschau finden Sie unter www.transcript-verlag.de/vorschau-download

INHALT

Die Kreisel dagegen berechtigen niemals zu Schlussfolgerungen, sondern jeder manifestiert auf seine Weise das Karussell von Sein und Existenz. […] Was tun wir denn vom ersten bis zum letzten Augenblick anderes als das Sein ankündigen, es instituieren, es restituieren durch und für die anderen, im Medium der Intersubjektivität? Es instituieren, es ankündigen: gut. Aber es vor uns sehen, damit dürfen wir nicht rechnen: wir kennen nur seine Zeichen. So wird der Philosoph nicht aufhören, im Kreis zu laufen, und das Karussell wird nicht aufhören, sich zu drehen.

Jean-Paul Sartre: *Über Merleau-Ponty. Freundschaft und Widersprüche*

EINLEITUNG

I. In dreifacher Hinsicht stellt das Karussell eine Metapher intersubjektiver und intermedialer Ökonomie dar. Erstens: Es verbindet das Subjekt mit einem Sozius, dem Karussellpferdchen – es stellt eine Beziehung von Menschen und Dingen her. Zweitens: Es organisiert ein affektives Spiel narzisstischer Stabilisierung durch Destabilisierung, von Selbst-Erfahrung durch Selbst-Verlust im Schwindelgefühl. Und drittens: Im Karussell inszeniert sich eine allgemeine Ökonomie zwischen dem Vergnügen des Konsums und dem Genuss asketischer Selbstaufhebung. Unter diesen drei Aspekten realisiert das Karussell den Zyklus zwischen der Abhängigkeit vom anderen und vom subjektiven Autarkiebestreben, zwischen Schuld, Opfer und Gabe.

II. Gemäß der Blumenberg'schen Metaphorologie demonstriert das Karussell als Modell einer bürgerlichen Vergnügungs- und Genussinszenierung den durch keinen Begriff einzuholenden Widerstreit zwischen narzisstischer Autarkie und intersubjektiver Vermittlung. Georges Bataille hat diesen Widerstreit in einer Zirkulation – derjenigen der Schuld – möbiusartig verbunden, indem er die Konsumökonomie, die ihren Wert durch den Mangel begründet, mit der Ökonomie der Verausgabung, die ihren Wert durch das Prestige des Opfers begründet, das den sakralen Bereich konstituiert, in ein Verhältnis gesetzt – das Verhältnis von narzisstischer Geltung und gesellschaftlicher Genesis. Der Übergang vom profanen Gebrauch zum geheiligten Opfer vollzieht sich protomedial als *Transzendierung durch Inszenierung,* d.h. einer Verwandlung realer in symbolische Werte. Im Zuge bürgerlicher Profanisierung übernehmen Medientechniken die Aufgabe, das Verhältnis von ethischer und ästhetischer Wertsetzung zu ökonomisieren und vom sakralen Zeichenwert auf den Körper zu übertragen. Als Kirmesmaschinen trainieren sie – dem Sport verwandt – mit Beginn des 19. Jhs. die Illusion der Überschreitung der Realökonomie durch den Genuss von Körperaufhebung. Mit der Deplatzierung körperlicher Arbeit entschuldet sich Ausbeutung in eine Scheinautarkie reiner Phantasieproduktion ins heldenhaft Gesunde hinein.

III. Mein Essay stellt – nach einem übergreifenden Kapitel zur Thematik (Kapitel 1) – zunächst den sozialen und historischen Ort des Karussells vor, dessen Frühgeschichte bis in die agonalen Wettkämpfe der Ritterzeit zurückreicht. Gegen Ende des 18. Jhs. wird aus der Trainingsmaschine, die den Duellpartner ersetzt, eine agonale *Schwindelmaschine,* deren Charakter nach und nach nostalgisch ritterliche Geschichte, wie die von Kindheit, illusioniert (Kapitel 2). Einleitend wird das Bataille'sche Konzept der *allgemeinen Ökonomie* vorgestellt, das die profane Welt von Dingproduktion und -gebrauch mit der der Gabe und des sakralen Opfers, der Verausgabung, verbindet (Kapitel 3). Ableitbar wird diese Verbindung mit der *speziellen Ökonomie* in solchen Gesellschaften, die mit einer absatzorientierten Überproduktion zu kämpfen haben. Als Köder dienen kostenlose, vorgeblich opferfreie Fetisch- und Inszenierungsformen (Werbung, Design), die vor allem dem sozialen Prestige dienen. In diesem Sinne macht Baudrillard für die Konsumgesellschaft kein Genießen, sondern nur ein Vergnügen aus, da alle Bedürfnisse von Vorgaben des anderen (der Produktion) abgeleitet sind. Zugleich aber wird der Genuss in die Sphäre eines asozialen Verhaltens abgedrängt, diszipliniert und bei Überschreitung sanktioniert (Kapitel 4).

Das Verhältnis von Ich und anderem – die intersubjektive Abhängigkeit entgegen dem Autarkiebegehren – wird unter Bezugnahme der Sartre'schen narzissmustheoretischen Ableitung in existentieller Psychoanalyse ausgelegt (Kapitel 5). Die Entwicklung vom narzisstischen Duell über den Dialog zum Agon wird beleuchtet unter Berücksichtigung des durch den monadischen Todestrieb markierten Abstands vom Selbst zum Ich und – in gesellschaftlichen Formationen – zum vermittelnden Dritten. Der das Duell aufhebende Dritte bekommt unterschiedliche Funktionen zugewiesen. Er ist der konkrete Andere, die Verkörperung des Gesetzes oder er bildet, introjiziert, das Phantasma des Über-Ichs oder anderer Formen von Konventionalisierungen (Kapitel 6). Der kontinuierliche Widerstreit der drei Instanzen *Ich – anderer – Über-Ich* formiert sich, insofern er sich zur Dauer verpflichtet, also historisch wirksam wird, in einem ökonomischen Kreislauf, in dem Opfer und Gabe sich einem transzendierenden Medium unterwerfen. Als Transzendentalmedium bildet *Schuld* respektive Verschuldung den Wert, der sich mir oder dem anderen gegenüber ethisch oder ästhetisch ausdrückt. Erst im Schuldverhältnis realisiert sich – dem Genuss entgegen – ein soziales, raum-zeitlich organisiertes Verhältnis der ökonomischen Vergesellschaftung.

Max Weber hat die Vorgeschichte der allgemeinen Ökonomie in den konfessionellen Polaritäten der frühen kapitalistischen Ökonomie ausgemacht: dem asketischen Calvinismus und dem barocken Katholizismus. Er begründet die Schuld- und Ursachendisposition durch die jeweilige Auslegung der Prädestinationslehre, welche die Stellung des Transzendentalmediums bestimmt und in Gott (Ich-Ideal) personalisiert (Kapitel 7). Dabei dient die Transzendierung der Schuldverstrickung – die der narzisstischen *Autarkie*bestrebungen entgegengesetzte soziale *Verbindlichkeit* – als Möglichkeit, vom Opfer des Hier und Jetzt in einen Inszenierungsraum zu flüchten, der allgemein spielerisch oder experimentell-provisorisch den Opferaufschub prozediert, indem er den Widerspruch ästhetisiert. Die Richtung der Transzendierung (Autarkie vs. Sozialisation) muss *inszenatorisch* jeweils angewiesen werden. Schuld wird als kreditierte Verlustform im dialektischen Gegensatz (z.B. von Akteur und Publikum) zum Sozialisationsgewinn verrechnet.

Bataille hat die Polaritäten zwischen Individualität (narzisstische Autarkie) und Allgemeinheit (Vergesellschaftung) diesseits konfessioneller Spaltung als Prinzip einer allgemeinen Ökonomie menschlicher und sakraler Bedürfnisse über die Ausführungen von Max Weber hinaus zu entwickeln versucht und sie in der Verhältnisbestimmung von Ethik und Ästhetik, von Wert und Nichts (Seinsmangel; Sartre) philosophisch reflektiert. Die Reversibilität des Austauschs von Schuld und Gabe wird hier als „Transzendierung durch Inszenierung" bezeichnet. Das heißt, der *Genuss* der Selbst-Bestimmung wird im Charakter der Selbst-Negation (des Schwindels, des Rauschs, des Einschnitts in der Zirkulation) an ausgezeichneten Inszenierungsorten wie dem Karussell erfahrbar (Kapitel 8).

Gemäß der realen Auswirkung illusionär begründeter Handlungen wird die Übergangsproblematik eines vermittelnden Dritten zwischen Psychoanalyse und Philosophie exemplarisch zwischen Lacan und Sartre ausgewiesen (Kapitel 9). Vor allem geht es philosophiegeschichtlich um die philosophische Virulenz der Medialisierung des Seienden in einem „reinen" Sein und des Selbst im extremistischen Genießen (Kapitel 10), sodass letztlich die sado-masochistische Zirkulation des „Gewinns durch (Selbst-)Verlust" in den Schwindelmaschinerien der Freizeitindustrie ihren legalen und legitimen Ausdruck zwischen gesellschaftlicher Disziplin und illegitimer Überschreitung auslotet (Kapitel 11).

GESCHLOSSEN
FERMÉ

1. Das Karussell als Metapher ökonomischer Inszenierungen

Der vorliegende Essay behandelt diskursanalytisch Probleme einer allgemeinen Ökonomie unter metaphorologischer Berücksichtigung der szenischen Dynamik des Karussells. Es sind nicht – wie im vorigen Band *Das Karussell* der Reihe *Szenografie & Szenologie*[1] – psychische und physische Effekte und Affekte (Schwindelgefühl und Schwindelei, Tauschfrequenz, Täuschungsabsichten und Karusselldarstellungen in Medien) wegweisend, sondern Fragen des Übergangs zwischen psychischer (innerer) und materieller (äußerer) Ökonomie. Unter „Ökonomie" will ich ein sich selbst stabilisierendes, zirkuläres System verstehen, das seine Abschließung rhythmisch aufschiebt, um gegenüber äußeren Einflüssen dynamisch *und* stabil zu bleiben – so, wie das Karussell bisweilen anhalten muss, um neue Passagiere aufzunehmen.

Ich habe mir die Aufgabe gestellt zu zeigen, dass sowohl die psychische wie die materielle („kapitalistische") Ökonomie in einem Verhältnis von Opfer und Gabe, von Schuld und Schuldverschiebung zirkulieren, denn es gibt keine Ichbildung, die nicht vom anderen oder dessen Kulturleistungen initiiert ist. Die Logistik dieses Austauschs bestimmt die ökonomische Situation eines Subjekts im Verhältnis zu den anderen und den Dingen und soll die Probleme des psycho-physischen Dualismus aufheben. Die beiden Ökonomien – die des Genießens auf dem Karussell und die des Warentauschs (dem Geldopfer der Rundfahrt) – können wegen ihrer systemischen Offenheit als hochgradig ästhetisierte Figurationen einer situativen Praxis des Austauschs (Produktion – Konsumation) betrachtet werden. Der Übergang zwischen den imaginären und den realen Dispositionen soll dabei durch eine Funktion geregelt sein, die ich *Transzendierung durch Inszenierung* nenne. Unter ihr ist der Übergang einer abstrakten *Ethik des Tauschs* in eine ästhetische Erfahrung, der Karussellinszenierung als Metapher, zu verstehen. Ich unterscheide dabei zwischen einer Transzendierung *durch* Inszenierung als Reprä-

[1] Ralf Bohn: *Das Karussell – Schwindel Tausch und Täuschung. Szenen einer Medienphilosophie.* Szenografie & Szenologie Bd. 17, Hg. Ralf Bohn und Heiner Wilharm, Bielefeld 2022. Erhältlich als Open-access-PDF über die Verlags-Webseite: https://www.transcript-verlag.de/978-3-8376-6125-5

sentation – oder genauer: *Selbst*präsentation) und der Transzendierung *in* Inszenierung. Für den ersten Fall gibt es das Beispiel der Heiligen Messe (insbesondere der katholischen Variante einer Realtranssubstantiation des Opfers in eine göttliche Gabe) oder das des Karussellschwindels (bis zur Ohnmacht). Für den Fall der Transzendierung „in" Inszenierung gibt es das Beispiel des klassischen Theaters, wo die Transzendierung in der Inszenierung vorweggenommen wird, indem sich alle einig sind, ein Schau*spiel* zu erleben und während dieser Präsentation „Wirklichkeit" zu opfern. Aber auch das Karussell bietet in der Inszenierung seiner Vehikel eine Erfahrung des „als ob": Die Kinder wissen, dass sie nicht wirklich auf einem Pferd reiten, sie tun bloß so. Die Herkunft ihres Schwindelgefühls, das sie genießen, bleibt ihnen durch die Drehung zwar vermittelt; sie erkennen aber nicht, warum der Verlust an Orientierung ihnen Genuss bereitet. So geht es um eine grundlegende Unterscheidung, die sich in der Karussellinszenierung realisiert. Es gibt einerseits ein *Vergnügen,* das mir im Zusammenspiel mit dem Sozius (des Pferdchens) zukommt, andererseits ein *Genießen,* das ich selbst bin. Während das *Vergnügen* stets die Erfüllung eines Mangels durch den anderen meint, also eine „Entfremdung", so reserviere ich den Begriff *Genießen* für eine Erfüllung meiner selbst. Der Zirkelschluss, dass das Selbst sich selbst genießt, zeigt einerseits, dass das Genießen im Sinne Sartres mit dem Sein zusammenfällt (die Identität der Identität), andererseits – und für uns wichtiger –, dass das Subjekt sein Genießen nur einbringen kann, indem es sich selbst durchstreicht (kastriert oder aufhebt), d.h., indem es seine eigene Negation als Tod erfährt. Damit aber dieser „Tod" genossen werden kann, genügt es, ihn für einige Momente in einem kleinen Schwindelgefühl auf dem Karussell als eine Entfernung des Sich von sich zu imaginieren. Wenn man paradox formulieren will, so führt der Schwindel zu einer Selbstentfremdung (Gabe) und nicht zu einer Fremdentfremdung (Opfer). Der Genuss genießt sich also als *Lücke im Sein.* Epistemologisch gesehen argumentieren wir hier die Grenzbeziehung, die die Philosophie Sartres von der Lacans trennt.[2]

Es geht mir darum aufzuzeigen, wie bestimmte Opferrituale sich in Gaben verwandeln, die mit der ursprünglichen Opfersubstanz nichts gemein haben, sondern in einer Antwort Gottes gelesen werden. Um das Selbst in der Selbstheit genießen zu können, muss es geraten sein, sich selbst zu Gott zu machen – einfacher gesagt, eine Relation von innerer Stimme

[2] Vgl. Andreas Cremonini: *Die Durchquerung des Cogito. Lacan contra Sartre.* München 2003, S. 144ff.

(Gewissen, der große Andere, der phallische Signifikant) und äußerem Handeln zu konstituieren. Ich muss also den konkreten anderen, den Fremden, abwehren, z.B. jenen, der schon in der Propaganda meine Imagination nach dem Wunsch einer bestimmten Ware durchsetzt. Die umfängliche Genese, die mich selbst zum Subjekt meines Genießens macht, geht freilich im abstrakten Geldtausch völlig verloren. Hier, in der Konsum- und Freizeitgesellschaft, werden die Wünsche im Handumdrehen und auf wundersame Weise ohne Körper- respektive Sinnenopfer erfüllt. Die Transformation erfolgt bewusstlos, obwohl völlig einsichtig ist, dass der Warentausch ein gesellschaftliches Verhältnis hervorbringt, das seinen Wert in der Münze hat; dass Ware, Münze und Gesellschaft keinerlei materielle Verwandtschaft haben und dass das Opfer an Arbeit unabdingbar ist. Auch der Inszenierungsaufwand fehlt, anders als beim Feilschen, das ein besonderes Ritual darstellt. Vorweg gilt es jede Fremdheit eines Wunsches in der Ware so zu inszenieren, dass Wunsch, Erfüllung und Besitz eine kohärente Einheit darstellen, obwohl es sich um imaginäre, symbolische und reale „Seinsweisen" handelt, die nur im Sprung, transzendierend, überwunden werden können. Genau in diesem Sprung konkretisiert sich das Genießen. Die Formel „Transzendierung durch Inszenierung" soll demnach Unvergleichliches vergleichbar machen. Was aber noch wichtiger ist, sie *macht* es sichtbar, erlebbar. Inszenierung kann in diesem Sinne als Medium betrachtet werden, in dem der *ethische Wert* (die Anerkennung der Geltung des anderen) in ästhetischem Vollzug (das Erkennen der Transzendierung) erscheint. Wir müssen also vordringlich auf das zur Sprache kommen, was *nicht* erscheint, was als Undarstellbares sich in den Formen, Schwindel, Ohnmacht, Rausch oder den Psychosen im Zustand einer Selbstauflösung manifestiert. Erst dann können wir die Frage stellen, wie das Selbst sich im Genießen seiner „Selbstaufhebung" ausdrückt.

Georges Bataille hat nun für den Übergang zweier unvergleichlicher ökonomischer Handlungen, dem asketischen Opfer und der Verausgabung, den Begriff „allgemeine Ökonomie"[3] geprägt. Wir werden einsichtig machen müssen, welche Transzendierung *in* oder *durch* Inszenierung aufgeklärt wird, was also der jeweils undarstellbare, wunderliche Teil der Ökonomie ist, oder anders gesagt: *was ich im Tausch opfern oder annehmen muss, um mir als Selbst zu*

[3] „Bataille hat die allgemeine Ökonomie als Wissenschaft konzipiert, ohne zu bedenken, daß sie zwei grundverschiedene Bereiche, einen meßbaren und einen nichtmeßbaren, miteinander verbindet." Gerd Bergfleth: *Theorie der Verschwendung. Einführung in Georges Batailles Antiökonomie.* München 1985, S. 47.

erscheinen. Wunderlich im praktischen Tausch ist z.B. der Übergang von Geld in Ware, von Tausch in Vergesellschaftung oder von Schwindel, also Selbstverlust, in genießerischen Selbstgewinn.

Es lassen sich zwei geometrische Veranschaulichungen dieser allgemeinen Ökonomie ausmachen, d.h. zwei geometrische Inszenierungen im Modus der Illustration. Die eine ist die des Möbiusbandes (der liegenden Acht, Lemniskate). Sie zeigt die zwei verbundenen Kreisläufe als endloses auf sich selbst zurückgebogenes Band: Zwischen den Wünschen und den Realisierungen gibt es keine logistische Bruchstelle. Die andere Figur ist die der „Innenacht", die Lacan auf das Subjekt bzw. die Spiegeldimension von *Selbst, Ich* und *anderem* bezogen hat.[4] Beide Figurationen sind geschlossene zweidimensionale Flächenfiguren. Die unendliche Wiederkehr des Gleichen, d.h. der reibungslose Tausch, und die Krise des Unerwarteten (des Schwindels) sind die widerstreitenden vitalen Momente, die das Kind auf dem Karussell entweder als Langeweile oder als aggressive Forderung nach einer sich steigernden Affektivität erlebt.[5]

Der Übungseffekt des Karussells liegt nicht im aggressiven Rausch, sondern in dem Instrumentalisierung des Übergangs beider ökonomischer Systeme, der Reflexion über die Opfer an der Kasse und die Gabe eines bescheidenen Höhenflugs. Die eigentliche problematische Reibungszone in diesem Tausch ist ein unerwarteter Effekt, der darin besteht, dass sich das Kind für einen Moment einer Schwindelabsence hergibt, aus der es rasch wieder zurückkehrt. Dieser Moment der Transzendierung – das Genießen – dient der Ausprägung einer Differenz, die im Laufe der Tauschereignisse sich als Ich dynamisch stabilisiert. Das Subjekt kann sich als Objekt reflektieren und sich als sich selbst erkennen. Offensichtlich wird das an dem Rollenspiel, auf das sich die Kleinen mit den Karussellgefährten einlassen.

[4] Jacques Lacan: *Die vier Grundbegriffe der Psychoanalyse. Das Seminar von Jacques Lacan, Buch XI (1964).* Olten 1980. Lacan bezeichnet seine Abbildung als „Topologie des Subjekts". „Sie erinnert in der Tat an die berühmten Eulerschen Kreise, nur handelt es sich, wie Sie wohl sehen, um eine Fläche, die Sie herstellen können. Der Rand derselben ist fortlaufend, er wird allerdings in einem Punkt zugedeckt von der Fläche, die zuerst entstanden ist. Die Zeichnung vermittelt, wenn man sie in einer bestimmten Perspektive sieht, den Eindruck, als ob sie zwei Felder darstellte, die sich überschneiden." (S. 163) Vgl. auch Lacans Entwicklung des Möbiusbandes und des „Cross-Cap" in: Jacques Lacan: *Die Angst. Das Seminar, Buch X (1962-63).* Wien 2010, S. 125 u. S. 168.

[5] Eine solche mäandrierende Figur hat Paul Klee in seinen diversen Darstellungen zum Blut- und Evolutionskreislauf der Natur herangezogen. Vgl. Ralf Bohn: *Inszenierung als Widerstand. Bildkörper und Körperbild bei Paul Klee.* Szenografie & Szenologie Bd. 2, Hg. Ralf Bohn und Heiner Wilharm, Bielefeld 2009, Abb. S. 38, S. 51, S. 111, S. 140.

So wie das *Karussell* den Übergang einer allgemeinen Ökonomie technisch und ästhetisch inszeniert, um sich auf Dauer im urbanen Raum zwischen *Kirche* und *Kaufhaus,* zwischen Sakralität und Profanität zu halten, so kann auch das Subjekt seinen psychischen Kreislauf nur aus der Repräsentation des Äußeren verstehen, das ihm vom anderen schuldhaft oder gabenverpflichtet zukommt. Die wechselseitige Repräsentation oder Metaphorik erfüllt sich in einer vermittelnden Transzendierung, in der beide Bereiche ihr *Nichtdarstellbares* (das Rätsel ihrer Identität) im jeweiligen anderen zur Geltung bringen müssen. Kirche wie Kaufhaus müssen das Jenseitige ihrer Ökonomie in einem System der *Verausgabung, der* (kostenlosen) *Vorgabe* (Attraktion), als das *Undarstellbare* ihrer selbst darstellen. Eine solche Inszenierung ist die Kirmes, die Kirchmesse. *Heilige Messfeier* wie säkulare *Schaufenster* sind praktizierte Inszenierung von Jenseitigkeiten und verweisen auf eine Produktion, die sich im Unbewussten (Freud) oder Bewusstlosen (Marx) funktional als Praxis von Tausch überhaupt abspielt: des *transzendentalen* Tauschs in der Kirche, des *Warentauschs* im Kaufhaus und des *transzendierenden* Tauschs zwischen beiden Tauschformen auf dem Karussell, diesem frühesten Kirmesgerät. Grundsätzlich sind solche Inszenierungen an Rituale und an Fetische gebunden. Dem Fetisch des Geldes entspricht auf der ästhetischen Seite der Fetisch des Karussells im infantilen Maßstab bzw. der Fetisch der Vergnügungsindustrie im Maßstab der Konsumgesellschaften. Die Verausgabung und ihr Genuss referiert dabei auf die Möglichkeit, sich entweder symptomhaft oder asozial *aus den Tauschverpflichtungen hinauszustehlen,* d.h. das Undarstellbare als solches paradox, subversiv darzustellen und sich wie ein Priester oder Zauberer zu verhalten. In unserem Fall, dem Karussellbesuch, handelt es sich um den unerwarteten *Genuss einer Selbstopferung* im harmlosen Drehschwindel, der der perversen Maxime *„Gewinn durch Verlust“* gehorcht.

Das Karussell wird hier als Sache wie als Metapher verstanden. Es bringt, wie jede Metapher, das zur Ansicht, was an „Eigentlichkeit“ entbehrt, was nicht in einer „nackten Wahrheit“[6] aufgeht. Die Metapher vertritt in der Sprache das, was als ihre Sprachlichkeit nicht zur Sprache kommen kann. Sie verkörpert die nomadische, strukturale Zirkulation und hofft auf Verdichtung des diskursiven Geschäfts in einem Begriff. Statt des theoreti-

[6] Hans Blumenberg: *Paradigmen zu einer Metaphorologie.* Frankfurt a. M. 2021, S. 63ff. Die Ansicht einer „nackten Wahrheit“, die nur als „Schmuckwerk“ der „Rhetorik“ erscheint, stellt Blumenberg zur Disposition, indem er die Bedeutung der Ästhetisierung für das, was sich *nicht* zur Darstellung bringen lässt, hervorhebt. Die Metapher ist nicht Vorform des Begriffs, sondern Darstellung des Begriffslosen.

schen Begriffs aber konstituiert sich für uns ganz praktisch eine szenische Maschinerie, für die nicht zufällig der Name „Karussell" stets auch in metaphorischem Zusammenhang in Gebrauch ist. Für die Drehung im Kreis steht symbolisch der Ring, für das Karussell immer auch die Dynamik des Schwindels, ein bescheidener Orientierungsverlust, der den Opferverlust des Körpers, der Sinne betrifft, und der sich daraus entwickelnde Mehrwert: *die reflektierte Bewertung von Gewinn und Verlust sowohl auf Seiten des Ichs wie auf Seiten der gesellschaftlichen Tauschverhältnisse.*

Die Metaphorik des Karussells verdichtet und assoziiert die polarisierenden Sphären von *Theorie* (die nackte Wahrheit) und *Praxis* (die sinnlich erscheinende Situation), von *Ethik* (das Gesetz, der Wert) und Ästhetik (die Selbstpräsentation bzw. Repräsentation/Inszenierung). Die Ökonomie der Tauschverhältnisse erhält sich in einem *Rollenspiel* der Kinder auf dem Gefährt des Karussells. Die Mimetik an das Gefährt ist kein Verlust, sondern der Gewinn einer Marge der Wahlfreiheit. Denn meine Individualität kann immer nur eine Abwandlung der Rollen sein, die mir vom anderen aufgeprägt werden. Der Übergang ist dreifach: vom Körper zum Selbst, vom Selbst zum Ich, vom Ich zur Person. Der Affekt des Genießens in dieser spezifischen Formung ist der *nicht soziale Selbstbehalt einer Entmachtung des anderen,* eines Schwindelrückzugs. Ohne diese asoziale Dimension (die *Absence*) würde die allgemeine Ökonomie nicht zirkulieren. Die masochistische Steigerung der asozialen Genussform zeigt sich in spezifischen Inszenierungsformen des Heraustretens aus dem Realitätsprinzip: im Ritual, im Spiel, im Schwindel, im Traum, im Rausch, im Fest. Spezifisch muss das Genießen deshalb von anderen vergesellschafteten Formen der passiven Lust (Zufriedenheit, Vergnügen, Glück) unterschieden werden, in denen *Wunsch* und *Erfüllung* in einem sozialen Äquivalenzverhältnis (Produktion – Konsumation) stehen und nur der Gewinn entnommen werden darf, der als wünschenswert etwa von der Werbung vorproduziert worden ist. Für dieses konsumorientierte Lustspektrum heißt es bei Adorno/Horkheimer: „Natur kennt nicht eigentlich Genuss: sie bringt es nicht weiter als zur Stillung der Bedürfnisse. Alle Lust ist gesellschaftlich in den unsublimierten Affekten nicht weniger als in den sublimierten. Sie stammt aus der Entfremdung."[7]

[7] Theodor W. Adorno/Max Horkheimer: *Dialektik der Aufklärung. Philosophische Fragmente.* Amsterdam 1947, S. 127, zitiert nach: Helmut Dahmer: *Pseudonatur und Kritik. Freud, Marx und die Gegenwart.* Frankfurt a. M. 1994, S. 206. Adorno/Horkheimer grenzen den Begriff „Genuss" nicht gegen Glück und Vergnügen etc. ab und reservieren den subversiven Gehalt nur für Kunst, da in der Kunstrezeption Erfüllung nicht vorgegeben wird. Kunst ist Sabotage am Glücksversprechen, deren Perversion. Sie ist das destruierende Tauschmoment. Adorno/

Der hier durch die Metapher des Karussells verdichtete Begriff „Genuss" erklärt, warum sich auf dem Karussell im schwindelnden Orientierungswechsel eine Subjektstabilisierung durch Tauschvariation als *unerwarteter* Effekt ergibt, der von den Karussellbetreibern so gar nicht intendiert war. Während Bezahlung und Schwindel noch einigermaßen ökonomisch kalkuliert werden, ist der Ichbildungsvorgang (Gewinn durch Verlust) in keiner Kalkulation enthalten. Wie dieser Vorgang sich als *Genese* des Narzissmus, als *Selbstautonomisierung* darstellen lässt, werde ich im Verlauf der Analyse zu zeigen versuchen.

Genuss soll also immer für Individuation einstehen. Wir können das *passive* Genießen (die asoziale Haltung, Nichtarbeit) vom *aktiven* Genuss, der luxuriösen Verausgabung unterscheiden. Und wir können den asketischen, ethisch fundierten Genuss, die Unsinnlichkeit, mit dem episodischen Orientierungsverlust auf dem Karussell in Beziehung setzen – wobei dem Karussell der ganze ästhetische Zauber als Kompensation entgegengehalten wird, den der Asket im Gotteslohn erwartet. Beide Tendenzen sollen – seit den historischen Analysen Max Webers – dem katholischen und dem protestantischen Umgang mit den Gaben Gottes entsprechen. Beide sind von Weber jedoch nicht auf ihren verbindenden Mehrwert hin untersucht worden. Einerseits gibt es Genuss als Affektion des ermöglichten Übergangs in die Freiheit der Individuation, den *Frei-Zeit-Raum,* in dem soziale Orientierung unter Vorbehalt zeitlich und räumlich dispensiert werden dürfen: Schwindel, Rausch, Rummel, Exstatiken aller Art mit ästhetisch inszenierter Rückkehrgarantie. Dort, wo man sich der Öffentlichkeit legitim entziehen kann, taucht das Genießen auf, wo Effekte unerwartete Affekte, Wunder, Rätsel, Zaubereien hervorbringen. Andererseits gibt es das (entfremdete) Vergnügen, in dem das Produkt den Wunsch schon erfüllt, der durch seine Darstellung angeregt wird. Dieser Warenverkehr, der nur das zu wünschen

Horkheimer schließen ausdrücklich beides, „Rausch wie Askese" als Erfüllungsimperative mit ein, damit der Konsument „keinen Augenblick die Ahnung von der Möglichkeit des Widerstandes" erreicht. Vgl. Theodor W. Adorno/Max Horkheimer: *Dialektik der Aufklärung. Philosophische Fragmente.* Frankfurt a. M. 1979, S. 127. In der Grenzbeziehung von Kunst und Vergnügen kann immerhin ausgemacht werden, dass die *Arbeit* der Rezeption in ihre Negation umschlägt. (S. 128). Philosophische Kritik, Genealogie der Wunschaufklärung und Psychopathologien erweisen sich in dieser Grenzregion von konstruktiver Aufklärungsarbeit. Konsumverweigerung ist *kritische* Erscheinung, wo die Identitätsbehauptung von Wunsch und Befriedigung nur den Schein einer Tauschgerechtigkeit erhält. Getauscht wird aber immer nur das Nichtidentische. Dieses kommt dort zum Ausdruck, wo poetisch, im Wunder, durch Zauberei etc., Effekte in *unerwartete* Affekte umschlagen. Hier kann *Genuss* als soziale Divergenz, als Mehrwert der „Selbst-Erfüllung" betrachtet werden. Anders gesagt, der Differenzbetrag zum Identischen wird durch Fiktionalität vermittelt.

gibt, was als Produkt schon realisiert ist, ist immer auch der vorherrschende im Freizeitpark und darf kritisch als Vergnügungsindustrie, Luxusindustrie etc. vom asketischen Standpunkt aus diffamiert werden.

Die körperliche Verausgabung auf dem Karussell, das schwindelerregende Heraustreten aus der orientierenden Reflexion, bisweilen der kleine Rausch erscheinen vernunftwidrig. Aber wie kann sich dieser Schwindelaffekt, den man auch ohne maschinelle Hilfe herbeiführen kann, in einer Maschine verkörpern, die seit zweihundert Jahren das Straßenbild und beinahe jede öffentliche Festivität belebt? Offensichtlich haben wir es mit einer kollektiven Symptomatik zu tun, die den *Frei-Zeit-Raum* als Lebensraum – Entzugsort gegenüber dem Gesetz der Kapitalökonomie – zur Selbstbestimmung benötigt, und zwar zu *einem Selbst, das sich selbst nur in der* Überschreitung *eines gesellschaftlichen Konsumangebots finden kann; einem Selbst, das nicht von anderen gemacht ist,* das sich *autonom* und *autark* nicht gegenüber dem anderen verschuldet.

Die Offensichtlichkeit von Verausgabung in der Vergnügungsindustrie durch Attraktion, Ästhetisierung, Blendung, Sinnentaumel ist auf jeder Kirmes zu beobachten. Die sich selbst disziplinierende Verausgabung auf dem gemächlichen Karussell repräsentiert das Illusionsphänomen „Jenseitigkeit" im Diesseits. *Der Genuss ist die anökonomische Gegenoffensive des Körpers zum Sozialzwang der technischen Normierung* mit der *Rückkehreinsicht* ihrer Unhintergehbarkeit auf Dauer. Kehrt der Genuss nicht in diese Einsicht zurück, wird er pathologisch.

Mein Essay will der Funktion der metaphorischen *Überschreitung* und *Vermittlung* des Genießens nachgehen: einerseits dem Mangel, der Verknappung und der Askese – der *Selbstfindung* durch Selbstopfer –, andererseits der Verausgabung, des Luxus, des Festes und der Verschwendung – der *Selbsterlösung* vom Tausch durch Vernichtung von Gütern.

Da, wie Marx festgestellt hat, der Übergang zwischen dem Individuellen und dem Kollektiven bewusstlos erfolgt – man tauscht Waren, konstituiert dabei zugleich unbemerkt eine Wertegemeinschaft –, kann er sich nur mittels der permanenten Inszenierung und Sakralisierung der profanen Bedürfnisse ausdrücken. Marx nennt *Fetischisierung,* was im Kern ein metaphorologisches Phänomen ist. Sakralisierungen, die einer Schuldverschiebung des bewusstlosen Vorgangs der Vergesellschaftung gleichkommen, werden in der katholischen Konfession durch die unendliche Wiederholung der Abendmahlsfeier, der absoluten Verausgabung Jesu gedenkend, performativ *präsentiert.* Im Karussell geschieht dies durch ein spezifisch sich über zweihundert Jahre entwickeltes visuelles, auditives und agonales Programm, und im Kaufhaus durch die szenografische und mediale Präsentation, Fetischisierung und Mythisierung der Ware. Das vornehmste Element der Transzendierung ist zugleich das magischste: die Vergötterung des Geldes, die mit der Hostie der Form nach identisch ist. Dabei handelt es sich beim Geld um einen rein illusorischen Zahlenwert, der lediglich durch die Form der Tauschgemeinschaft im Kredit des Vertrauens auf Zukunft Bestand hat, in der die Antwort auf die Frage nach dem *identischen* Wert von Geld und Ware unendlich aufgeschoben wird. Sobald von Aufschub, aber auch von Wiederkehr die Rede ist, sobald also eine ökonomische Dimension eintritt, muss über eine Bildung und Eroberung von Zeit und Raum gesprochen werden. Jede Zirkulation ist Raum greifend und Zeit raubend.

Grundsätzlich geht es in der Transzendierung durch Inszenierung um die ästhetisierende Aufhebung der Verschuldung, die ich von Geburt an gegenüber dem anderen und der Gemeinschaft habe – katholisch gesprochen: die Erbsünde. Gegen diese Verschuldung muss das Individuum narzisstisch seine Autonomie und Autarkie anstreben, entweder militant oder im Freiraum spielerischer Metaphorisierung. In der Befreiung vom Gesetz des anderen liegt der Genuss des asozialen Elements, einem masochistischen Genießen, das in den Vergnügungsstätten sofort reglementiert und sadistisch diszipliniert wird, sobald Pathologie und Kriminalität die Sicherungsmaßnahmen unterlaufen wollen.

Hier stehen sich die Brüder Moses und Aaron gegenüber: Der eine vertritt das Gesetz, der andere den Tanz ums Goldene Kalb. Sofern die Gesellschaft überdauern will, muss sie sich dem Gesetz unterwerfen. Die *Befreiung vom Gesetz* drückt sich primär darin aus, dass von Geburt an überhaupt erst einmal die *Trennung eines infantilen Körpers zu einem anderen Körper als vollzogen gedacht wird und im Vollzug sofort in ein Konkurrenzverhältnis (Narzissmus) gerät und sich deshalb einem stabilisierenden und vermittelnden Dritten (dem Gesetz, dem Ritual, der Norm, der Technik) unterwerfen muss.* Die Gültigkeit der Illusion („Ich“) muss durch eine Autorität bewältigt werden, die das Undarstellbare in Darstellung verwandeln kann, die mit inszenatorischen Techniken vertraut ist: der Priester, der König, die Repräsentanten, und als deren profane Miniatur der Rekommandeur, derjenige, der lautstark oder feinfühlig die Karusselle am Laufen hält, das Publikum ermuntert, den Kindern auf die Pferdchen hilft und die Geschwindigkeit der Zirkulation regelt.

Mit den diversen Inszenierungsprogrammen ist keineswegs erkannt, sondern nur in Sichtbarkeit und die Sphäre des Zeichens hineinverschoben, dass die ursprüngliche Schuldaufladung durch den Umstand aufkommt, dass ich nicht Herr im eigenen Haus bin und der andere mir aus symmetrischen Gründen nicht geben kann, was mir fehlt. Diese Situation des wechselseitigen Mangels ist der Ursprung der masochistischen und sadistischen Aggression: einerseits der Masochismus, mich im Schwindel zu verlieren, andererseits der Sadismus der Karussellmaschine, die Geschwindigkeit der Fahrt zu beschleunigen, damit die immergleiche Zirkulation nicht Langeweile und Melancholie befördert.

Wie ist die Darstellung einer allgemeinen Ökonomie zu disziplinieren? Der Vorwurf, die Psychoanalyse als theoretische Methodik kümmere sich nicht um die sozialen Beziehungen und die dingliche Außenwelt, kann schon seit Mitte des letzten Jahrhunderts nicht mehr gelten. Ebenso ist die Marx'sche Analyse der ökonomischen Zustände des 19. Jhs. heute in großen Teilen der westlichen Welt nicht mehr dem Problem der Befriedigung unmittelbarer Bedürfnisse, Triebe oder Lüste, gewidmet, sondern stellt das Problem der Verschwendung, der Verausgabung und des hemmungslosen Rausches, des Festes, der „individuellen" Freiheit in den Vordergrund. Die Verbindung beider Modelle – des intimen der Psychoanalyse und des öffentlichen des Marxismus – fand unter dem Begriff „Freudomarxismus" Verbreitung und wurde durch existentialistische und strukturalistische Konzeptionen erweitert. Dabei blieb in der Dynamik – bis auf Ausnahmen bei Sartre, denen wir uns widmen werden – unbeachtet, dass das Begehren in den Dingen *dauert,* und zwar derart, dass ihr objektiver Gebrauch oder Besitz die Überschreitung verunmöglicht, es sei denn, man betriebe Sabotage am Gebrauch. Die Objektivität der industriellen Ware hindert die Aufklärung wechselseitiger Verausgabung und schiebt sie in normierte Freizeitparks und Medienformate ab. Infolgedessen muss – so Sartre – eine *Psychoanalyse der Sachen* versuchen, mit soziologischen, philosophischen und psychoanalytischen Instrumenten das in den Dingen verkapselte Begehren (die narzisstische Autarkie) als Schuldabschüttelung auf seine Genealogie hin befragen. Denn das Ding (Institutionen, Objektivationen aller Art; Sachbeziehungen) ist das durch Arbeit veräußerte, abgewehrte Schuldmonitum, die zur Konsumation bestimmte Rückgabe im Produkt – privater Konsum wider die Sozialisation vergesellschaftender Arbeit. Die kursierende verdeckte Schuldsubstanz ist die der Ware als Form *meiner* Begehrlichkeit.

Auf der Ebene der poststrukturalistischen Entsubjektivierung ist es der *Diskurs*, der in der permanenten Verschiebung das Transzendentalsubjekt verliert und Schuldabsenz in Kommunikation wiederherstellen will. Es ist letztlich die Erlösung von der „Besitzform", die es im Symptom wie im Warenlager des bürgerlichen Haushalts und seiner gebauten Umwelt zu analysieren gilt. Wir werden versuchen, das Karussell als ein solches Ding zu betrachten, das der allgemeinen Ökonomie wie der sozialen Lust und dem asozialen Genießen einen erkenntnispraktischen Frei-Zeit-Raum eröffnet, der nicht im negativen Saldo endet wie die Untersuchungen der Kleinkinder, die das Innere ihres Spielzeugs zerstören und dort nicht finden, was sie suchen: ihren *eigenen* Standort.

Die asoziale Ökonomie der Verausgabung (des Opfers ohne reale Gegengabe) ist als *vitalistischer Teil einer Unruhe* innerhalb des Wiederholungsgeschehens alltäglicher Arbeit und Reproduktion logisch unabdingbar, denn sie bestätigt, dass die Wahrheit des gesellschaftlichen Seins in ihrer allgemeinsten Serialität (geboren zu werden und zu sterben) historisch in der Gabe des individuellen „Sinns" gebrochen ist.

In der Mikrostruktur der Gesellschaftlichkeit des Karussells will ich zeigen, dass ein Moment von Freiheit jenseits der unmittelbaren Bedürfnisbefriedigung (der Hunger lässt keine Freiheit zu) in der Verausgabung liegt, dass das Selbstopfer zwar diszipliniert oder verfemt, keinesfalls aber genichtet werden kann. Das *Genießen ist die nichtserielle Freiheit* und emanzipiert sich deswegen von der Wiederholung. Wenn wir diese Idee – die wir noch aus Sartres Theorie der Intersubjektivtät ableiten werden – auf das Karussellgeschehen übertragen, d.h. der allgemeinen Zirkulation von Sein und Geschichte[8] ein bescheidenes Modell liefern, können wir eine Anschauung davon gewinnen, warum das Karussell einerseits durch den kurzen Schwindeleffekt in den Kindern eine Befreiung der Sinne von der Realität erfahrbar macht; andererseits können wir erkennen, was in der ästhetischen und inszenatorischen Ausführung des Karussells aktuell immer noch den nostalgisch sentimentalen Reiz erzeugt: Meine eigene Geschichtlichkeit

[8] Vgl. Jean-Paul Sartre: *Über Merleau-Ponty. Freundschaft und Widersprüche.* In: Ders.: *Gesammelte Werke,* Bd. 2. Reinbek 1988, S. 68-145. Sartre bezeichnet Merleau-Ponty als einen Dialektiker ohne Synthese, der im Kreis als „Motor der Geschichte" läuft. „Die Kreisel dagegen berechtigen niemals zu Schlussfolgerungen, sondern jeder manifestiert auf seine Weise das Karussell von Sein und Existenz. […] So wird der Philosoph nicht aufhören, im Kreis zu laufen, und das Karussell wird nicht aufhören, sich zu drehen." (S. 130f.) – Die Metaphorik dieses dialektischen Kreislaufs lässt sich, so Sartre, einerseits nur im grundlegenden Widerspruch der „Intersubjektivität" begrenzen, andererseits ist dieser Widerspruch schon immer in einer „Situation" aufgehoben. So ist der Kreislauf durch konkrete Einschnitte begrenzt, die als solcher der Rhythmik einer „ursprünglichen Wahl" gehorchen sollen – so Sartres Rückgriff 1961 auf seine Darstellung in *Das Sein und das Nichts.*

und die Geschichte der Verfemung des Genießens durch das Bürgertum seit Beginn des 19. Jhs. kommen hier als Geschichte von kapitalistischer Askese und militanter Verausgabung zum Ausdruck. Aber sie kommt zum Ausdruck als eine durch die Karussellmaschine kastrierte Form. Die Sicherheit des Karussells entspricht einer gebannten Waffenförmigkeit, in der die *Simulation* der absoluten Freiheit (der Aneignung des Todes, das Auffliegen in den Himmel) durch das Öffentliche negiert werden muss. Die anökonomische Verausgabung scheint von vornherein nur ein kassenpflichtiges Trainingsprogramm für den kleinen Alltagshelden, der im Rollenwechsel seine Funktionsbeziehung zur Maschinerie und seine Freiheit in der Entfremdung erlebt.[9] Dieser Rückfall in das infantile Spiel von Ichstabilisierung im Rollenwechsel, das durch die verschiedenen Fahrgeräte des Karussells protegiert wird, lässt auch für den Erwachsenen die nostalgische Rückbesinnung auf den Genuss kindlicher Freiheit zu. Das Genießen darf Geltung erhalten unter der Voraussetzung, dass eine Drittenvermittlung durch eine institutionelle Maschinerie, das Karussell, geregelt ist. Trotzdem verweigert das bescheidene Schwindelgefühl, die Absence, die soziale Verpflichtung auf Darstellbarkeit in ähnlicher Weise wie ein blinder Hass oder der nächtliche Traum.

So, wie das Karussell die beiden Instanzen der Schuldverschiebung Kirche und Kaufhaus – die kollektiv und seriell gebannte Freiheit sind – als Drittes vereinigt, ist jede der anderen Instanzen wahlweise für die anderen beiden das Dritte, das die Opferheiligung legitimiert: im religiösen Bereich – christlich – das Opfer Jesu; im Kaufhaus das Opfer der Arbeit; auf dem Karussell das Körperopfer im Schwindel.

In der Verausgabung – der masochistischen Freiheit, im Schwindel sein Bewusstsein zu verlieren – liegt ein asoziales Element, das über die bloße Befriedigung hinaus das *Genießen von Individualität* ermöglicht. In der Hinwendung zum „Asozialen" (der Armut, der Psychopathologie, der Kriminalität und der Individualität) wird ein analytischer Blick hinter die Verdeckungen der Mechanismen der allgemeinen Ökonomie frei. Marx hat wohl als erster erkannt, dass im Tausch Besitzform und Vergesellschaftung wech-

[9] Der Freiheitsbegriff bei Sartre durchlebt einige Wandlungen. 1961 formuliert ihn Sartre so: „Heute würde ich den Begriff Freiheit folgendermaßen definieren: Freiheit ist jene kleine Bewegung, die aus einem völlig gesellschaftlich bedingten Wesen einen Menschen macht, der nicht in allem das darstellt, was von seinem Bedingtsein herrührt." Freiheit äußert sich als „der enge Spielraum innerhalb des Handelns, durch das sich eine Verinnerung in einer Tat rückentäußert. Jedenfalls erscheinen mir heute die Begriffe „Subjektivität" und „Objektivität" völlig unbrauchbar." Sartre: *Merleau-Ponty,* S. 165.

selseitig entstehen. Aber wie soll ich ermessen, dass sich durch jede meiner Bezahlungen der kollektiv vereinbarte Wert des Geldes ändert und durch jeden Tauschakt die Beziehungen zum anderen aufs Neue kreditiert werden? Da das Verhältnis des Subjektiven, das man wahrnehmen kann, mit dem Kollektiven, das man nicht wahrnehmen kann – wenn es sich nicht in einem Führer autorisiert –, unabdingbar eine *Bewusstlosigkeit* zur Kenntnis bringt, gilt es, den Prozess der Vergesellschaftung als einen zirkularen zu begreifen, der aus der fundamentalen Dialektik von Ich und anderem erwächst und den Autarkiebestrebungen des Subjekts eine Grenze setzt.

Die narzissmustheoretischen Konsequenzen des Duells zwischen meinem Autarkiewunsch und der Abhängigkeit vom anderen bringen jene vermittelnden Drittheiten, Dinge und Kulturleistungen hervor, in denen *die tödliche Dynamik des Duells agonal moderiert werden können.* In diesem Drittenverhältnis steht die Karussellmaschine als Repräsentant des gesamten Prozesses: vom Körper zum anderen und vom anderen zum großen Anderen – dem Gesetz, der Konvention, der Moral.

Der Essay widmet sich in seiner Darstellung undiszipliniert historisch, soziologisch, psychoanalytisch und philosophisch dem Eigentümlichen des ökonomischen Karussells. Nach der Repetition dessen, was wir in *Das Karussell* vor allem kultur- und medienhistorisch dargestellt haben (eine kleine Wiederholung erfolgt im folgenden Kapitel), beginne ich mit einer Statusbeschreibung gegenwärtiger „äußerer" Ökonomie. Für die äußere Ökonomie hat Jean Baudrillard beispielhaft die Strategie unserer westlichen Konsumgesellschaft hinsichtlich der legitimen *Verschwendung* aufgearbeitet. Von hier aus können wir den Status quo einer Gesellschaft bestimmen, die sich von der Konsum- zur Erlebnis- und Freizeitgesellschaft wandelt.

Die differenzierte Darlegung des Ich-anderen-Verhältnisses durch Sartre aktualisieren wir mit einer narzissmustheoretischen Auslegung von Rudolf Heinz. Ihr Rückbezug auf eine Kritik der an der Psycho-Physik seiner Zeit orientierten metapsychologischen Trieblehre Freuds erfolgt mit einem Aufsatz von Christoph Weismüller, der nachweist, in welchem wissenschaftstheoretischen Dilemma die Freud'sche Psychoanalyse zu Beginn des 20. Jhs. steckt und welche Enthistorisierungsmöglichkeiten sich ergeben. Vor allem in Bezug auf die Position eines Über-Ichs – der Verinnerlichung der äußeren Gesetze der Ökonomie und der Schuldwiderstände (Zensor, Gewissen) – können wir eine Erklärung anbieten für eine besondere Form des Über-Ichs, die sich als „Gott im Menschen" unter der Prädestinationslehre in die Theologie einnistet, letztlich aber in die Normativität disziplinierender Techniken mündet. Es ist jene Theologie calvinistischer Prägung, die Max Weber in seinem berühmten Aufsatz DIE PROTESTANTISCHE ETHIK UND DER GEIST DES KAPITALISMUS für eine Umwälzung in kapitalistische Ökonomie mitverantwortlich macht – eine Ökonomie, die nicht von der Verausgabung der Mittel, sondern von deren direkter Reinvestition, der *permanenten Schuldzirkulation* lebt. Die Dogmatik calvinistischer Askese (Entschuldung durch Körperopfer) trägt das Signum der Negation von Sinnlichkeit als Gegenbesetzung zu katholisch unterstellter Verschwendung, wie sie im üppigen Barock ästhetisiert und im Beichtsakrament schuldabführend inszeniert wird. In der Beichte haben wir es mit einer ritualisierten Transzendierung von Schuld durch Inszenierungen performativer Sprachhandlung zu tun.

Die These Webers gibt vor, dass eine masochistische Inversion des Genießens im Namen einer Identifikation mit einem göttlichen (großen) Anderen durchgeführt wird, der im Körper des Gläubigen wohnt und dessen Geschicke lenkt, sofern er erwählt ist. Die Kriterien dieser Wahl, der *Prädestination,* sind theologisch wie ökonomisch allein am Reinvestitionskapital, also am nicht verausgabten Gewinn zu messen. Es verbietet sich diesen geheiligten Körper des Kapitalisten durch Genüsse zu entweihen. Zu dieser Einbehaltung gehören die niedrigen Löhne für Arbeiter, die in ihrem Status als Nichterwählte von Gott gebrandmarkt sind. Die Folge der Prädestinationsdogmatik ist ein vulgärer Kapitalismus, dem die soziale Grundlage seiner Ökonomisierung völlig entgeht.

Ausgehend von Weber und der Darstellung des Potlatschs durch Marcel Mauss hat Bataille eine ganzheitliche „allgemeine Ökonomie“ konzipieren können, in der der aus der Überproduktion der Natur abgeleitete asketische *und* verschwenderische Kreislauf mit dem psychischen Kreislauf in Beziehung gesetzt werden kann. Die Vereinigung der im merkantilen Tausch bewusstlosen Vorgänge mit den in der psychoanalytischen Übertragung unbewussten sieht Bataille – anders als im Freudomarxismus – in einer Transzendierung durch Inszenierung des Undarstellbaren, also eher auf dem ästhetischen Feld der Verausgabung – dem Fest, dem Rausch, der sinnlosen Verschwendung – als auf dem ethischen. Entsprechend geht es nicht mehr um das Problem der Befriedigung unmittelbarer Bedürfnisse, sondern um die Verrätselung der Opfersubstanz, einer Körpereingabe, die sich von anderen und deren Tauschimperative ultimativ unabhängig machen will. Dies ist der asoziale, d.h. narzisstische Anteil des Genießens, der sich in einer Befreiung vom anderen (oder vom Körper oder den Gesetzen) emotionalisiert – keineswegs ohne das Risiko der pathologischen Totalverausgabung respektive der Totalverweigerung.

Wie das Ethische mit dem Ästhetischen in ein Opferverhältnis zu Zwecken der Entschuldung gerät, können wir mit einigen Ausführungen Kierkegaards zum abrahamitischen Opfer studieren, die auch für den Existentialismus wegweisend waren. Unter anderem Lacan hat diese Ambivalenz von Ethik und Ästhetik unter strukturalen und semiologischen Gesichtspunkten ausgehend von Kierkegaard repetiert. Ihm geht es darum nachzuweisen, welche katalytische Funktion das Genießen innerhalb der psychischen Dynamik hat, da sein subkutaner Wert verfemt, als unethisch und asozial interpretiert werden muss und einem masochistischen Todestrieb nahekommt. Das Genießen entthront das Gesetz, das Über-Ich, den Zensor – kurz gesagt: Es verkündet den Tod Gottes. Hierin liegt der Grund seiner Ambivalenz zwischen asketischer Verweigerung und explosiver Verausgabung. Es gibt kein Zeichen des Genießens, wohl aber eines der Genüsse, mit Lacan: Der Signifikant, der metaphorologisch einen „anderen Ort" bezeichnet, ist immer schon sich vermittelnder Genuss, Kulturmoderation von Gewalt, Sinn.

Der Ausdruck des Genießens artikuliert sich nicht nur in einem Geschrei auf der Achterbahn, also in Wellen der Intensitäten von Selbstbestimmung und Selbstaufgabe. Auf der Ebene der strukturalen Organisation erweist sich das Genießen als Aufriss jener Lücke im Sagbaren und Zeigbaren, die die Verschiebung jeder ökonomischen Zirkulation allererst ermöglicht und aus dem Immergleichen des Kreises eine Spirale formt, die nicht die Spirale des Fortschritts, sondern die der Ausdifferenzierung der Drittheiten (Prozess der Technisierung und Medialisierung) bewirkt.

Wenn aber Schuld notwendig kursiert, wie kommt es dann zu den diversen politisch und ideologisch motivierten Erlösungs- und Heilungsphantasmen, diesseits medizinisch und sozial, jenseits in eine paradiesische Zukunft hinein? Das revolutionäre Gespenst, das seit Marx das Wesen der Zielfunktion der Gerechtigkeit ausruft, kann dies nur wieder durch Transzendierung eines szenischen oder ideologischen Programms, also mit Hilfe einer Fiktion durchführen, deren Grund der im Menschen latente Seinsmangel ist, den Sartre konkretisiert: Da mir weder die Vergangenheit noch die Zukunft gehört, sondern beide mich, je mehr ich mir wünsche, autark und autonom zu sein, mit jenem anderen konfrontieren, der die Zeit besetzt, indem er Vergangenheit und Zukunft verdinglicht oder dogmatisiert, kann ich diesem Mangel nur in einer Art Seitwärtsbewegung, im verausgabenden „Freit-Zeit-Raum“ (der Erinnerung oder der Fiktion) begegnen. Dies aber ist nichts anderes als die illusionäre *Nachspielung von Gedächtnisbildung* als eines expandierenden Schutzraums gegenüber dem konkreten anderen. Alle menschliche Kriegsdrohung vergreift sich demnach am „falschen Ort“: Sie sucht den Geist und findet den Körper. Umgekehrt, ideologisch, machen es die Massenmedien. Dass sich dort die Fiktionen festsetzen und Ereignisse des Genießens und der Schuldverschiebung sich geradezu schwere- und substanzlos eröffnen, hat Slavoj Žižek mit Hinweisen auf Lacan sowie die populären Medienarrangements und Gedächtnismaschinen angedeutet. Medien erweisen sich als jene fiktionalisierenden Karussellmaschinen, die im schwerelosen Flug des Fernsehsessels die Wahrheit verkünden, dass es ein Leben ohne Opfer geben möge, freilich unter den Bedingungen, dass man sich der aggressiven Bilderflut ergibt, die – anders als im Traum – fremdgesteuert ist: eine jederzeit abrufbare Vergangenheit und eine überall kontrollierbare Zukunft. Der Karussellbesucher hat zumindest die Ahnung, dass er im kreisenden Ritt sich selbst (und sein Gedächtnis) verlieren wird, um sich wiedergewinnen zu können. Er erfährt den Mechanismus von Vergessen und Erinnerung am eigenen Leib als von außen kommend.

Der Genuss an der Transzendierung des Opfers im religiösen Sinne führt über zu Lacans Position des Mehr-Genießens in der asketischen Form. Lacan liefert eine Bilanz der Verschiebungen auf den Diskurs hin, auf den reversiblen Akt der Verwandlung von Realität in *symbolische* Erfüllung. Zum Schluss – aber nicht abschließend – wird der Frage nach dem subversiven und pathologischen Moment der *Illusion von Zukunft* nachgegangen.

2. REPETITION: DAS KARUSSELL IN HISTORISCHER UND SOZIALER WAHRNEHMUNG

In diesem Kapitel gilt es einiges aufzunehmen, das in meinem Band *Das Karussell* kultur- und mediengeschichtlich angedacht worden ist. Die Eingangsszene zu meiner Motivation – auch die der vorliegenden Arbeit – zeigt den Affekt auf die situative Praxis der Karussellinszenierung:

Es fiel mir vor Jahren schon auf, dass ich in fast jeder Ortschaft Frankreichs, in der ich wegen des orientierenden Zentralismus mein Auto neben der Kirche parkte, nicht nur die Kirche, sondern die oft dort aufgestellten Kinderkarusselle fotografierte, die als strategisches Lockmittel zum Besuch der Geschäftsstraßen nicht nur den Reisenden anziehen.[10]

Diese hier verkürzt wiedergegebene Szene stellt idealisierend die Kombination von Kirche, Karussell und Kaufladen in den Fokus eines ökonomisierten Raumes, in dem Tauschgeschäfte, die sich mit *transzendentalen, psychophysischen* und *merkantilen* Transformationen beschäftigen, aneinandergekoppelt sind. Sozioökonomisch betrachtet geht es um eine bilanzierende Deutung von Gabe und Schuld in der Zirkulation dreier Systeme – und einer beobachtenden, kameravermittelten Dritteninstanz. Die Lust (zentral zu parken und zu verweilen), die sich durch die Fotografie der Szenerie als kostenlose Gabe entschuldigt, ist einer abwehrenden Distanz geschuldet, mich selbst nicht auf das Karussell zu setzen, dort nicht den kindlichen Schwindel zu erfahren und in eine lächerliche Infantilität zu regredieren. In dieser Abwehr will ich mich von der Situation als nicht abhängig erfahren, obwohl ich es bin. Denn die Idylle von Kirche, Karussell und Kaufhaus hat mich zum Fotografieren verführt. Aus meiner Drittenperspektive kann ich zwei ökonomische Kreisläufe unterscheiden: den meiner Aufmerksamkeit für das urbane oder dörfliche Arrangement, ausgezeichnet durch eine passive Lust an der Betrachtung, und den der öffentlichen Inszenierung von Opferhandlungen zwischen Kirche und Kaufhaus, die mir ihre ästhetisierende Inszenierung anbieten. Die beiden von mir in der Kürze ideal vorgestellten Kreisläufe sind in Wirklichkeit ein einziger – zu einem Möbiusband

[10] Bohn: *Das Karussell,* S. 13.

verschlungen –, die wechselseitig auf Abgrenzung und Ergänzung verzichten. So ist mir auf meiner Reise durch die französischen Provinzen diese Situation immer als besondere Gestalteinheit in Erinnerung: Zwischen der Kommunion und dem Kommerz kann ich wählen, aber ich wähle zunächst nicht. In der Einheit der Szene erweisen sich die Systeme also voneinander abhängig: Sakramente kann man nicht konsumieren, man muss sie vollziehen (trotz Ablasshandel), und Waren kann man nicht transzendieren, man muss sie transportieren (trotz Fetischisierung und Mythisierung). Der Ablasshandel wie der Warenfetischismus bewirken eine Öffnung in diesen Grenz- oder Wertsetzungen des Imaginären. Die Totalität der Szene wird durch den Umstand begünstigt, dass hier nichts verbraucht wird, sondern das Sakrale sich mit dem Profanen als tauschbar durch Inszenierung erweist. Ohne diese Vorweggabe der Inszenierung etwa von Kirchenportal und Schaufenster laufen wir „Gefahr, zwischen der ‚Ökonomie' der Affekte und der Ökonomie der Bedürfnisse, die durch den Tausch definiert wird, eine reine analoge Beziehung herzustellen."[11] Nun ist gewiss, wer das eine wählt, muss das andere nicht lassen. Kirche und Kaufhaus ergänzen sich in ihren ökonomischen Funktionen, indem man sie banalerweise auf die beiden Formen der *spirituellen* und der *profanen* Befriedigung reduziert. Das historische und soziale Arrangement und die Selbstinszenierung des Karussells sind als Mittler das Produkt einer Kreuzung des Möbiusbandes dieser beiden als getrennt vorgestellten Ökonomien, die in Wahrheit eine einzige sind. Das Undarstellbare der Grenze der Tauschhandlung selbst wird in einem narrativen, historisch begründenden rituellen Spiel sichtbar, verstetigt und tauschbar gemacht. Man glaubt tatsächlich, dass man mit Geld kaufen und mit Opfergaben Heil erwirken kann. Aber man kann auch in der Kirche die Beichte ablegen und Postkarten kaufen. Im Kaufhaus gibt es nicht nur Waren, sondern auch theatrale Aufbauten, Schaufenster, die entsprechend der Kirchenfeste geschmückt werden. Auf dem Karussell findet die Zirkulation von jubilierendem Schwindelgefühl und gekonnter Beherrschung des Sozius in Einheit statt. Die allgemeine Ökonomie fragt nicht nach Produktion und Konsum, sondern nach Askese und Verausgabung, sprich nach Körperopfer und Gabenopfer in einer Gesellschaft, in der man zunehmend nicht mehr zwischen Arbeit und Freizeit unterscheiden kann.

Kinder wählen mit Bedacht das jeweilige Gefährt (Vehikel oder Sozius) des Karussells aus, mit dem sie ihre Lust an der Bewegung und am

[11] Pierre Klossowski: *Die lebende Münze*. Berlin 1998, S. 22f.

Schwindel teilen möchten. Und das jeweilige Gefährt (Pferdchen, Kutschen, Autos, Raketen, Tiere aller Art etc.) lässt sie den Selbst- und Orientierungsverlust, der sie im Karussell erwartet, durch den Sozius, der sie trägt, in einen Genuss verwandeln, der das Gegenstück zur passiven Lust meines Blicks darstellt. Es handelt sich bei meinem touristisch-voyeuristischen Blick um einen Diebstahl der Lust der anderen. Das Kind auf dem Sozius erlebt den Durchlauf durch das Möbiusband als Oszillation von Verlust und Gewinn, die aggressive Konkurrenz mit dem anderen entfällt bzw. verlagert sich in eine Wahl des für das Kind stets attraktivsten Sozius, der manchmal schon vom anderen besetzt ist. Die Bezahlung der Karussellfahrt fällt für die Kinder nicht ins Gewicht. Sie ist eine Verpflichtung der Eltern. Der Betrachter, der nicht einmal die Funktion einer Begleitperson haben wird, kann seinen Blickdiebstahl legitimieren, indem er ihn mittels einer Fotografie (oder eines zweibändigen Textes) für andere weitervermittelt. D.h., der Blick wird auch hier zu einem *unschuldigen* medialen Objekt, dem Foto ästhetisiert, denn das Foto hat als Oberflächenerscheinung keine Substanz und das inflationäre digitale Bild erscheint als kostenlose Gabe. So kreist das Karussell problem- und schwerelos. Man bemerkt die beiden Affektionen, die das Karussell bietet: Intimität mit dem Sozius und Aufhebung der Orientierung im Schwindelgefühl. Gewinn und Verlust werden durch ein und dieselbe Maschine erzeugt.

Meine beiläufige, aber regelmäßige Betrachtung hat sich in der oberflächlichen Sichtung der Fotografien des Karussells reaktiviert: Warum muss ich zwanghaft jedes Mal in unbedachtester Manier diese Szene fotografieren? Sicher: Das lustig-bunte Karussellgeschehen hat es darauf angelegt, meinen Blick zu fesseln. Es ist selber schuld. Um der leichtfertigen Schuldverkettung gerecht zu werden, versuche ich, andere Blicke auf das Karussellgeschehen vergleichend zu Rate zu ziehen und sie in einem Diskurs zirkulieren zu lassen. Professionell wäre, zuerst die Geschichte der Kirmesillustration und -fotografie zu erzählen.[12] Das ist im ersten Band *Das Karussell* vor allem an Medien (Literatur, Film, Malerei, Architektur, Musik) geschehen. Zur Orientierung dieses Diskurses der anderen wiederhole ich die für unseren Zusammenhang wesentlichen kulturellen Fakten.

[12] Ich verweise auf die anschauliche Arbeit von Florian Dering: *Volksbelustigungen. Eine bildreiche Kulturgeschichte von den Fahr-, Belustigungs- und Geschicklichkeitsgeschäften der Schausteller vom achtzehnten Jahrhundert bis zur Gegenwart.* Nördlingen 1986. Im Hinblick auf eine Geschichte der Freizeitvergnügungen verweise ich auf Kaspar Maase: *Grenzenloses Vergnügen. Der Aufstieg der Massenkultur 1850-1970.* Frankfurt a. M. 1997.

Die Geschichte des Karussells beginnt in den fernen Zeiten der Ritterkämpfe und Turniere, in denen ein Trainingsgerät namens „Spielroland"[13] die gefährlichen Lanzenduelle und das weniger gefährliche Ringestechen einübt. Über die lange Tradition der ritterlichen Duelle – der Rossballette, des „Schaureitens" zwischen Spiel und Ernst[14] zwischen Duell, Agonistik und Minnekult – entwickelt sich um 1700 ein Zeitvertreib für den Adel, wobei es eine Verwandtschaft zwischen der Kultivierung des Tanzes (Ballett) und den primitiven Schaukeln und Drehschwindelmechaniken gibt. Eine Frühform des Karussells exiliert im Zuge der letzten großen Reiterspiele auf dem Wiener Kongress 1814 endgültig aus dem höfischen Zusammenhang.[15] Das Karussell besteht oft nur aus einem hölzernen Drehkreuz, versehen mit einfachen Brettern, auf denen die Damen zu sitzen kommen, während die Herren drehen. Nach und nach erfährt das Gerät seine Rehistorisierung, die in der Bestückung mit hölzernen Pferdchen, einem Dach und einer Bodenplatte besteht. Die Achse wird wie in einer Mühle mit horizontalen Drehklöppeln versehen, die von Dienern, Pferden oder Eseln teilweise unterirdisch angetrieben wird. In der vulgarisierten Übernahme dieses einfachen Karussells ertüchtigen sich Gassenjungen gegen eine Freifahrt, das Karussell anzutreiben.[16] Das Ringestechen erfreut sich im 19. Jh. zur Differenzierung der Unterhaltung und Anregung des Agons erneuerter Beliebtheit und lässt noch einen Rest an Ritterromantik aufleben. Ein erstes Karussell im neueren Sinne wird 1766 im Wiener Prater aufgestellt[17]; der Tivoli in Kopenhagen folgt, und aus dem Bodenkarussell entwickeln sich das Hängekarussell, das Kettenkarussell, das Riesenrad, die Schiffsschaukel und weitere Arten des Schwindelmaschinenparks – bis zum Ende des 19. Jhs., als die bürgerlich-proletarische Kultur des Vergnügens das Refugium der Verausgabung vom Adel übernimmt. Kulturhistorisch geht der Vergnügungspark nahtlos aus den Dionysien, Saturnalien, dem Karneval, den Warenmessen des Mittelalters hervor, die immer auch das „fahrende Volk", Gaukler, Schwindler (!), Artisten, Sänger und Schauspieler anlocken.

[13] Zum Spielroland, italienisch „quintana", vgl. Helmut Birkhan: *Spielendes Mittelalter.* Wien 2018, S. 257.

[14] Matthias Pfaffenbichler: *Die Anfänge des Turniers im 12. und 13. Jahrhundert.* In: Stefan Krause und Matthias Pfaffenbichler (Hg.): *Turnier. 1000 Jahre Ritterspiele.* Wien 2017, S. 15-21, hier S. 15.

[15] Dering: *Volksbelustigungen,* S. 28.

[16] Dering: *Volksbelustigungen,* S. 27ff.

[17] Marie-Louise von Plessen: *Rossbalett und Reiterspiel: Schautänze zu Pferde.* In: Stefan Krause, Matthias Pfaffenbichler (Hg.): *Turnier. 1000 Jahre Ritterspiele.* Wien 2017, S. 285-303, hier S. 295.

Es geht darum, zeitlich und örtlich begrenzt eine *Selbstaufhebung* (das ist beileibe keine Entfremdung) zu erfahren, sich der Abhängigkeit des anderen (sowie der Trägheit des Körpers) – auch im Aufgehen in einer Gruppe – zu entziehen. Diese Entzugsform, die wechselseitige Überforderung der Sinne, ist das entscheidende Verwandte zwischen Schwindelgefühl und Schwindelei. Es gilt, im Schwindel – wie in der Zauberei – das Erscheinen und Verschwinden in den Griff zu bekommen und das Undarstellbare im Tausch darstellbar zu machen.

Anders als die Karussellmaschinerien entwickelt sich der Begriff, der für sie übernommen wird. Ursprünglich meint das französische Wort „carouse" „lautes Festgelage"[18] und deutet damit einen Zeitpunkt der Verausgabung an. Das Wort wandert unter Verwechslung mit dem italienischen „carosello", dem arabischen „kurradsch" (Spiel mit Pferden) und dem deutschen „Ringelspiel" schließlich in regional differenzierter Form in den Sprachschatz ein.[19]

Große Verbreitung hat die Übernahme des Wortes „Carrousel" durch einen Festumzug, den Ludwig XIV. hinsichtlich der Geburt des Dauphin 1662 mit großem Pomp und Reiterspielen veranstaltet und europaweit propagiert.[20] Dieser Umzug („Carrousel des nations") findet auf der nach diesem Fest benannten „Place du Carrousel" vor dem Louvre statt und wird einheitlich namensgebend für die Fest- und Verausgabungspolitik der barocken Reiterumzüge. Die erste und traditionelle Bestückung des Karussells ist naturgemäß das Pferd. Ein „Karussell" ist im semantischen Sinne eine festliche Verausgabung mit Rollenspiel[21] und Umzug, d.h., es hat die Struktur und Narrativität eines performativen Ereignisses, ist eine Transzendierung von oszillierendem „Selbstgewinn durch -verlust". „Karussell" ist auch synonym für „Kirmes", „Fest*zeit*" (Oktoberfest, Vasen, Wiesn)[22] oder „Fest*platz*" zu setzen. Dass sich der Name heute noch für das nostalgisch angehauchte Kinderkarussell und für die Metaphorisierung von Zirkulation

[18] Dering: *Volksbelustigungen,* S. 26.

[19] Ebd., S. 27.

[20] Plessen: *Rossbalett und Reiterspiel,* S. 289: „Minister Colbert veranschlagte für dieses Vergnügen Kosten von einer Million livres." Das aufwendig gestaltete „Erinnerungsalbum" mit vielen grafischen Blättern ist erhalten und zeugt von der Bedeutung und der stilbildenden Verbreitung dieser Inszenierung. Ebd.

[21] Der Adel hatte sich für Ludwig XIV. in ungeheure Unkosten für die Garderobe zu stürzen. Vgl. Bohn: *Das Karussell,* S. 281f.

[22] Zur Geschichte der Volksfeste vgl. Sacha-Roger Szabo: *Rausch und Rummel. Attraktionen auf Jahrmärkten und in Vergnügungsparks. Eine soziologische Kulturgeschichte.* Bielefeld 2006, S. 25ff.

bewährt, zeigt, wie die technische Ausdifferenzierung der Trainingsmaschinen und Schwindelstühle[23] sich allmählich mechanisieren und motorisieren lässt, d.h., wie Arbeit als *Herausforderung* mit der Lust der *Verführbarkeit*[24] korreliert. Dabei handelt es sich bei Gewinn und Verlust im Sinne der Schwindeldienstleistung um ein merkantil geregeltes Geschäft, das freilich nicht in den körperlichen oder finanziellen Bankrott führen darf.

Es ist Josef Breuer, der sich in Rücksicht auf Experimente von Ernst Mach und zusammen mit Freud für medizinische Schwindelexperimente interessiert, um den Realitäts- und Orientierungsverlust bei Psychotikern und Neurotikern auf die Spur zu kommen.[25] Warum der Schwindel sich pathologisch oder nichtpathologisch entwickelt, ist eine Frage der Beschleunigung des Kreislaufs, der Warentauschfrequenz und eine der inneren (psychischen) und äußeren (physischen) Ökonomie und deren Öffnungen. Vor allem aber wird auch transparent, dass die Psychopathologien sich als *Tauschverweigerung* oder *Tauschbetrug* offenbaren. In dieser Hinsicht sind Ästhetisierung und Design des Karussells auffällig: Zwischen den organischen und den mechanischen Ornamenten wird übergangslos changiert. Die organischen Formen werden bevorzugt und mit historischen oder futuristischen Gefährten bestückt. Der Realismus des Gegenwärtigen wird ausspart, stattdessen idealisiert sich ein nostalgischer Versuch vor allem im Jugendstil, Natur und Kultur zu versöhnen. Es gilt, die Organik der Natur mit der Mechanik zu verbinden – den Überbietungscharakter der Maschine durch seine sinnliche Erscheinung zu moderieren, d.h. das Opfer als Gewinn erscheinen zu lassen.

Die Historie des Karussells gibt einiges über die Bedeutung des Genießens und seiner Delegation an den Sozius einer technischen Maschine preis. Neben dem historischen Aspekt gilt es deshalb jenen der Intersubjektivität und der *Intrasubjektivität* auf dem Karussell zu beobachten. Wie verhalten sich die Kinder zu den Betrachtern, den Begleitpersonen und

[23] Eine Herleitung der medizinischen Schwindelstühle seit Purkinje gibt Rebekka Ladewig: *Schwindel. Eine Epistemologie der Orientierung. Historische Wissensforschung,* Bd. 6. Tübingen 2016, S. 169ff.

[24] Zum Verhältnis von Herausforderung und Verführung vgl. Jean Baudrillard: *Von der Verführung.* München 1992, S. 172. Baudrillard sieht die Verführung, die sich nicht „um die Wahrheit der Zeichen" (S. 166) schert, als reversible Form des Genießens. Verführung ist ein intersubjektives Spiel, das sich nicht finalisieren lässt. „Zu verführen schließt ein, daß man es mit der Tatsache bezahlt, verführt zu werden." (S. 172) Dagegen ist es „die kalte Verführung, welche die gesamte Sphäre der Information und Kommunikation beherrscht, in dieser kalten Verführung erschöpft sich heutzutage das Soziale und dessen Inszenierung." (S. 227) Die kalte Verführung entspricht der Wunscherfüllung durch Warentausch.

[25] Sigmund Freud, Josef Breuer: *Studien über Hysterie.* Frankfurt a. M. 1981, S. 170.

untereinander – aber auch im Verhältnis zum großen Anderen, dem Karussell, seiner Organisation, seinen Regeln, seiner ästhetischen Bestückung, Beleuchtung, Musik und seiner Inszenierung von Heimat und Kindheit? Die intersubjektiven Beziehungen hat Erving Goffman untersucht. Aus meinen Beobachtungen geht Ähnliches hervor. Ich zitiere wegen der Bündigkeit der Darstellung ausführlich nach Szabo:

> An dem Phänomen des Kinderkarussellfahrens entwickelt Goffman seinen Begriff der „Rollendistanz". Er versteht unter „Rolle" ein an die entsprechende Position gekoppeltes Verhalten der normativen Erwartung. So beschreibt er, dass etwa zweijährige Kinder (aus dem amerikanischen Mittelstand) oftmals durch eine Fahrt geängstigt werden, ja nicht selten das Karussell angehalten werden muss, um die Kinder aus dem Karussell zu nehmen. Hier liegt Goffman zufolge ein Versagen der Aufrechterhaltung einer Rolle vor. Es ist diesen Kindern aufgrund noch fehlender körperlicher Fähigkeiten noch nicht möglich, die Rolle über einen längeren Zeitraum auszuüben. Mit etwa drei bis vier Jahren „wirft sich [der Reiter] mit vollem Ernst in die Rolle." Das Reiten ist eine Herausforderung, die das Kind bewältigen kann, und stolz winkt das Kind seinen Eltern. In dieser Phase ist das Handeln des Kindes von einer Realisierung der Rolle bestimmt, es imaginiert sich als Reiter und verhält sich rollenkonform. Goffman bezeichnet dies als Erfassung einer Rolle, wobei diese Erfassung auch das Individuum miteinschließt. Ab etwa fünf Jahren ist das Reiten keine echte Herausforderung mehr, was zu einem lässigeren Reitstil führt, das Kind klopft den Takt der Musik mit oder zieht am Schweif des Pferdes. All diese Handlungen demonstrieren eine Form der „Entschuldigung", dass man jetzt nicht mehr ein Kind ist, das völlig in seiner Rolle aufgeht, sondern sich davon distanzieren kann, da man etwa über größere körperliche Fähigkeiten verfügt und sich nun nicht mehr mit vollem Einsatz im Sattel halten muss, sondern dass dies die Kleineren, Schwächlicheren tun müssen, ja dass man diese Rollen nur widerwillig einnimmt. Diese Trennung bezeichnet Goffman als „Rollendistanz".
>
> Ab etwa acht Jahren distanziert sich das Kind völlig von dieser Rolle und ironisiert das kindliche Tun, indem „es als Reittier vergnügt einen Tiger oder einen Frosch" wählt. Mit etwa zwölf führt die Rolle, die männliche Jugendliche einnehmen müssen, zu Konflikten bei einer Kinderkarussellfahrt. Jetzt – so Goffman – fordert der Junge durch wildes „Reiten" eine höhere Geschwindigkeit, um seinen Mut erneut unter Beweis stellen zu können.
>
> Erwachsene, die auf einem Karussell reiten, entwickeln ein vollkommen anderes Rollenverhalten. Kindliches Verhalten wird nun nachgeahmt und ironisiert, indem etwa Außenstehende, die zur Mitfahrt aufgefordert werden, ermahnt werden, aber ja die Sicherheitskette zu schließen. Oder das Karussell wird zum Hintergrund für Erinnerungsphotographien. Schließlich gibt es Erwachsene zu beobachten, die die Fahrt dazu nutzen, um auf ihre Kinder aufzupassen und dies auch sichtbar demonstrieren.
>
> Diese ganzen Rollen sind zueinander „situiert" und bilden jetzt gemeinsam mit der mechanischen Basis eine „Einheit". Zu dieser Einheit gehören alle Teilnehmer – auch der Fahrkartenabreißer, der seinen Status, seine Rollendistanz zur Karussellfahrt, dadurch kenntlich macht, indem er waghalsige Manöver auf dem Karussell ausführt und ein scheinbares Desinteresse an der Fahrt ausdrückt. All diese unterschiedlichen Auslegungen der Rollen werden durch das drehende Moment des Karussells zu einem Gesamteindruck verbunden, dem sich weder Fahrende noch Betrachter entziehen können.[26]

[26] Szabo: Rausch und Rummel, S. 132ff. Szabo bezieht sich auf Erving Goffman: *Interaktion: Spaß am Spiel. Rollendistanz*. München 1973, S. 119-123. Goffman macht seine Beobachtungen an Kindern des amerikanischen Mittelstandes in den 1950er Jahren. Die Publikation von Szabo erweist sich als aufschlussreich, was die Differenzierung von Spielweisen nach Roger Caillois und die Darstellung der Soziologie der Kirmesgeräte angeht.

In der detailreichen Zusammenfassung der Daten von Goffman fällt auf, dass die Rollenübernahme nicht nur von dem Angebot des Karussells abhängig ist. Mit zunehmendem Alter wird auch die Subjektstabilisierung der Kinder intensiver. Es scheint, als besäße der Mensch kein Ich, sondern erborge es sich vom anderen in aggressiver Überschreitung. Aber dieser Andere, das ist auch mein Körper, den ich aufs Spiel setze. Das proliferiert ein intrinsisches Tauschverhältnis, in welchem *das Genießen Ausdruck der Dynamik von Selbstaneignung durch Selbstverlust ist.* Ich erkenne das Genießen als Spezialfall eines Tauschs, in dem die Negation die Position hervorbringt: ein Selbst, das freilich zunächst nur als Negat, *als Tauschfrequenz selbst* in Erscheinung tritt, dessen Tauschobjekte sich jedoch als Rollenspiel bzw. in der jeweiligen Besetzung des Gefährts stabilisieren. Das Selbst wird zum Ich. An diesem biederen Vorgang des rauschhaften Verlusts mit Gewinn erkennt man unschwer den Hintergrund der Selbstbewusstseinstheorie, die wir mit Sartre später entfalten wollen. Das Karussell expliziert diesen Vorgang selbst nicht, sondern allein für die Drehung. Der Effekt aber ist die Selbstaneignung.[27] Goffmans Beobachtungen zielen zwar auf das Selbst-anderen-Verhältnis (die Kumpanei mit dem Gefährt), bieten aber keine narzissmustheoretische Fundierung der inhärenten Aggressivität, des Masochismus im Duell mit der Beschleunigung, weshalb dieser Drehschwindel dennoch einen Genuss bewirkt, von dem die ganz kleinen Kinder noch ausgenommen sind. Man könnte sagen, sie haben Angst, sich von sich zu entfernen, sich in die Reflexion zu setzen. Von einiger Bedeutung ist in dieser Hinsicht auch der Charakter der Pferdchen, seine domestizierte Natur, von ihm löst man sich erst im Verlauf des 19. Jhs. im Zuge der Konkurrenz attraktiverer Fahrmaschinen.[28] Die Bestückung des Karussells integriert erst Kutschen, dann Fahrräder, Autos, später Raketen usw. Den Karussellfabri-

[27] Alfred Kraus: *Die „existentielle Psychoanalyse" Jean-Paul Sartres: Eine Anwendung bei Melancholischen und Hysterischen.* In: Hermann Lang, Pawel Dybel, Gerda Pagel (Hg.): *Grenzen der Interpretation in Hermeneutik und Psychoanalyse.* Würzburg 2014, S. 137-158, hier S. 149. „Das Konzept der Rolle geht auf die anthropologische Grundtatsache zurück, dass wir uns stets in einem gewissen Abstand zu uns selbst befinden, oder mit Sartre'schem Radikalismus formuliert, wir ‚niemals etwas sein können, ohne es zu sein zu spielen'." (Zitation Jean-Paul Sartre: *Das Sein und das Nichts. Versuch einer phänomenologischen Ontologie.* Hamburg 1981, S. 136.) Kraus betont den Unterschied zwischen *Selbst*aneignung und *Ich*bildung. So kann die zu starke Übernahme einer Rolle zu hysterischen Symptomen, die zu starke Übernahme der Ich-Position hingegen zu melancholischen Symptomen führen.

[28] Zur Kunstform des Karussellpferds, der Entwicklung, Produktion und des Vertriebs des Karussells vgl. Susanne Köpp-Fredebeul: *Vom Karussellpferd zur Raketenbahn. Die Geschichte der deutschen Karussellindustrie in Thüringen.* Ahlen 2019 (www.karussellpferde.de).

kanten kommt es nun stärker auf den agonalen Beschleunigungscharakter der „Projektile" an. Dass es weder zur Ohnmacht noch zur Gewalt kommt – dass die intersubjektiven Folgen des Genießens *re*sozialisiert sind –, dafür sorgen Technik und Ausstattung der Schwindelmaschinen als ingenieursversichertes, TÜV geprüftes, göttliches „Ideal-Ich".

In Das Karussell habe ich die Interpretation von Medienprodukten dort untersucht, wo entweder das Karussell einen direkten Einblick in seine Inszenierungsform gewährt (etwa in Hitchcocks Der Fremde im Zug (1951)), seine Funktionalität dargestellt wird (der Schwindel in Vertigo (1958)) oder das narzissmustheoretische Prinzip beleuchtet wird (vom Duell zum Agon in High Noon (1952)). Ich habe Karusselle als Objekte der Verausgabung durch sozial-performative und ästhetische Inszenierung gewählt, ohne zunächst erkannt zu haben, dass es in der medialen Inszenierung um die Transzendierung von Schuld durch ökonomisierte Opfergaben, also um Festkultur geht. Um dies darzustellen, bedarf es der Aufnahme eines Diskurses, der in der Spitze zwischen wenigen autoritativen Texten stattgefunden hat und stattfindet, und der vor allem im Zwischenbereich von soziologischer Philosophie und philosophischer Psychoanalyse beheimatet ist. Bezeichnenderweise werden diese ökonomiekritischen Texte dann relevant, wenn eine Bedürfnisgesellschaft sich in eine Konsumgesellschaft und diese sich in eine Mediengesellschaft wandelt – wenn es demnach um überschwängliche Verausgabung und nicht um Bedürfnisbefriedigung geht. Sicher ist das für die barocke Festkultur schon sprichwörtlich, aber der ambivalente Charakter der Verschwendung wird doch bei de Sade, Casanova und Don Giovanni noch rein unter der Maßgabe der Potenz gesehen, nicht aber unter dem Blick einer systemischen Notwendigkeit, in der Verschwendung, Verausgabung und Aufhebung je asoziale und anökonomische Positionen darstellen, die vorgeblich alle auf dem Unlustcharakter des Opfers aufgebaut und gesellschaftlich verfemt oder rigoros diszipliniert werden. Der Hinweis auf die „Ventilfunktion" des Vergnügens greift in seiner pneumatischen Metaphorik eben nicht den Aspekt der Transzendierungsfunktion des Genießens auf. Dieser wäre wesentlich, damit die reflexiv getrennt vorgestellten Ökonomien (die physische und die psychische) als ursprünglich *eine* erkannt werden kann, die vom Körper ausgehend den Seinsmangel durch die Eroberung von Raum und Zeit totalisiert. Und solche Eroberungen arrangiert der Bürger unserer Gesellschaft in zirkulären Kirmesmaschinen.

3. ZWISCHEN PHILOSOPHIE UND PSYCHOANALYSE – DER ÄUSSERE UND DER INNERE KREIS DER ÖKONOMIEN

Nach den Einführungen der ersten beiden Kapitel ist es angebracht, näher auf das Verhältnis der Ökonomien und der Deutungsreferenz des Karussells einzugehen. Was zeigt sich in der Karussellmetapher, was im Begriff nicht darstellbar ist? Zunächst ist es die Dynamik einer Bewegung, für die Literatur durchaus ein Darstellungsmittel gefunden hat.[29] Neben den rhetorischen Techniken der Poetologie gerät vor allem die Kohärenz zwischen der symbolischen und der funktionalen Zeitauffassung inszenierender Mittel in den Fokus. Das Gedicht DAS KARUSSELL von Rilke bietet dafür das bekannteste Beispiel.[30] In diesem Gedicht changiert die narrative Lesart mit der funktionalen. Wiederholungsformen strukturieren das Kreisen des Karussells. Der Schwindel liegt hier auf einer ganz anderen Ebene: Er ist uns so gewöhnlich, dass wir gar nicht bemerken, dass wir Buchstaben als Erinnerungsbilder halluzinieren. Was für eine Zeitanschauung trägt hier „Gegenwärtigkeit"?

Unter der Nummerierung 6.4311 schreibt Wittgenstein im TRACTATUS: „Wenn man unter Ewigkeit nicht unendliche Zeitdauer, sondern Unzeitlichkeit versteht, dann lebt der ewig, der in der Gegenwart lebt."[31] Wer in der Gegenwart lebt, hat allen Grund, sich mit der Ökonomie der Zeit auseinanderzusetzen. Der aktuelle Drang einer Gegenwartsversessenheit spaltet Vergangenheit und Zukunft ab und verharrt zur Todesabwehr in zeitlosen Wiederholungen. Deren ökonomische Figur ist die der Zirkulation, ihr rhythmisierendes Schicksalsbild der astronomische Kreislauf.[32] Wer in den Genuss von Ewigkeit kommen will, so Wittgenstein, muss der Polarität von Vergangenheit und Zukunft – der Historie als Zeitprinzip der bürgerlichen Gesellschaft – entkommen. Der pathologische Effekt der Gegenwartsver-

[29] Die Darstellung und Interpretation des Karussells bei Rilke, Benjamin, Kafka und Musil habe ich in *Das Karussell* vorgenommen, vgl. dort S. 145-184.

[30] Ebd., S. 155-160.

[31] Ludwig Wittgenstein: *Tractatus logico-philosophicus. Logisch-philosophische Abhandlung*. Frankfurt a. M. 1980, S. 113.

[32] Vgl. Blumenberg: *Paradigmen zu einer Metaphorologie*, S. 140ff. Blumenberg geht der Deformation des Kreismotivs in der Kepler'schen Ellipsenbewegung der Planeten nach.

sessenheit liegt im Ausbruchsversuch aus richtungsloser „Unzeitlichkeit“. Der Hysteriker, aber auch der Zwangsneurotiker wissen weder ein noch aus und zirkulieren um sich selbst. Diese Symptomatik ist der Einsicht geschuldet, die zentralistisch gedachte Gegenwart sei der einzige Ort, an den der andere und die von ihm hervorgebrachten Kulturleistungen (die Geschichte und die Prognostik) nicht heranreichen. Zwar ist Handeln wesentlich an Gegenwart gebunden, diese aber ist der einzige Moment, an dem Selbstbestimmung in narzisstische Starre verfallen kann und muss.

Als Folge der Dauerbesetzung medial vermittelter Gegenwärtigkeiten kommt es zu einer zentrifugalen Expansion, um dem zentripetalen Sog der narzisstische Starre zu entgehen. Sartre hat die Nichtverfügbarkeit von Vergangenheit und Zukunft als *Seinsmangel*[33] präzisiert und dem Schuldkonto des Subjekts zugeschrieben, das sich an der Zeitarchitektur des anderen abarbeiten muss. Die Selbstbestimmungseuphorie, der narzisstische Jubel einer Gegenwartbesessenheit, verflüchtigt sich in dem Maße, wie Gegenwart gegen Gedächtnis anarbeitet.

Argumentieren wir entwicklungspsychologisch: Damit das Kleinkind nicht beständig in die Unmittelbarkeit seiner Bedürfnisse zurückfällt, muss es sich strategisch einer Vergangenheit (Erinnerung) und einer Zukunft (Imagination) versichern. Dieser Prozess führt das Kind aber von sich weg, auf andere zu und wieder zurück. Die kreisend oszillierende Eroberung von Handlungsraum durch eine Illusionierung der Zeit ist Voraussetzung für die Akzeptanz der Wirklichkeit der Endlichkeit. Von solcher Endlichkeit sind die Dinge. Sartre spricht vom „An-sich-sein.“ Die Endlichkeit (oder Dauer) der Dinge konkurriert dann wieder mit der Behebung des Seinsmangels, also mit der Expansion auf allbeherrschende Unendlichkeit, und so fort. Wittgenstein kommentiert logisch den raum-zeitlichen Zusammenhang.:

[33] Sartre: *Das Sein und das Nichts,* S. 29. *„Das Bewußtsein ist ein Seiendes, dem es in seinem Sein um dieses selbst geht, insofern dieses Sein ein Sein in sich einbezieht, das ein anderes als es selbst ist.“* Ebd. „Zwischen dem genichteten An-sich und dem entworfenen An-sich ist das Für-sich Nichts [néant].“ (S. 711). Diese Darstellung klingt zwar nach einer intersubjektiven Dialektik von Sein und Nichtsein, ist aber bei Sartre – ausgehend von Heidegger und in der weiteren Tradition nach Kant – nicht in logischen, sondern zeitlichen Modalitäten gedacht: „Der Name [Sein] nennt jenes, was wir meinen, wenn wir ‚ist‘ sagen und: ‚ist gewesen‘ und: ‚ist im Kommen‘.“ Martin Heidegger: *Kants These über das Sein.* In: Ders.: *Wegmarken.* Frankfurt a. M. 2004, S. 445. Einsichtig wird dieser Umstand, wenn wir *Seinsmangel* nicht als Entzug der Vorstellungen des anderen, sondern als Gegenwärtigkeit („Dasein“) verstehen, als Begrenzheit auf das empirische Hier und Jetzt. Aber diese Gegenwart gibt sich nur als Nichts, als Augenblick, der nicht gehabt, sondern nur repräsentiert werden kann – im Gegensatz zur idealistischen Anschauung Heideggers.

„Unser Leben ist ebenso endlos, wie unser Gesichtsfeld grenzenlos ist.“[34] Die Grenzziehungen von Gegenwart (Zeit des Festes) und projektiver Tätigkeit (Zeit der Arbeit) organisiert sich analog dem Kreislauf der Natur. Denn die Zeit ist niemals abstrakt, sie ereignet sich als Ordnung der Illusion, dass weiß der Festkalender der alten Zeit ebenso gut, wie die Schweizer Luxusuhr.[35]

Das Karussell, eine Entdeckung des bürgerlichen Zeitalters, entzieht seinen kleinen Besuchern die Dialektik der Zeitlichkeit und versetzt sie in den Taumel *reiner* Gegenwart, in den Schwindel des *Vergessens.* Die Kinder auf den Pferdchen genießen *zeitlos* ihr Glück in einer kleinen betäubenden Selbstentfremdung. Was sie der Zeit entreißt und sie in dieser doch hält, das ist die Inszenierung, die Ökonomisierung der Geschwindigkeit, der Drehungen und die zugewandten Gefährten einer später romantisierten Kindheit.

Das erste Problem, dem wir uns orientierend *nach* dem Schwindel stellen müssen, ist die Frage der Rückaneignung von Vergangenheit und Zukunft, die dem *anderen* gehören bzw. in denen sich Instanzen wie „Erinnerung“ und „Imagination“ ungefragt einstellen; hier regiert mich der *große Andere.*[36] Wie ist methodisch die Bestimmung des Spiels von Zeit und Sein[37] zu behandeln? Der „Seinsmangel“ verweist auf die Negativität der Zeit, die sich nur als Seiendes ausdrücken kann. Das Werden und das Gewordene spielen mit einem Mangel: Das „eine setzt den Augenblick voraus, der nicht existiert, d[as] andere die Totalität, die auch nicht existiert. Es bedarf einer Wahrheit in einer Entwicklung der Zeitlichkeit.“[38] Wir werden diesen Weg

[34] Wittgenstein: *Tractatus,* S. 113.

[35] Eine historisch weitreichende Darstellung zwischen verausgabender Festkultur und Arbeitsordnung gibt Jörg Rüpke: *Zeit und Fest. Eine Kulturgeschichte des Kalenders.* München 2006.

[36] Ich orientiere mich – entgegen der ersten deutschen Übersetzung von *Das Sein und das Nichts* – an Lacan: Der kleine „andere“ ist der andere Mensch, der große „Andere“ sind die institutionellen Inkorporationen, das Über-Ich. Jacques Lacan: *Von einem Anderen zum anderen. Das Seminar, Buch XVI (1968-1969).* Wien 2022. Dieser Differenzierung gemäß bleibt der Genuss ambivalent: gegenüber dem anderen sozial distanziert, gegenüber dem Anderen asketisch unterworfen. Vgl. die Ausführungen zur Übersetzungsproblematik von *autre* und *autrui* im Vorwort der deutschen Ausgabe in: Jean-Paul Sartre: *Entwürfe für eine Moralphilosophie.* Reinbek 2005, S. 19f.

[37] Ich gehe nicht weiter auf die Eröffnung dieser Problematik bei Heidegger ein. Sie ergibt sich aus der Kritik Sartres und der Kritik an Husserls Schrift *Die Krisis der europäischen Wissenschaften (1936).* Vgl. die historische und argumentative Zusammenfassung von Anselm Haverkamp, die von Blumenbergs Metaphorologie ausgeht, in: Blumenberg: *Paradigmen zu einer Metaphorologie,* S. 200ff.

[38] Jean-Paul Sartre: *Bewußtsein und Selbsterkenntnis. Die Seinsdimension des Subjekts.* Reinbek 1981, S. 22. Im Zusammenhang mit der Orientierung in der Zeit muss auf die parallele Problematik

der Zeit nicht abstrakt verfolgen, sondern anhand von Ereignissen: jener der „Ereignisgesellschaft“, d.h. einer inszenierten Zeit, einem Spiel mit Zeitauffassungen.

Wittgenstein, der in seiner Präzisierung der Idee des Sprachspiels daran erinnert hat, dass das Spiel keine einfache Metapher ist, weil zu seiner Erklärung kein *authentischer Gegenbegriff*[39] bereitsteht, gibt seiner Darstellung des TRACTATUS einen vorläufigen Charakter. In den folgenden Jahren wird er schwankend teils widersprüchliche Ideen ausführen, ohne sich des Irrtums zu bezichtigen. In dieser Hinsicht versammelt er seine Darstellungsversuche essayistisch. Der Essayist weiß, dass keine seiner Ausführungen die unendliche Tiefe des gegenwärtigen Horizonts seiner Thematik abschreiten kann. Er versammelt die verstreuten Begriffe und überlässt deren Totalisierung dem Leser, der den virtuellen Kreis in seiner Gegenwart zu (er)schließen hat. „Kein Lehrbuch“ will Wittgenstein vorlegen. Der TRACTATUS, so merkwürdig das ist, entgeht listig seiner formalisierten Strenge. Der Zweck des Buches „wäre erreicht, wenn es einem, der es mit Verständnis liest, Vergnügen bereitet.“[40] Was zu sagen ist, lässt sich nur in Sprache sagen und muss dem Sinnhorizont des Lesers überantwortet sein – mit Vergnügen. Wenn es Sinn macht, in die stets nur provisorisch erfassten Lebensverhältnisse einzutreten, wenn die Geschichte wirklich nie zum Abschluss kommt, dann ist die Einsicht willkommen, dass das Ablassen von den Zwangshandlungen mit „Vergnügen“ belohnt wird. Wir setzen für dieses „Ablassen von“ den Begriff *Genuss*. Denn darauf läuft der Gewinn der Darstellung für den Leser hinaus. Die Lektüre ist niemals endlich. Den Verlust der Unendlichkeit wiegt der endliche Sinn allemal auf. Bleiben wir bei der Metapher des Sprachspiels von Verlust und Gewinn, die wir für das Kreisen des Karussells einsetzen – zwei sich befruchtende Bilder, zu deren Wirklichkeit sich keine Gegenbegriff finden lässt. Der Kreis, der Ring – das ist eine absolute Metapher.

Dieser Essay hier möchte die Idee des Sprachspiels aufnehmen, um jene Ökonomie des Genießens aus der Ökonomie der Zeitauffassung abzuleiten, die sich an der Möglichkeit opfert, die Gegenwart trotz allem zu

der Konstitution des „Selbst“ verwiesen werden, die, nach Sartre, völlig intransparent jedes Gegenstandsbewusstsein begleiten können muss. Zeitorientierung ist der Störfaktor narzisstischer Spiegelstarre, d.h. Gegenwartsfixiertheit. Man weicht dem anderen nicht nur im Raum, sondern auch in der Ereigniszeit aus. Die reale Bewegung wird durch die fiktionale ergänzt.

[39] Das ist die innovative These Blumenbergs, die der Metapher die Geltung einer Darstellung der Metakinetik der Begriffe zuschreibt – ähnlich dem Begriff der „différance“ (der Differenz einer Differenz), wie ihn Derrida entwickelt hat.

[40] Wittgenstein: *Tractatus,* S. 7.

erfassen: eine Gegenwart, die das Karussell als Kenotaph der Zukunft einer Vergangenheit zwischen der Inszenierung der Kirche und der des Kaufladens mittig platziert. Keine Frage, das Karussell ist ein Objekt des Genießens, nicht allein durch seine üppig barocke Erscheinung mit Lichterspiel, Musik und Drehimpuls, sondern auch durch den ambivalenten Umstand, dass die Lust in Form des Genießens durch ein minimales *Selbstopfer* (dem Schwindel) erkauft ist – ein Opfer, das stets nur so weit geht, wie man sich sanktionsfrei von elterlicher Aufsicht dispensieren darf. Und immer ist in den nostalgischen Pferdekarussells die zukünftige Vergangenheit des Kindes als Erwachsenem mitgedacht. Damit kommt dem Drehschwindel, aber auch dem Eintritt in das Kirmesspiel eine paradoxe Rauschkomponente zu: Wer sich im Körperschwindel verliert, gewinnt sich negativ im Genuss. *Das Momentum ist nicht das einer Ontologisierung des Ichs, sondern das einer Bestimmung der menschlichen Freiheit von einem Ich, das ein vom anderen geborgtes ist.* Während nämlich Besitz und Glück beziehungsweise Geld und Macht Funktionen des *personalisierten* Ichs sind (der Verdinglichung bzw. Objektivierung), ist das Genießen die Entlastung davon, zumal die Entlastung von dem Ding, das mein Körper ist. Diese ambivalente Situation hat im Fest, im Rausch, stets den Argwohn einer Gesellschaft heraufbeschworen, die nichts vom Selbstopfer hält, sondern den Gewinn entweder als Besitz aus dem Kreislauf nimmt oder ihn zur weiteren Besitzvermehrung reinvestiert. Doch der Verlust kann sich nach zwei Seiten vollziehen: in der Verausgabung der erarbeiteten Ressourcen oder in der Aufhebung der Sinnenfreuden. Man kann daher von Selbst- und Fremdverlust sprechen. Im ersteren Sinn gilt der calvinistische Kaufmann seit Max Weber als Sinnbild des erfolgreichen, aber freudlos asketischen Kapitalisten. Dagegen gibt es das Bild des Bonzen, der seine Zigarren mit Geldscheinen anzündet. In welcher Weise das Genießen changiert – asketisch oder verausgabend –, sieht man der Typologie karikierter Kapitalistenfiguren an: in Langs METROPOLIS (1927) oder DIE FRAU IM MOND (1929), in Chaplins MODERNE ZEITEN (1936) oder in Welles' CITIZEN KANE (1941).

Nietzsches sarkastisches Bonmot „Ein Saufladen neben jedem Kaufladen"[41] ist noch von der Dialektik zwischen Krämergeist und Ausgelassenheit gekennzeichnet. Löst man die Dialektik oder Polarität in eine kreisende Ökonomie auf, so wird der Saufladen zum disziplinierten bürgerlichen Kirmesbesuch (wo man sich allerdings auch besaufen kann), der den

[41] Friedrich Nietzsche: *Sämtliche Werke. Kritische Studienausgabe. Nachgelassene Fragmente 1887-1889, Bd. 13,* Hg. Giorgio Colli, Mazzino Montinari, München 1980, S. 551.

Sinnentaumel feiert, und der Kaufladen zum Ort asketischen Geizes und der Preisdrückerei.

Wenden wir uns zunächst der einen Seite der Trias Kirche-Karussell-Kaufladen zu: den *Inszenierungen von Religion und Kirche.*

Die Kirche, zumal die christliche, ist der Ort der Transzendierung des Opfers. Denn im Kern der christlichen Lehre geht es darum, den einmal geopferten menschlichen Leib in einen göttlichen Gewinn, dem Versprechen auf unendliche Gegenwart im Paradies, zu verwandeln. Die Verwandlung, Transzendierung ist die einzige Möglichkeit, das Opfer aus dem Kreislauf der Realökonomie der begrenzten Zeit herauszuführen. Im Übergang treffen wir auf den Effekt der Transzendierung durch Inszenierung. *Der ethische Wert muss ästhetisch überbrückt und überhöht, geheiligt werden.* Die Heiligung – der Paradiesgarten – setzt das Opfergut aus der Zeit. Diese zentrale These von Überschreitung und Verausgabung führt Bataille am Ritus der religiösen Zeremonien aus. Wir kommen darauf zurück. Das Verhältnis von Sünde (Ethik) und Beichtsakrament (performative Ästhetik) bildet die eine „Seite" des Möbiusbandes der allgemeinen Ökonomie. Während nämlich die Ware sich im Fetisch (oder, nach Barthes, in der Mythisierung)[42] inszeniert, inszeniert sich die Heiligkeit an einer Handlung, die als performative Spielform keinen praktischen Zweck erfüllt, aber durch Wiederholung vergesellschaftet. In der Gebrauchsform des Opfers der Ware ist „der Genuß […] *steril,* [da] die Güter im Kreislauf der fabrizierbaren Effektivität als unproduktiv deklariert werden."[43]

Nur jenseits des Besitzes, in der Verzehrung, kann die Ware Genuss abwerfen. Im Gebrauch geht es nicht um Genuss, sondern um Befriedigung. *Genuss ist Aufstand wider die Ökonomisierung, also ein in Gewinn geheiligtes Opfer.* Die Reanimierung, die Auferstehung der *toten* (sterilen) Dinge, wird in medialer Weise ästhetisch zelebriert und animiert (fetischisiert) und vervollständigt den Kreislauf zwischen Diesseits und Jenseits. Das Ding erweist sich nicht mehr im Gebrauch, sondern in der illusionären Anbetung als nützlich. In diesem Sinne ist der bloß ausstellende Besitz der Dinge ihre Opferung, d.h., sie sind vor Gebrauch geschützt.

[42] Karl Marx: *Das Kapital.* Köln 2000, S. 83ff: „Der Fetischcharakter der Ware und sein Geheimnis." Und Roland Barthes: *Mythen des Alltags.* Frankfurt a. M. 2015. Während Marx sich auf den Warenfetisch bezieht, bezieht sich Barthes auf den Fetisch des Zeichens und der kommunikativen Funktion.

[43] Klossowski: *Die lebende Münze,* S. 10.

Das Opfer – der Rausch, der Schwindel, sofern er unter technisch disziplinierten Gesichtspunkten von Sport und Spiel transformiert wird –, verleiht dem Individuum regenerierende Kräfte, die es für den Alltag der Arbeit benötigt. Bedeutsam ist die technische oder moralische Reglementierung des Opfers, das als Gewinn durch Verlust annonciert wird und somit zur Crux der gesamten Kapitalismuskritik in der Nachfolge von Marx wird. Die einzige Möglichkeit, aus dem Kreislauf von Produktion, Distribution und Konsumation reflexives Kapital zu schlagen, ist, zu offenbaren, dass der Kreislauf niemals geschlossen ist, dass er sich als aggressive und somit historische Spirale eines Todestriebes ergibt, den, so Nietzsche, erst der Übermensch (die Maschine) durchbrechen wird. Aber diese revolutionstheoretische Heroisierung ist auch schon wieder nur eine sakrale Inszenierungsform des Heldenopfers. Dennoch kommt durch den Vorgang der Inszenierung, d.h. der Verdichtung als fetischisierende und mythisierende Darstellung dessen, was sich im Tausch nicht zeigt, die vage Erkenntnis auf, dass der persönliche Tod weniger zählt als der der Gattung und dass man ihn in Form einer Sabotage (eines Schwindelschwindels) aus dem Tausch herausdestillieren kann. Beobachten Sie die Kinder auf dem Karussell: Sie wissen nichts von ökonomischen Problemen und personalisierten Zwängen. Sie sind der Ritter, die Prinzessin in der Kutsche, der Feuerwehrmann, der Rennfahrer. Sie verschmelzen mit ihrem Gefährt und erleiden bloß einen kleinen, symbolischen Tod. Und jetzt beobachten Sie die Aktionen der Mütter und Väter, die sie begleiten. Die Eltern sind, was sie sind, und ab und zu identifizieren sie sich mit dem Helden eines Films oder erlauben es sich, in den Vergnügungsparks oder in einer Bar über die Strenge zu schlagen. Und in der Beobachtung ihrer Kinder sind sie ein klein wenig neidisch, denn sie sind dem *realen* Tod näher gerückt, sie verweigern das Opfer.

Auf der anderen Seite der Inszenierung, der Kirche gegenüber, *steht das Kaufhaus.*

Diese Anordnung ist eine typische in französischen Kleinstädten, die ihre Karusselltradition im Stil der Belle Époque noch sehr lebendig halten. Ich verweise insbesondere auf Jacques Tatis DAS SCHÜTZENFEST (JOUR DE FÊTE (1949))[44], einem Film, der die alte Tradition der *Gogouette,* der Dorffeste, aufleben lässt und in dem die Beschaulichkeit mit den modernen Beschleunigungen konfrontiert wird. Angesichts der glitzernden Schaufenster der

[44] Bohn: *Das Karussell,* S. 267ff.

Warenhäuser nicht von Inszenierung zu sprechen, ist kulturwissenschaftlich fahrlässig. So ist denn auch das Karussell nebenan oftmals von den Kaufleuten oder der Stadt zur Anlockung der Kundschaft wenn schon nicht finanziert, dann doch gern gesehen. Es sorgt für Leben in den Fußgängerzonen. Lebendigkeit, Vitalität zu vermitteln ist die Kernkompetenz des Karussells innerhalb der zirkulären Ökonomie von Kirche, Karussell und Kaufhaus. Lebendigkeit heißt, über den Abgrund von Diesseitigkeit und Jenseitigkeit eine Illusion der Transzendierung zu spannen, deren oszillierender Übergang den eigentlichen Sinnkern der allgemeinen Ökonomie bildet – einer Tauschökonomie, die nicht nur den sogenannten „kapitalistischen Markt", den „Umsatz" im Blick hat, in dem das Geld die mediale Form der Transzendierung leistet. Aber *Transzendierung ist im Geld eben nicht inszeniert, sondern auf den analen, indifferenten Zahlwert reduziert:* So, wie es für Gott tausend Namen gibt, gibt es sie auch für das Geld.[45] Letztlich repräsentiert das Geld die nackte Zahl, und die Zahl ist Ausdruck der Summe von Wiederholungen (1+1+1… = n). Trotzdem wandert das Kleingeld wenigstens ab und an in den Klingelbeutel. Auf geradezu natürliche Weise ist das Geld der Feind der Kirche, sie substanziiert es in Gold und Prunk und verabscheut den Geiz der Krämerseele.

Die allgemeine Ökonomie ist diejenige Form der Betrachtung von gesellschaftlicher und historischer Bewegung, die die Symptomproblematik des Körpers – denn das Symptom ist eine perverse, deplatzierte Verdinglichung – nicht außer Acht lässt, also vom Prinzip der Opferverdrängung und -vermeidung in unserer Gesellschaft ausgeht, die unablässig zugleich der Heiligung zustrebt. Dafür steht der Segen der Wohlstandsgesellschaft wie der einer umfassenden, nicht mehr konfessionell gebundenen Sakralisierung des Konsums. Weder der Bereich der Überproduktion noch der der Verausgabung oder der Verschwendung lassen sich in der speziellen Ökonomie messen. Das Unmessbare kann aber als Unermessliches, als Wahn der Verschwendung nur gegen das Gesetz der vernünftigen, aufschiebenden Ökonomie und aufgrund des Produzierens von Opfersubstanz erscheinen. „Die allgemeine Ökonomie ist eine Ökonomie des Nichtökonomischen, die das Meßbare aufgreift um des Unmeßbaren willen."[46] Die Positionen des Unmessbaren sind seit je die des Mythos, der Religion und des psychoanalytisch und philosophisch konkretisierten Geistes. Das Unmessbare kann nur

45 Vgl. Jean Baudrillard: *Der symbolische Tausch und der Tod.* München 1991, S. 321ff.

46 Bergfleth: *Theorie der Verschwendung,* S. 51.

in der Maske metaphorisierter Ästhetisierung erscheinen. Entreißt man dem Unermesslichen die Maske, so erscheint die Moral, der Wert, das Gesetz, d.h. die weise Voraussicht in Vergangenheit und Zukunft. Denn nichts darf ohne Grund geopfert werden.

Der Mythos ist – wie die Metapher – nicht Vorgeschichte des Logos, sondern „fungiert als Modell"[47], funktionalisiert, was an Absolutheit (Gott) in der Prozessierung des Lebens nie erscheinen kann. Aber insofern die Verausgabung eine Handlung ist, entspricht ihr die Inszenierung eines performativen Narrativs, einer Geschichte, die vom sinnlosen Opfer zum Zähl- und Zahlbaren einer Gegengabe des Heils berichtet. Diese Heldengeschichte zwischen Askese und Verausgabung verwirklicht im 17. Jh. der Kapitalist.

Wittgensteins treffende Bemerkung über die „Unzeitlichkeit" der „Ewigkeit" findet in der allgemeinen Ökonomie ihr erweitertes Gesichtsfeld – jenes, das sie einerseits herausnimmt aus dem Kapitalismus und seiner Marx'schen Kritik, und sie andererseits hineinzwingt in eine anthropologische, philosophische und psychische Analyse des menschlichen Seins – eines Seins, das sich des individuellen Genießens enthält, um einem kollektiven Körper zu erhalten, dennoch aber darauf beharren muss, dass der individuelle Tod nicht für die Allgemeinheit geopfert wird. Denken wir einfach an den 18-jährigen Soldaten, der sprühend vor Freude in den Ersten Weltkrieg zieht und dort für sein Vaterland fällt. Danach wird ihm die Ehre der Nation zuteil. Ein individuelles Opfer für einen kollektiven Gewinn: Transzendierung des Opfers im Begriff der Nation. Wie kann man sich die Begeisterung der Massen im Sommer 1914 begreiflich machen? Setzen wir doch heute alles daran, unser persönliches Vergnügen über das Opfer der Nation zu setzen. Der Krieg beginnt im Kleinen, schon damit, dass ich mich aus der Verantwortung für die anderen herausstehle und im infantilen Milieu verbleibe, indem es die Eltern, Vater Staat und Mutter Erde, zu richten haben. Genau diese infantile Position wird in der kapitalistischen Ökonomie systematisch als „Individualität" instruiert und gleichzeitig in der technischen Vernunft unhintergehbar normiert. Das Prinzip der Opfervermeidung und -kaschierung bestimmt nicht nur ihre eigene, sondern auch die Logik mathematisierter Berechnung und Askese. In dieser Rücksicht ist zu kalkulieren, bei welcher Beschleunigung die Achterbahnfahrt zur Ohnmacht führt und

[47] Blumenberg: *Paradigmen zu einer Metaphorologie,* S. 113.

die Bremsen greifen müssen.[48] Und es gilt auszuloten, unter welchen Bedingungen die Einzelnen im Kaufhaus zu einem kollektiven Opfer bereit sind: Nun, sie sind es, indem sie am Tausch teilnehmen.

Hier interessiert nicht die technische Raffinesse der Achterbahnfahrt und höchstens illustrativ die Verantwortung der Ingenieure für die Bauweise und die Ästhetik des Karussells. Es gilt vielmehr die Frage zu stellen, ob es eine Psychoanalyse gibt, die von den Gegenwärtigkeiten, den Besitztümern, Dingen, Sachverhalten und Kollektivorganisationen ihren Ausgangspunkt nimmt – und nicht nur von „Mama und Papa".

Halten wir uns zunächst an das dritte System der Inszenierungen neben Kirche und Kaufhaus. Wie verwandelt sich im Karussell das Körperopfer in ein Genießen, wie versammeln sich die Individuen zu einer kleinen Feier, deren Verdinglichung im Karussell als Kulturgeschichte der Maschinisierung des Vergnügens seinen Ausdruck findet und aus Gründen einer infantilen Nostalgie sich bis heute erhalten hat?

Zunächst ist zu konstatieren: Das Karussell entbindet Genuss im Selbstverlust der Körperaufhebung, aber es bindet auch das Kind liebevoll an den Sozius, was Vergnügen bereitet. Genuss und Vergnügen sind zwei unterschiedliche Affekte. Vergnügen will sozusagen Gewinn ohne Verlusterfahrung bzw. es drängt den Verlust in die Sphäre der Arbeit als Opfer. Ohne diese prinzipielle Unterscheidung lässt sich der „Freizeitmarkt" überhaupt nicht angemessen ökonomisch denken. Eine Ökonomie, die nur Gewinne anhäuft, ist zwar wünschbar, aber nicht realisierbar.

Um den Zumutungen einer „Karussellwissenschaft" (das wäre im engeren Sinne eine Mischung von Wirtschaftswissenschaften und Logistik, also die Lehre von der Zirkulation dessen, „was sich im Umkreis des Haushalts bewegt") aus dem Weg zu gehen, gilt es zunächst einmal, die verstreuten Ideen, Texte und Autoren ins Gespräch zu bringen. Die vorwissenschaftliche Methode dieser Versammlung ohne Rücksicht auf Totalität findet seit Montaigne im Medium des Essays statt. Damit sind wir bei Fra-

[48] Zur Geschichte der Geschwindigkeitseskalation der Achterbahn vgl. Dering: *Volksbelustigungen,* S. 119. Zur Ekstatik der Karusselltechniken vgl. Sascha Szabo: *Chillrides.* In: Ders. (Hg.): *Kultur des Vergnügens. Kirmes und Freizeitparks, Schausteller und Fahrgeschäfte. Facetten nichtalltäglicher Orte.* Bielefeld 2009, S. 275ff. Szabo geht insbesondere auf den Zeitfaktor in den rhythmischen Beschleunigungen ein: „Und man macht die Erfahrung, dass die Zeit langsamer vergeht, wenn man mehr davon hat. Diese Erfahrung kann jeder Zugreisende, der einmal fünf Minuten auf einen Zug gewartet hat, bestätigen. Die Zeit scheint nicht zu verrinnen und aus Minuten werden gefühlte Stunden. […] Im Akt der Zeitverschwendung gewinnt der Mensch ein knappes Gut: Zeit." S. 284f.

gen der Textinszenierung und Hermeneutik angelangt, bei der Frage der Zirkulation von Sinn.

Der Essay steht – nach Adornos detaillierter Bestimmung – im Gegensatz zum wissenschaftlichen Ideal systematischer Geschlossenheit. Diese kann im Ich-anderen-Verhältnis (dem Autor und dem Leser) niemals gegeben sein. Sich über den konkreten anderen in seiner beschränkten Ganzheit zu definieren, heißt einerseits, die Konvention objektiver Verwissenschaftlichung zu akzeptieren, und andererseits, sie im Negativen zu unterlaufen. Der Essay ist eine Strategie, mit der Unmöglichkeit von Allwissenheit umzugehen. Die meisten Definitionsmerkmale, die Adorno für den Essay angibt, sind deshalb negativ. Der Essay ist im Kern eine Negation.[49] „Im Verhältnis zur wissenschaftlichen Prozedur und ihrer philosophischen Grundlegung als Methode zieht der Essay, der Idee nach, die volle Konsequenz aus der Kritik am System."[50] Dem Essay hier sind nur wenige Fotografien beigegeben, die kaum den Umfang andeuten, in dem der Kreis der Kriterien, Argumente und Theorien abgeschritten wird.[51] Im Medium der Fotografie – im „Bild" *als Teil für das Ganze* gebannt – zeigt sich die Konsequenz, mit der jedes System sich über seinen Widerstreit mit anderen kondensiert. Der Essay „trägt dem Bewußtsein der Nichtidentität Rechnung, ohne es auch nur auszusprechen; radikal im Nichtradikalismus, in der Enthaltung von aller Reduktion auf ein Prinzip, im Akzentuieren des Partiellen gegenüber dem Totalen, im Stückhaften."[52] Adornos Definition eines systemkritischen Geltungsbereichs für den Essay zielt darauf, dem Mythos einer Ableitung von Gründen zu entgehen. Deswegen ist der Essay stets mit Verzweiflung gegenüber der Komplexität des Dargestellten verbunden. Der Gedanke einer Tiefendimension genealogischer Geschichte wird verworfen, und damit auch der Gedanke einer fließenden Zeit. Stattdessen wird reflektiert, wie in einer zirkulären Zeit – Nietzsche sei das Vorbild – Sinn sich aus Bruchstücken zu *kristallisieren* vermag. Seiner negativen Bestimmung nach ist der Essay *literarisierte Metapher des Begrifflosen.* Nicht was geschrieben steht, sondern wie

[49] Theodor W. Adorno: *Der Essay als Form.* In: Ders.: *Noten zur Literatur I.* Frankfurt a. M. 1969, S. 9-49.

[50] Adorno: *Der Essay als Form,* S. 21.

[51] Wer sich mit Details zur Ökonomie der Karussellbranche beschäftigen will, kann das über die langjährige Branchenzeitung *Der Komet. Fachzeitschrift für Schausteller und Marktkaufleute* (erscheint seit 1883!) ausgiebig tun. Das Archiv nutzen auch Dering und Köpp-Fredebeul.

[52] Adorno: *Der Essay als Form,* S. 22.

es sich hervorbringt, steht im Vordergrund. Offensichtlich haben soziologische Systemtheorie, Essayistik und Karussellanimation das gleiche Objekt des Widerstandes: Sie zelebrieren realistisch die Grenzen des Wissens in den Fliehkräften der Kritik, mit dem Willen, sie zu überschreiten, um dem Wahren, wenn auch nur negativ, ein Stück näher zu kommen. In dieser Situation wird der Drang zur Verwandlung alles Subjektiven in Objektivität zum Syndrom: Der Essay stellt sich selbst in Frage, indem er ausufert. Der Essay, das System, das Karussell sind in sich zirkulierende Syndrome, die im Wunsch nach Abschließung ständig in den zentrifugalen und zentripetalen Kräften von Zerstreuung und Versammlung ihrer Selbstaufhebung, dem Dunkel der Geschichte, entfliehen wollen. Es geht auch hier um eine Marge der Opferheiligung wider das Ursprungsdenken: „Bis zum heutigen Tag perpetuiert sich in ihr [der Kultur] der blinde Naturzusammenhang, der Mythos, und darauf gerade reflektiert der Essay: das Verhältnis von Natur und Kultur ist sein eigentliches Thema.“[53]

Ohne Ursprung und ohne Zentrum signalisiert der Essay im Negativ Reste der nomadischen Herkunft der Festinszenierungen und auch des Karussells. Vielleicht ist der Festumzug Ludwigs XIV. nichts weiter als das Nachspielen des Vorspiels der Sesshaftwerdung und Inbesitznahme, gleich dem Auszug des israelitischen Volkes. Nicht ohne Hintergedanken inszeniert der namengebende „Carrousel des nations“ von 1662 die Geburt des Dauphins, der die Kontinuität der Erbfolge sichert.[54] Hier wäre die Transzendierung eine negative: Der Dauphin repräsentiert das Diesseits der göttlichen Legitimation der Macht des Königs, seine Potenz. Die nomadisch-generationssexuelle Machtübernahme wird *festgestellt* und in Kultur verwandelt: Der König beschließt letztlich, in Versailles sesshaft zu werden und dort die Natur zu kultivieren. Übrigens scheitert ein ähnlich großer Festumzug mit Reiterspielen Jahre später am mangelnden Interesse der Pariser Bevölkerung. In Versailles bleiben die beglaubigenden Zuschauer der dargestellten Pracht weitgehend aus, denn die Transzendierung bedarf auf jeden Fall einer Öffentlichkeit, die den Dritten in der Anrufung konstituiert.

Das Leben als strategische Linie – Sartre nennt diesen Vorgang „Personalisierung“ – wird im Karussell körperlich wie im Essay intellektuell noch einmal zum Kreis gebogen. Die Wissenschaft dagegen hält sich an den Satz der Identität gleich dem sich spiegelnden Narziss. Die lose

53 Ebd., S. 41.

54 Plessen: *Rossbalett und Reiterspiel,* S. 289: „Höhepunkt und Leitbild höfischer Festkultur wurde europaweit das *carrousel des nations* mit fast 1.300 Teilnehmern.“

Versammlung ist ihr nicht Fest, sondern Vorform zum System. Die Kultivierung der Zirkulation als Wiederholung und Ökonomie kann nur vom Menschen ausgehen, der zu sich selbst ein Verhältnis bildet, in welchem die Identität gerade *nicht* gelingt, die Wiederholung sich beständig verfehlt und rituell, kalendarisch sich dennoch organisiert – und das zunächst an der Ökonomie der Jahreszeiten und ihren uralten Festen. Philosophisch steht nach der „Krisis der Wissenschaften" (Husserl) eine Neubewertung von Technik an, die nach Freud den alten Götterglauben in den *Logos* übergehen lassen soll.[55] Aber lässt sich mit diesem Dreischritt Vergangenheit – Gegenwart – Zukunft überhaupt noch zureichend argumentieren, wenn die Zeit keine mehr nach dem Ursprungsdenken geradlinig verlaufende Zahlenreihe ist, sondern ein barockes involutives Gebilde[56], ein Möbiusband oder eine Innenacht? Der Essay bemüht nicht das Gedächtnis, er stellt arbeitend die Topologie und Dynamik seiner Ideen vor.

Der Text des Essays ist kein Karussell, auch wenn er seinen Gegenstand umkreist. Die Idee jedoch ist die Gleiche: Flucht aus dem Zentrum, Flucht aus dem Ursprung – Geburt in den Tod, und doch wieder in den Mutterleib zurück. Ohne Rückkehr wäre es keine Zirkulation, so die Todestriebtheorie des späten Freud.

Die Auseinandersetzung mit einer „existentiellen Psychoanalyse des Karussells" ist keineswegs so abstrus, wie man meinen möchte. Denn die „Seele des Karussells" ist, wie wir erkennen, die allgemeine Ökonomie, das Verhältnis zwischen dem Eigenen und dem anderen, wobei der andere gelegentlich ein Karussellpferd, die wartende Mutter, der beobachtende Vater, gar der von der Kirchenpforte herabblickende Priester oder der Kaufmann sein kann – und wechselseitig verbündet sich die Dualität der Blicke mit dem Tertium von Beobachter und Passant in wechselnden Konstellationen und Distanzen. Das partielle Körperopfer des Kindes ist dabei ein für den anderen nicht verfügbarer Gewinn an Selbstsein.

Hier beginnt die theoretische Problematik: Drittenvermittelnd ist das Genießen als Affekt nur in der Dynamik einer Entzugsform möglich, nämlich im Entzug des Dritten selbst. Weder lässt es sich fotografieren

[55] Sigmund Freud: *Die Zukunft einer Illusion*. Frankfurt a. M. 1981. Dennoch konstatiert Freud: „Dies Zusammenwirken von Vergangenheit und Zukunft, welch unvergleichliche Machtfülle muß es der Religion verleihen!" (S. 122) Was Religion durch phantasmatische Ästhetisierung leistet, muss der Logos als Kausalkette unter dem Satz der Identität leisten, expansive Behebung des Seinsmangels.

[56] Siehe Gilles Deleuze: *Die Falte. Leibniz und der Barock*. Frankfurt a. M. 2000, S. 29ff.

noch körperlich von außen nachvollziehen. Das Körperopfer bleibt, wie der Traum, ein Raum des Negativen. So ist es unmöglich, die „Seele des Karussells" allein mit dem Blick auf Ästhetik und Technik zu erfassen. Es ist auch unmöglich, die Reichweite der Inszenierung des Karussells historisch und topologisch zu totalisieren; aber man kann sie vergleichend zwischen Kirche und Kaufhaus erkennen. Die Kulturgeschichte des Karussells und seine soziale Bedeutung sind, wie angemerkt, gut erforscht. Es bleibt paradoxerweise zu erkennen, dass eine Psychoanalyse des Karussells ebenfalls schon *existiert:* das Karussell selbst.

Verzeitlichung in Geschwindigkeit, Beschleunigung, Frequenz des Umlaufs und das Wechselspiel der zu besetzenden Gefährte bilden die Parameter, die im Karussell austariert sind, um nicht in Langeweile umzuschlagen, sondern jenen Funken des Genießens zu entbinden, der Passagiere befällt, die im Parabelflug Schwerelosigkeit empfinden. Der Ruf der Kinder nach einem „Noch einmal" zeigt, dass es im Spiel zwei Variation gibt, die nicht erlöschen: einerseits die wechselnde Besetzung des Sozius, der Gefährte, und andererseits, in einer viel größeren Dimension, das Altern der Kinder und ihre wachsende Aktionsbereitschaft, wie sie Goffman beschrieben hat. Diese austarierten Beziehungen zwischen Wiederholung und Veränderung vermisst man allerdings in vielen Karussellimitationen, im Supermarkt und auf phantasielosen Kinderspielplätzen. Wenn die Drehgestelle dort keine Akzeptanz finden und nur als Moratorien auftauchen, sagt das viel darüber aus, wie das Verhältnis von Opfer und Gabe merkantil orientiert wird. Das Geschenk solcher geizig asketischen, geschichtslosen Spielzeuge ist mit Schuld aufgeladen.

Neben der Karussellfahrt als Kooperation von Menschen und Maschinen hilft der Rekommandeur[57] mit agonalen Arrangements, die Kreisbewegung epizyklisch oder exzentrisch zu variieren – z.B., indem er das Einfangen von Ringen (Ringestechen) wettbewerbshaft protegiert. Nur wenige solcher Karussellbetreiber – einige dieser Form lassen sich heute noch in Paris ausfindig machen, z.B. im Jardin du Luxembourg – erlauben sich diesen arbeitsintensiven Übergang vom Duell in den Agon. Es gilt, im Ringestechen symbolisch, die drohende Leere der kreisenden Wiederholungen zu füllen. Der Kampf zwischen Kind und Karussell ist auch von den motorischen Fähigkeiten der Kinder abhängig. Der Einsatz des Körpers und

[57] Szabo: *Rausch und Rummel,* S. 145: „Bei dem Karussell bildet der Rekommandeur einen integralen Bestandteil des Geschäfts und entscheidet durch die gekonnte Kombination der unterschiedlichen Medien mit über den wirtschaftlichen Erfolg eines Geschäfts."

die Koordination und Irritation der Sinne sind für die Intensität des Genießens von unverzichtbarer Bedeutung.

Die Epoche des Übergangs vom ritterlichen Reiterspiel zum barocken Festumzug mit „Rossballett" und später zum bürgerlichen Karussellbetrieb im Vergnügungspark ist die des Übergangs vom Adelsmonopol der Zerstreuung zur organisierten Freizeit des arbeitenden Besitzbürgertums.[58] Es gilt, die Angst vor der Befreiung der Zeit zu kompensieren. In dieser Rücksicht werden die nomadischen Straßentheater im Stadttheater sesshaft, das improvisierte Spiel wandelt sich zur formalisierten Klassik. Aus der unsittlichen Unterhaltung wird eine kontrollierbare „Sittenschule".[59] Die Frühzeit des langen 19. Jhs. organisiert das Vergnügen rasch nach festem Zeit- und Raumplan, der sich zuweilen noch den alten Kalenderfesten anschmiegt. Aus dem „Carrousel" wird häufig der langweilige Sonntagnachmittagsspaziergang. Noch Fontanes Effi Briest will nicht sittsam sein, sondern kokett auf dem Rondell und ein Mädchen der Lüfte. So wird alles, was Rausch heißt, bürgerlich gefangen und in den Fabriken motorisiert. Es ist die Epoche der Kritik der Ökonomie, die zuerst von der Not der unmittelbaren Bedürfnisse ausgeht, sich dem „Gespenst"[60] einer verpassten oder zukünftigen „Revolution" widmet und erst nach dem Zweiten Weltkrieg eine Analyse des Überflusses und der Verschwendung sowie eine Pluralität der Kritiken entwickelt. Der Ökonomie wird die Ökologie beigestellt. Kierkegaard, Marx, Weber,

[58] Ebd., S. 31. 1766 stiftet Josef II. in seinem Jagdrevier „Prater" einen Vergnügungspark: „Bier- und Weinstuben, Kuchen- und Wurststände, aber auch die ersten Karusselle. Gegen Ende des 19. Jahrhunderts wandelt sich dann das Gesicht des Praters. Aus den schlichten Buden werden ‚richtige' Cafés und Restaurants; es entsteht im Prater das Vergnügungsetablissement ‚Venedig in Wien' mit künstlichen Kanälen und Gondelfahrten. Regelmäßig finden Konzerte und Volksfeste statt." (Ebd.) Plessen: *Rossbalett und Reiterspiel,* S. 295: „1766, im Jahre der Eröffnung des Wiener Praters, wurde die Genehmigung für die Errichtung eines ‚Ringelspiels' erteilt. Der Berliner Chronist Friedrich Nicolai sah in Wien 1781 ‚ein bedecktes Karussell, wo Personen herumgedreht werden und nach Ringen zu stechen pflegen. Hier wurden nicht, wie es sonst wohl gewöhnlich ist, nur vier Personen herumgedreht, sondern wohl zwölf und mehrere." Friedrich Nicolai: *Beschreibung einer Reise durch Deutschland und die Schweiz, im Jahre 1781.* Bd. 5, Berlin – Stettin 1785, S. 256, zitiert nach: Plessen, Rossbalett und Reiterspiel, S. 295.

[59] Siehe die historische Entwicklung des Theaters im 19. Jh. bei Roland Dreßler: *Von der Schaubühne zur Sittenschule. Das Theaterpublikum vor der vierten Wand.* Berlin 1993.

[60] Vgl. Jacques Derrida: *Marx' Gespenster. Der Staat der Schuld, die Trauerarbeit und die neue Internationale.* Frankfurt a. M. 1996. Derrida referiert einerseits auf die Marx'sche Ankündigung im *Kommunistischen Manifest* „Ein Gespenst geht um in Europa", andererseits auf die Revolte des Sohnes gegen den Vatermörder (und gegen Hamlets Geist, seinen Vater), um die Pluralität der Geister von Marx hervorzuheben: *„Es gibt mehr als einen davon, es muß mehr als einen davon geben."* (S. 32)

Freud, Sartre, Lacan, Mauss, Bataille und Baudrillard – sie sind einige der Diskursprotagonisten, die sich für die unsittlichen, grenzüberschreitenden Lebensbereiche interessieren, wie sie de Sade vor ihnen literarisiert hat. Die Überschreitung will nicht den Hinterhof der Kulturgeschichte exorzieren, sondern die Zirkulation verschieben, in der das Verfemte aufgehen soll, statt es, wie dem Marquis de Sade geschehen, in Gefängnisse und Irrenanstalten zu sperren.[61] Das, was Bataille die „allgemeine Ökonomie" nennt, macht den komplettierten Zirkel der Schuldzirkulation aus, für den das Karussell einsteht, damit Schuld sich nicht nur verdinglicht und in Bomben verdichtet. Das Karussell, gerade weil es bürgerlich diszipliniert ist, macht die Bombenstimmung kaum vorstellbar, solange alles an ihm ein Spiel der Inszenierung ist, d.h. eine Sakralisierung des Schwindels durchdrehender Ökonomie, die plötzlich einmal ihre profanen Kräfte zum Jenseits entfesseln könnte. Die mediale Ästhetik organisiert die Legitimität der Ethik. Deswegen soll in der bürgerlichen Stube wie in der Überbordung der ornamentalen Besetzung auch am Karussell kein Platz undekoriert sein, denn hier könnte Natur als Krise sich Bahn brechen.[62]

Wenn schon das Karussell ein kleines unbedeutendes zeit- und erinnerungsheischendes Nostalgikum ist, welches in den autoritären Diskursen nur Lächeln oder allenfalls ein verschämtes Bildchen hervorzerrt, das in die naiven Erzählungen der kleinen Leute passt, die den strahlenden Helden auf ihren Gefährten spielen, so ist doch gerade hieran ein Dilettantismus von philosophischer Generosität zu beobachten, der von der Praxis absieht und sich nachdenklich einer theoretischen Revolution widmet.

Natur also ist Gewalt. Damit die Vergegenwärtigung der Freiheit in Kultur von einiger Dauer ist, muss sie in einem Freizeitraum aufscheinen, den schon Schiller als *Spielraum* bezeichnet.[63] Damit sie wiederholbar ist,

[61] Vor allem Michel Foucault hat in dieser Hinsicht Aufklärung geleistet. So kann seine Bezeichnung *Heterotopie* durchaus Anwendung finden auf einen Vergnügungspark.

[62] Vgl. Gérard Raulet: *Natur und Ornament. Zur Erzeugung von Heimat.* Darmstadt 1987. Raulet geht es um eine Darstellung der Verschmelzung von „Natur und Geschichte" (S. 62), von zwei Zeitdimensionen, der zyklischen der Natur und der linearen der Geschichte, deren Verdrehung sich windet wie ein barockes Treppenhaus. Die Hauptform des Barocks ist folglich die Spirale, die Schneckenform.

[63] Schiller kleidet die Position, dass es kein Zurück zur Natur gibt, in eine Simultaneität von Natur und Kultur, die er im Spiel sieht: „Der sinnliche Trieb will, daß Veränderung sey, daß die Zeit einen Inhalt habe; der Formtrieb will, daß die Zeit aufgehoben, daß keine Veränderung sey. Derjenige Trieb also, in welchem beyde verbunden wirken (es sey mir einstweilen, bis ich die Benennung gerechtfertigt haben werde, vergönnt, ihn Spieltrieb zu nennen) der *Spieltrieb* also würde dahin gerichtet seyn, die *Zeit in der Zeit* aufzuheben, Werden mit absolutem Seyn,

muss sie inszeniert werden können. Auf diese „spielerische" Weise transzendiert das Theater die Schrift in Handlung und die katholische Kirche den Leib Jesu seit zweitausend Jahren im Abendmahl. Sie erzählen es nicht, sie prozessieren es. Es findet statt – und zwar in jeder Heiligen Messe: „Tut dies zu meinem Gedächtnis." Es gibt hier nicht die Idee von originalem, historischem Ereignis und seinen epigonalen Wiederholungen, und eben auch nicht die Idee eines zukünftigen Heils. Nein, das ursächliche Ereignis des Abendmahls *war schon immer die Inszenierung* einer gemeinsamen und Gemeinschaft stiftenden Feier, einer Gegenwärtigkeit, die nicht vergeht. Hier haben wir es wirklich mit der Kultivierung eines *natürlichen* Vorgangs zu tun, der eine geschichtslose, *ewige* Bedeutung gewinnt. Der *Gewinn der Teilhabe,* d.h. der Konstitution einer katholisch universellen Gemeinschaft, bleibt, auch wenn das Brot verzehrt, der Wein getrunken ist und die Hostie nur symbolisch den Hunger gestillt hat.

Tatsächlich findet vor dem Karussell nicht nur eine soziale Versammlung statt, sondern ein Ereignis der Selbstreflexion zum Thema Lebenszeit, zur Kollektivgenese, deren Voraussetzung Geburt und Tod des Individuums sind, damit sich (mit Darwin gedacht) nicht alles in unendlicher Gleichförmigkeit wiederholt. Die Seele der Zirkulation enthüllt eine zweifache synchrone Bewegung: die Wiederholung und die Vergegenwärtigung; dazwischen lanciert sich die Krise. Die zweite Zeit konstituiert die erste, der Ausgangspunkt erscheint nachträglich: Das ist meine Kindheit gewesen – so, wie ich sie als Kind nie reflektiert habe. Und dies zu erleben, *sein eigener Ursprung zu sein,* ist zweifellos ein Genuss. Somit bleibt für den Erwachsenen und für das Kind ein je unterschiedlicher Gewinn, den Sartre bezüglich der intimen und der merkantilen Ökonomie wie folgt universalisiert: „Diese doppelte statische und dynamische Zirkularität ist es, die, insofern sie sich in den kreisenden Beziehungen auf allen Stufen aller gesellschaftlichen Verdichtungen äußert, das Schlußmoment der dialektischen Erfahrung und damit die konkrete Realität der Sozialität bildet."[64]

Mit welcher Lust und mit welchem Verlust, mit welcher Ökonomie haben wir es zu tun, die sich umstandslos mittels eines sich drehenden physischen Artefakts in eine Überwertigkeit des Genießens verwandelt? Ich genieße den Schwindel, die Orientierungslosigkeit? Ich genieße die

Veränderung mit Identität zu vereinbaren." Friedrich Schiller: *Von der ästhetischen Erziehung des Menschen.* Stuttgart 2006, S. 56f.

64 Jean-Paul Sartre: *Kritik der dialektischen Vernunft. Theorie der gesellschaftlichen Praxis.* Reinbek 1980, S. 717.

Schwerlosigkeit, ich genieße es, dass die Dinge durcheinandergeraten? Ich genieße das Ende des Traumas von der abzählbaren Zeit meines Lebens und vom Ich, das mir die anderen zuschreiben? Ich genieße es, mich selbst hervorzubringen? Ich bin Feuerwehrmann, Ritter, Kutscher, Prinzessin oder Ballonfahrer auf dem Karussell – und bin zugleich enthoben von der Last, Ich zu sein. Ist das nun eine masochistische oder eine sadistische Einstellung? Oder muss ich mich von bürgerlichen Moralgesetzen verabschieden und die List der Protagonisten beachten, um gerecht in meinen Wertungen zu sein? Rausch bis zum Exzess? Gehen wir die Sache Schritt für Schritt an und verschieben um ein Kapitel die Analyse der trinitarischen Verfassung der menschlichen Beziehungen. Fahren wir fort mit einer Situationsbeschreibung.

Les Boucles du Coeur
EASY
Chips

4. DIE KONSUMGESELLSCHAFT KENNT KEIN GENIESSEN

Nähern wir uns zunächst der speziellen Ökonomie in einer Kritik, die Jean Baudrillard 1970 der Konsumgesellschaft widmet. Nach Baudrillard konstituiert sich das Ich des Konsumenten über den Wert, den es der Aneignung einer Ware gegenüber einem anderen Konsumenten beimisst. Der Wert der Ware in einer Konsumgesellschaft ist neben dem Gebrauchswert auch ein sozialer, einer des *Prestiges,* einer der sozialen Konkurrenz. Der Tausch schafft Gleichheit und Ungleichheit zugleich. Kommt die Ware als Mythos oder Fetisch zur Geltung, materialisiert sich einerseits der von Marx erkannte bewusstlose Vorgang der Vergesellschaftung, andererseits der narzisstische einer Verschiebung der Schuld auf andere. Der narzisstische Fetisch wirkt, wenn man ihn in seinem Haus (seiner Ökonomie) zur *Ausstellung* bringt – etwa, um Besucher zu imponieren oder auch, wenn man seinen Rang durch „feine Unterschiede" (Bourdieu) oder die exquisite Art der Mahlzeiten etc. ausdrückt. Prestige ist eine Sache von Ästhetik und Design, nicht von Moral. Doch kann es durchaus sein, dass asketische Formen, die die Unmittelbarkeit von Begierden und Affekte unterdrücken, ein besonderes Prestige der Dignität bewirken.

Die Öffentlichkeit des sozialen Mehrwerts ist an Inszenierung gebunden, die die horizontale Gesellschaft der Teilhabe am Tausch in eine vertikale des gesellschaftlichen Ranges strukturiert. Infolgedessen werden die Waren zu Simulakren intersubjektiver Duelle. In der Konsumgesellschaft, so Baudrillard, geht es nicht mehr um Bedürfnisse, sondern um Raffinesse und Luxus, um eine Gesellschaft von widerstreitenden Subjekten, die kommunikativ den Wert ihrer Autonomie in Besitzformen ausdrücken.

Baudrillard differenziert die Polarität von Produktion und Konsum in einem dreiseitigen Verhältnis von *Konsument, Ware* und gesellschaftlichem *Rang,* anders gesagt: von *Subjekt* (das vom anderen zum Begehren an einer Ware verführt wird), *Produkt* (das unter dem Opfer eines anderen als Ding dauert oder verwertet wird) und dem *Besitz* und *Schauwert,* indem die öffentliche Geltung innerhalb der Tauschaktionen des Kollektivs individuiert und zirkulär das Begehren des anderen animiert wird.

Es ist Baudrillard nicht allein darum zu tun, das Konsumverhalten und das antrainierte, aber ziellose und deswegen unbefriedigte Wettbewerbsverhalten zu kritisieren, sondern die Dialektik von Individuum und Gesellschaft als das je bewusstlose andere in eine ökonomische Dynamik zu stellen, die auf der Geltung von universellen Zeichen (letztlich dem Zahlwert des Geldes) beruht. Es geht schlicht um die Frage, warum das System so gut funktioniert, obwohl es offensichtlich sinnlos ist und der soziale Konkurrenzkampf sich als Rückfall in eine Naturgesetzlichkeit erweist.

Es ist die *Herausforderung* zum Duell und die *Verführung* zum Agon, die die Regeln des Spiels bestimmen und die Rollenverteilung zirkulieren lassen. Wobei der zu kritisierende Betrug darin besteht, dass jeder ein (autonomes) Individuum sein will, was den Einzelnen in der Masse wiederum zum Kollektiv der Subjekte zusammenschweißt, und zwar nicht nur im Tausch, sondern eben auch im Schauwert – der Gabe, sich selbst zu inszenieren. Die Ästhetisierung der Ware wie die der menschlichen Besitztümer, die Sakralisierung des eigenen Körpers in menschlichen Rollen stören und stabilisieren unentwegt den Gebrauchswert. Es gilt für Baudrillard, dieses Syndrom eines sich steigernden Geltungszwangs aufzuklären. Ein revolutionärer Elan oder die Verfemung des Konsums ist bei Baudrillard nicht in Aussicht. Baudrillard weiß – das beweisen seine späteren Schriften –, dass es darauf ankommt, den Widerspruch ökonomisch zu vermitteln, d.h. gerechter zu gestalten. Es geht ihm intellektuell um die Struktur der *Produktion von Bewusstlosigkeit* (dem Schwindel, den Täuschungen und ästhetischen Verblendungen), über deren Grad auch der Schwindler oft nicht aufgeklärt ist. Das Subjekt der Handlungen ist nicht Herr, Kapitalist, Ladenbesitzer oder Fabrikant, Schuldiger oder Schuldner, es ist das „ökonomische System", das als transzendentales Subjekt zirkuliert: *die Konsumgesellschaft* – in der spezifischen Form, wie sie sich nach dem Zweiten Weltkrieg in der westlichen Welt (Frankreich) zwanghaft ausbreitet, nachdem eine Phase der unmittelbaren Bedürfnisbefriedigung erreicht ist.

In der konventionellen Beschreibung des Konsummodells westlicher Prägung in den 1950er und 1960er Jahren, die eine Strategie des Mangels nachzeichnet, welche durch „die formale Liturgie des Objekts"[65] universalisiert ist und in der „das Teil für das Ganze"[66] steht, kommt Baudrillard auf eines seiner fundierenden Argumente zu sprechen: *Der Warenkonsum ist*

[65] Jean Baudrillard: *Die Konsumgesellschaft. Ihre Mythen, ihre Strukturen.* Wiesbaden 2015 (frz. 1970), S. 37.

[66] Ebd., S. 41.

fragmentiert und strukturiert in einem System von ausufernden Zeichen. Sein offizieller Wert aber bestimmt sich durch eine Propaganda des Mangels. Die methodische Hinterlegung der kritischen Argumente ist nicht mehr subjektzentriert gedacht, sondern wird als „System“ einer kollektiven Handlung verstanden, deren Teilnehmern der Sinn des „Ganzen“ nicht aufgrund eines intellektuellen Mangels, sondern aufgrund ihrer Seinskonstitution, ihres „Mangels an Sein“ entgeht. Baudrillard verschiebt den Mangel, der nun (in den 1960er Jahren) auf Seiten der Produktion kaum mehr existiert, auf die Seite des Konsums. Dem Mangel des Konsums muss durch Anstachelung eines konkurrenzierenden Narzissmus‘ mit einer Steigerung der Wunschproduktion (Werbung, Propaganda) nachgeholfen werden. Die Inflation der Zeichen produziert unentwegt einen Mangel an Bedürfnissen, indem der Konsum zur *Pflicht* wird und in denen – 50 Jahre nach Baudrillards Annahmen – das Produkt *entsubstantialisiert* und zugleich *sakralisiert* wird. Heute gilt es, eben diesen Überfluss an Zeichen selbst zu konsumieren. Den Konsumenten vom Versprechen des Zeichens zu einer Realität des Dings zu führen, muss in der Enttäuschung enden, dass die Materie mehr Widerstand leistet als das Zeichen und dass das Zeichen mehr Vergnügen bereitet als die Ware. Vergnügen, das ist bloß die *Simulation* der narzisstischen Körperaufhebung. Aber dieses Vergnügen der Freizeitgesellschaft ist fremdgesteuert. Ich erkenne mich nur als anderer unter anderen wieder.

Der Status quo der Konsumgesellschaft präsentiert das dynamische Ergebnis einer Ziellosigkeit in der Überfülle des Kaufangebots, einer „Pyramide von Austern, Fleisch, Birnen oder Spargelkonserven“, an der der Konsument teilhat, an der er aber keine Befriedigung findet. „Und der Exzess dieses sich ständig wiederholenden metonymischen Diskurses der konsumierbaren Materie, der Ware, wird auf dem Wege einer großen kollektiven Metapher wieder zum Bildnis der Gabe – zum Bildnis der unerschöpflichen und spektakulären Verschwendung des Festes.“[67]

Mit dem Hinweis auf den Charakter des Bildnisses als einer simulativen Totalität ist auch der dritte Aspekt der Traumarbeit Freuds – neben dem der Verdichtung und Verschiebung – genannt: die „Rücksicht auf Darstellbarkeit“.[68] Auf diese Weise vollzieht sich der Konsum als Handlung auf die gleiche zeitlose Weise wie der Traum. Die tatsächliche Transzendierung, also die Bereicherung der Subjekte durch individuelle Variation,

[67] Ebd.

[68] Sigmund Freud: *Die Traumdeutung.* Frankfurt a. M. 1984, S. 282.

fällt aus. Genießen findet trotz allem Vergnügen und Glück einer opaken Versorgung ebenso wenig statt wie eine wirkliche Vergemeinschaftung der Narzissten.

Die andere Seite, die der Opfer-Produktion (des Hungers und der Armut), wird durch die Überfülle nicht nur verdeckt, sondern in der Liturgie der Werbeversprechen und Prophezeiungen baldiger Übererfüllung auch dort geheiligt. Der Konsum schafft ein „abstraktes Glück“[69] kollektivierbarer und kommunizierbarer Werte und Wertunterscheidungen.

Was Baudrillard 1970 noch auf der Ebene der Logistik der Ware und ihrer Fetischisierung feststellt, gilt heute umso mehr für die kostenlosen Gaben telekommunikativer Dienstleistungen. Das Glück in der Warteschleife einer Telefongesellschaft liegt im Dauersound der KLEINEN NACHTMUSIK – dieser perversen Sabotage kostenpflichtiger Tauschverhinderung. Man kann in diesem „Lebenssound“ nicht erkennen, dass *die Opfer sich nicht verzehren lassen* wie die Austernpyramiden: Sie verdichten sich zum Symptom, das eines Tages gegen den Konsumenten selbst agiert – sofern dieser nicht fleißig kauft und den Reichtum diversifiziert. Konsumstreik ist Krankheit. Das Glück, von dem Baudrillard spricht, ist „nur als Lösung von Spannungen definiert.“[70] Eine Synthese des Sinns[71] ergibt sich nicht. Je zerstückelter der Warentausch und je hierarchisierter der Gesellschaftskörper, desto mehr verwest der Opferkörper in den alltäglich selbstvergessenen Handlungen. Gegenwart wird schal und leer, nährt Depressionen oder konstituiert sich als Arbeitsverweigerung. Der späte Baudrillard hat sich konsequenter Weise in eine Endzeitstimmung hineinverliebt: Die Apokalypse ist schon da. Es geht nur noch darum, die Möglichkeiten einer kritischen Differenzierung wenigstens der Theorie nach auszuloten, wenn man schon keine Herrschaften stürzen kann.

Es ist auffallend, dass Baudrillard dem Glück, der Zufriedenheit, der wohltuenden Saturiertheit, dem Vergnügen den Begriff des „Genießens“ *entgegenstellt.* Es gilt gerade in der Schwerelosigkeit eines saturierten Haushalts von kollektiver Universalität, die ihm entgegenstehenden Ansprüche zur Geltung zu bringen. „Genießen“ ist ein Terminus, der die individuelle Revanche gegenüber der kollektivierenden Entfremdung nicht nur aufzeigt, sondern rechtfertigt. Damit wird der Konsumerfolg mit seiner ihn konstituierenden

[69] Baudrillard: *Die Konsumgesellschaft,* S. 46.

[70] Ebd.

[71] Ebd., S. 47.

Gewalt konfrontiert, die in den 1970 Jahren noch traditionell in der *Emanzipation des Subjekts* gesehen wird, das öffentlich aufbegehrt. Wir sehen, wie die Lage zumal im Frankreich der 68er beurteilt wird. Aber die Revolution ist, so wird kolportiert, an der Zufriedenheit der Arbeiter mit ihrem Schicksal gescheitert und übernimmt nicht den Elan der Studenten, die sich theoretisch aufgeklärt zeigen. Im Gegenteil: Der Aufruhr studentischer Gewalt erzeugt die kollektive Gegengewalt, die sich (damals gaullistisch) erst beruhigt, als, so will es die Anekdote, kurz vor Erstürmung der Nationalbank bemerkt wird, dass sich die eine Macht nur gegen die andere auszutauschen droht. „Um sich zu steigern, braucht diese [bürgerliche] Ruhe [de Gaulle, R.B.] ununterbrochen konsumierte Gewalt."[72]

Das schale Gegenbild des kollektiven Rausches ist die private Genügsamkeit. Wenn Baudrillard, wie vor ihm schon Marx, in dieser Hinsicht von einem „Teufelskreis"[73] spricht, in dem die wirkliche Revolution nur als „Gespenst" auftritt, sind Erlösungen nicht einfach. Nicht jeder will gerne seinen Körper für den des anderen opfern. Nicht selten gibt es Streit um die schnelle Besetzung eines attraktiven Sozius im Karussell, z.B. an der Glocke des Feuerwehrautos, aber auch deshalb, weil das Karussell sich allzu gemächlich dreht und den Drang der größeren Kinder nicht befriedigt. Der Wunsch nach Autarkie der Bewegung zum und vom Körper ist hier auf dem Karussell wie dort in den Reihen der Demonstranten auf dem Boulevard der gleiche.

Wie kann nun, hundertfünfzig Jahre nach Marx, der das Dilemma von (proletarischer) Vergesellschaftung und (bourgeoiser) Privation reflektiert, eine Moderation aussehen? Gilt es, die unglücklichen Opfer zu glücklichen Konsumenten zu machen? Es ist klar: Es gibt eine Produktion des Überflusses (Design, Werbung, Luxus), die der Strategie der Befriedigung eines liturgischen Spiels dient, das in der Warenproduktion als Fiktionalisierung eingepreist wird. Wir glauben aber immer noch, dass es zuerst *unser* Wunsch ist, der die Gaben hervorbringt. Das Opfer hat im Massenkonsum der Konsumgesellschaft ambivalente Seiten. Es verkörpert und entkörperlicht sich im Zeichen. Baudrillard nähert sich – obwohl er ihn namentlich nur an dieser einen Stelle aufführt – Bataille an: „Nicht die Nützlichkeit, sondern die Verschwendung ist ihrem Wesen nach das psychologische, soziologische und ökonomische Leitschema des Überflusses."[74] Und exakt an dieser

[72] Ebd., S. 53.

[73] Ebd., S. 55.

[74] Ebd., S. 67. Vierzig Jahre nach Baudrillard macht Wolfgang Ullrich sich für ein relativie-

Stelle der Argumentation fragt Baudrillard nach der *Funktion des Genießens als einer Funktion von Verausgabung,* d.h. von der realen Opferung/Vernichtung der Warengaben oder vom Streik des Konsums.

Da wir auf Bataille noch im Zusammenhang mit der Weber'schen These vom „Geist des Kapitalismus" eingehen werden (Kapitel 8), wollen wir dem Kapitalismus (was das ist, lässt auch Weber ganz bewusst offen) einen Körper verschaffen. Es geht um das Problem der Membran, d.h. das Problem der Darstellbarkeit eines Widerstandes, einer Ambivalenz oder eines Antagonismus. Hier setzt Baudrillard an. Seine erste These ist dem strukturalistischen Denken geschuldet: Wir haben es nicht mit Subjekten, sondern mit systemischen Einheiten, mit funktionszerstückelten Körpern und Organen zu tun. In dieser Hinsicht offeriert die entsubstantialisierte Tauschoption von Zeichen zu Zwecken der Selbstpräsentation des Wunsches die Konstitution eines universellen diskursiven Systems. Die These lässt sich umkehren. Wenn der mäandrierende Diskurs das *Subjekt* nomadisieren lässt, wird das Ich ein „virtuelles Einheitszentrum".[75] Es konstituiert sich im Rollenverhalten seiner den anderen spiegelnden Andersheit – unerachtet der Tatsache, dass es als *Person* eine Identität besitzt, die ihm vom anderen verliehen wird.

Die Bedürfnisse, aber auch die Triebe und die sexuellen Grundlagen der Psychoanalyse Freuds zeigen sich als durchstrukturierte Motive einer

rendes Bild des Konsumenten stark, der – jenseits der Bedürfnisse der Fiktionalisierung von Waren – ihre Inszenierung als Eigenwert ästhetischen Scheins (in Differenz zu Schwindel und Täuschung) zu reflektieren weiß und nicht mehr der Einseitigkeit „linker" bzw. „calvinistischer" Kritiktradition verpflichtet ist. Wolfgang Ullrich: *Alles nur Konsum. Kritik der warenästhetischen Erziehung*. Berlin 2013, S. 18: „Dass der Stellenwert des Inszenatorischen und Scheinhaften für die Konsumprodukte dennoch lange kaum diskutiert wurde, ist auch Folge jener funktionalistisch-linken Konsumkritik. Sie diskreditierte das Fiktionale so stark, dass es als eigener Gegenstand, gar als relevantes Phänomen nicht in Frage kam." Und weiter: „Wer so argumentiert, verhindert jedoch von vornherein, dass andere Dimensionen von Kunst oder Konsumprodukten anerkannt werden. Inwieweit der ästhetische Schein auch spielerische, distanzierende, reflektierende, emanzipatorische, stimulierende, kompensatorische oder heilsame Wirkungen besitzen könnte, wird nicht diskutiert. Erst recht bleibt unerörtert, ob nicht auch hier Wege von Ästhetik zur Ethik führen können." (S. 19f.) Unerachtet vom Status eines Produkts kann in der Vergnügungsindustrie, die hauptsächlich auf den Schein, die Fiktionalisierung eines Lebensentwurfs abzielt, gerade dieser Bereich die Idee realisieren, den Seinsmangel illusionär bis zur ideologischen Dogmatik hin zu beheben. Die Frage ist dann, wie bewusst die allgemeine Ökonomie als Wechselspiel von Realisierung und Fiktionalisierung erkannt und Praxis sich ändert. Ullrich würde die pädagogische Dimension eines Karussells positiv bewerten. „So gerät der Prozess zwischen Konsumption und Produktion zu einer speziellen Form von hermeneutischem Zirkel und somit zu einem Weg der Selbsterhellung." (S. 29)

[75] Kraus: *Die „existentielle Psychoanalyse"*, S. 141.

Gesellschaft ihrer Zeit, da „die Bedürfnisse nichts anderes als die fortgeschrittenste Form der rationalen Systematisierung der Produktivkräfte auf individueller Ebene sind, wo der ‚Konsum' die Produktion logischer- und notwendigerweise ablöst."[76]

Das Genießen, so haben wir oben angemerkt, wird als jene Variation gefeiert, die – den Bedürfnissen geradezu entgegengestellt – als masochistisch-sadistischer Doppelagent operiert: entweder Enthaltsamkeit oder Hyperkonsum, Kriegsvernichtung. Pathologieformen aller Art koppeln sich an und enteignen den subversiven Ort des Genießens im Symptom. Von der Gesellschaft wird solche Renitenz zum Feind bürgerlichen Ökonomie erklärt. Deswegen ist die *Phase des Genießens* innerhalb der allgemeinen Ökonomie für Baudrillard (später werden wir sehen: auch für Bataille und Lacan) der von de Sade vielfach poetisierte Ort der *Abwehr des anderen in der bedingten Selbstaufopferung*. Das *Selbst* wird dort *nicht* pathologisch geopfert, wo es in den Zirkel der Ökonomie zurückkehrt. Es feiert sich im Genießen immer nur episodisch. *Der Genuss* (sofern er vom Vergnügen unterschieden wird) ist immer ein *asoziales, überschreitendes Element,* das sich entweder im Genießen seiner bewusst wird oder das Selbstopfer in einer Askese zu überdehnen droht. Das aber heißt, dass die bürgerliche Trennung von Arbeit und Vergnügen in einem sich von der Konsum- in eine Freizeitgesellschaft wandelnden Kollektivindividualismus nicht mehr lückenlos disziplinieren lässt. Noch als letzte Bastion dieser Disziplinierung gilt die Geltung dessen, was als Kunst sich veröffentlichen darf.

Aus dieser Flucht vom *Genießen als Widerstand* zum bloßen Vergnügen ergibt sich für Baudrillard eine weitere theoretische Setzung:

> Wenn wir das Bedürfnis an einem bestimmten Punkt festmachen, das heißt es befriedigen, indem wir es wörtlich nehmen, als das, was es vorgibt zu sein, nämlich als Bedürfnis nach diesem einen Objekt, machen wir denselben Fehler, wie wenn wir dem Organ, an das sich das Symptom geheftet hat, eine traditionelle Therapie verordnen. Sobald das eine Organ geheilt ist, wendet sich das Symptom einem anderen zu. Die Welt der Objekte und Bedürfnisse wäre demnach die einer generalisierten Hysterie.[77]

Hysterie ist orientierungslos taumelnde Verschiebung eines Scheins (Glück) anstelle des Seins (Ware) und erhält sich taumelnd in der Überidentifikation mit der Rolle des Konsumenten.[78] Dieser Zirkel hat tatsächlich, wie

[76] Baudrillard: *Die Konsumgesellschaft,* S. 110.

[77] Ebd., S. 113.

[78] Hier invertiert sich die These vom Rollenspiel des Menschen: Man ist eigentlich nie man

Marx sagt, den Anschein eines Naturvorgangs. Denn wenn Geschichte sich nur wiederholt, ist sie obsolet. Aber auch dieser Schein einer perfektionierten Welt traumatisierender Wiederholung bedeutet nicht das „Ende der Geschichte“[79], wie Baudrillard visioniert hat. Es geht zu wie in dem Spiel *Die stille Post:* Die flüsternde Übertragung eines Wortes führt zu Übertragungsfehlern, die schließlich dem Eingangswort einen ganz anderen akustischen Körper und einen „verfehlten“ Sinn verleihen. So gesehen traumatisiert der Hysteriker in der affektiven Wiederholung das Gesetz der Identität, obgleich er auf Verschiebung und Aufarbeitung des Traumas hofft – wobei für „Trauma“ die Pseudonatur „Warentausch“ gesetzt wird. Die Sendung des Symptoms kommt also unter den logistischen Bedingungen des Zeichens nie so an, wie sie abgeschickt wurde. Wenn das Zeichen unter dem Postulat der Nichtidentität Sinn produziert, dann ist dieser Sinn für die Kinder darin zu sehen, dass sie erwachsen werden und allmählich die Wirklichkeit erkennen, um sie verändern zu können.

Die mehr als glückliche *genießerische* „Verfehlung“ des hysterischen Zwanges – im Spektrum zwischen Ironisierung und Sabotage – kommt in der List eines jeden Witzes zum Ausdruck, der Gelächter entbindet, weil er in der Pointe vom Zwang befreit, in den *vorgegebenen* Bahnen die Witzerzählung zu Ende zu denken. Der Genuss stellt sich *anökonomisch* ein: nicht als Erfüllung, sondern als *Übererfüllung* der Erwartung. „Der einfachste Fall ist, daß der Befriedigung der Tendenz ein äußeres Hindernis im Wege steht.“ In der Witzökonomie geschieht ein subversives Unterlaufen der Erwartungshaltung in der Pointe. Freud folgert ökonomisch, *„daß solcher Lustgewinn dem ersparten psychischen Aufwand entspreche.“*[80] Zwei Argumente sind relevant: erstens die unerwartete Wende (Sabotage der Erfüllung des normalen Sinns) und zwei-

selbst, sondern stets der andere, gemäß der Sartre'schen Devise: „Es geht darum, die menschliche Realität als ein Sein zu konstituieren, das ist, was es nicht ist, und das nicht ist, was es ist. Sartre: *Das Sein und das Nichts,* S. 105.

[79] Jean Baudrillard: *Das Jahr 2000 findet nicht statt.* Berlin 1990, und Jean Baudrillard: *Die Illusion des Endes oder der Streik der Ereignisse.* Berlin 1994. Lyotard fällt in einen differenzierteren Tonfall ein, indem er für die Postmoderne das Ende der „Großen Erzählungen“ diagnostiziert, obgleich wir eben in einer solchen feststecken: der Erzählung vom Ende. Wenn man jedoch den Status des Subjekts aus theoretischen Gründen aufgibt, fällt es schwer, ein Subjekt des Genießens zu konzedieren. Das Genießen ist *Moment der objektiven Aufklärung* des Mangels gegenüber dem anderen, als Negation meiner selbst. Vgl. Jean-François Lyotard: *Das postmoderne Wissen. Ein Bericht.* Wien 1993, S. 84. „Sich über den ‚Sinnverlust‘ in der Postmodernität zu beklagen, bedeutet zu bedauern, daß das Wissen nicht mehr hauptsächlich narrativ ist.“ (Ebd.)

[80] Sigmund Freud: *Der Witz und seine Beziehung zum Unbewußten.* Frankfurt a. M. 1981, S. 95f.

tens die Verkürzung, d.h. die Kopplung zweier unvereinbarer unbewusster Erwartungen ohne den Umweg über die Reflexion. Genau diesen unerwarteten Effekt bietet der Karussellschwindel im Kontrast zum Aufwand der zirkulären Reise auf dem Gefährt. Der Genuss der Reise findet beim Witz semantisch, im Karussell sinnenphysiologisch statt: Die Spezifik des Genießens ist die Sabotage der zirkulären und somit erwartbaren Ökonomie von Wunsch und Erfüllung. Deshalb ist das Genießen niemals ein reflexiver Akt, sondern einer der Transzendierung. In Bezug auf die Übererfüllung des Wunsches stellt sich ein phänomenales Wahrheitsdispositiv gegen eines der Identität: Der Genuss ist an das Wahrscheinliche seiner Überfüllung oder an einen unerwarteten „wunderbaren Effekt orientiert. Im gleichen Gedanken ist auch die Maschine zunächst ein ‚Wunderwerk'"[81], da sie unerwartete Effekte hervorbringt.

Der Profit – die Übererfüllung/Überraschung des Witzes – besteht im Aufscheinen einer Alternative zur wahrscheinlichsten Konvention der Deutung, die stets unbewusst sich selbst vorausgeht und deren retroaktive Einholung den wunderlichen Effekt des Gelächters hervorbringt. Sartre hat dies als hermeneutischen Zirkel (jenseits einer bloßen Anwendung auf Text) in Bezug auf eine rekursive Zeit methodisch aufgearbeitet. Seine „regressiv-progressive Methode"[82] spielt mit der Voraussetzung eines Vorurteils, das sich im Urteil (der Pointe) marginal entgeht und somit der Natur seiner Gangart *nicht* entspricht. Infolgedessen ist der Sinn die unerschöpfliche Differenz. Um diese Unerschöpflichkeit geht es in der Verausgabung. *Das Unerschöpfliche erweist sich als sinnvoll,* kann sich jedoch nur im Symbolischen länger halten als eine Pointe. Der deutsche Satzbau bildet zu dieser hermeneutischen Inversion das Beispiel. Da im Deutschen das Verb häufig am Satzende steht, muss der Satz provisorisch gedeutet werden, um bei der Nennung des Verbs manchmal in einem anderen Sinnregister sich zu vollenden. Wir werden sehen, dass dieses Prinzip des Unterlaufens von Sinnangeboten in der Brechung der narzisstischen Spiegelstarre von Ich und anderem aus-

[81] Blumenberg: *Paradigmen zu einer Metaphorologie,* S. 90ff.

[82] Ausgeführt findet sich diese Theorie in Jean-Paul Sartre: *Marxismus und Existentialismus. Versuch einer Methodik.* Reinbek 1971, und in Sartre: *Kritik der dialektischen Vernunft,* S. 77ff. Sartre setzt sich von einer strukturalen Hermeneutik ab, indem er den Versuch unternimmt, sie in eine Genetik zu überführen, um ihre Historizität aufzudecken. Für ihn ist die Situativität, die Praxis entscheidend: „In Wirklichkeit ist jedes Wort *einmalig.*" (S. 104) Zur Sartre'schen Hermeneutik in Bezug zur inszenierten Situativität vgl. Ralf Bohn: *Szenische Hermeneutik. Verstehen, was sich nicht erklären lässt.* Szenografie & Szenologie Bd. 12, Hg. Ralf Bohn und Heiner Wilharm, Bielefeld 2015.

schlaggebend ist. Das Selbst muss sich nicht wissen, *es ist seine Verfehlung und es genießt sich in dieser Verfehlung.* Reflexion holt diesen Mangel nicht ein, sondern externalisiert ihn derart, dass aus der Einheit eines präreflexiven Selbst, unter dem Einfluss der (reflektierenden) Aufmerksamkeit, das Subjekt sich vom Objekt abspaltet. Man sieht, wie die Verfehlungen oder Störungen *ad infinitum* ein Objekt der Reflexion konstituieren, das als Ich gilt. Die Dynamik von Spaltung und Einheit ist das, was das „authentische" Genießen ausmacht – im Gegensatz zum Vergnügen, das (nur) auf die Fusion mit dem Objekt abzielt und nicht auf dessen dialektische oder ökonomische „Aufhebung".[83]

Die Pointierung Baudrillards liegt im Witz des Genießens und der asozialen Verkehrung seiner positiven Bestimmung als Wert im Haushalt der Lüste. *Das Genießen bekommt eine asoziale Komponente, die es wiederum ökonomisch wertvoll macht.* Deswegen muss es einerseits den Schwindel des Karussells geben, andererseits muss das Genießen sich in einem Raum und einer Zeit disziplinieren.

> Die Wahrheit des Konsums liegt darin, dass er nicht eine Funktion des Genusses ist, sondern eine *Funktion der Produktion* – und von hier aus, ganz wie die materielle Produktion, nicht eine individuelle, sondern eine *unmittelbare und gänzlich kollektive* Funktion ist. Ohne eine solche Umkehrung des traditionellen Ausgangspunktes ist keine theoretische Analyse möglich. Andernfalls würden wir, mit welchem Ansatz auch immer, lediglich in eine Phänomenologie des Genießens zurückfallen.[84]

Die kollektive Dispersion des Genießens ergibt sich aus dem Umstand, dass alle Bedürfnisse durch das gleiche System geweckt werden (Werbung, Marketing, soziale Konkurrenz), welches sie auch befriedigt. Wenn es Genießen gibt, dann müssen die Fliehkräfte den Bremskräften des „unbewussten

[83] Manfred Frank: *Präreflexives Selbstbewußtsein. Vier Vorlesungen.* Stuttgart 2015, S. 76. Frank interpretiert diese zentrale Stelle bei Sartre als eine Bewegung, in der die Transparenz des Präreflexiven sich als Distanz hält, auch wenn die Subjekt-Objekt-Trennung (Reflexion) realisiert wird: „Zunächst bestimmt er [Sartre] Selbstbewusstsein als ‚Ununterschiedenheit von Subjekt und Objekt', dann als ‚Sein, was es nicht ist, und nicht Sein, was es ist'. Das klingt wie eine Kontradiktion. Offenbar stellt sich Sartre diesen Gegensatz aber nicht als Widerspruch, sondern als vermittelbar vor: Die erste Bestimmung *verberge* einen Gegensatz, der im zweiten Schritt *aufscheine* und im dritten zum veritablen Gegensatz sich steigere." Cremonini bedenkt eine weitere Bestimmung des Präreflexiven hinsichtlich einer möglichen Auffassung durch Lacan: „Das präreflexive Cogito ist in seinem innersten Wesen ein Schauspiel, ein *spectaculum.*" Cremonini: *Die Durchquerung des Cogito,* S. 76. In Termini des Rollenspiels bei Goffman: Das Ich (1) bestimmt sich (2) in einer Rolle als anderer (3) – im Spektakel der Rollensuche besinnt es sich als uneinholbar, als dezentristisch kreisend.

[84] Baudrillard: *Die Konsumgesellschaft,* S. 114.

sozialen Zwangs"[85] widerstehen. In der spezifischen Form der Konsumgesellschaft, wie sie Baudrillard zu seiner Zeit erkennt, werden die Fliehkräfte von vornherein eingefangen. „Nach dieser Hypothese definiert sich der Konsum, so paradox dies klingen mag, als ein Vorgang, der *das Genießen ausschließt.* Seiner sozialen Logik entsprechend ist das Fundament des Konsumsystems die Ausklammerung des Genusses."[86] Wir sehen den einfachen Mechanismus: Da die Eltern an der Kasse zahlen, sind die Kinder vom Opfer der Produktion scheinbar entkoppelt und genießen ihr Heraustreten in der infantilen Sabotage ihres Schwindelgefühls – im Widerspruch mit der engen Bindung, die sie mit ihrem Sozius eingehen.

Anders gesagt, jede Form des Genießens, so, wie wir sie hier verstehen, distanziert sich vom Glück des Konsums durch eine Brechung der Zirkulation von Erwartung und Erfüllung, durch eine Entzauberung dieses Traumas, in der schon das Aussprechen der Wünsche sie auch erfüllt, und in denen Produkt, Produzent und Konsument eins zu werden drohen. *Genuss ist demgemäß an das Unerwartete, Zauberhafte, Wunderbare gebunden, deren Ausdruck das Religiöse, das Artistische oder Mystische ist, so vulgarisiert und kommerzialisiert es in den Kirmes- und Medienwelten auch auftritt.* Aus diesem Grund wird erkennbar, warum es die Mütter wagen, auch ihre kleinsten Kinder dem Genuss der Selbstirritation eines Karussellschwindels auszusetzen, und warum Freud die Miniatur des Witzes immer auch als eine soziale Überschreitung beargwöhnt, die dazu dient, einen reflektierenden Dritten auszuschließen.[87] Das Individuelle, Nichtableitbare des Schwindels stabilisiert sich im Rollenwechsel auf den Karussellfiguren. Man wird im Spiel des Karussells gegen Witz und Zauberei, gegen das Risiko des Unerwarteten oder Phantastischen und gegen Katastrophen der Selbstauflösung immunisiert. Individualität und die Eigenmächtigkeit der Körpersinne und Funktionen werden ihrer Entfremdung durch Verfremdung zu Trainingszwecken ausgesetzt. Das ändert nichts an der Tatsache, dass das Asoziale das Soziale reziprok bedingt: „Man

[85] Ebd.

[86] Ebd., S. 115.

[87] Freud: *Der Witz und seine Beziehung zum Unbewussten,* S. 153ff. Freud spricht sich deshalb für eine Trennung von Witz und Komik aus. In der Komik geht das Lachen häufig auf Kosten Dritter. Im Übrigen spricht Freud dem Traum ebenfalls eine radikale Asozialität zu (S. 129ff.) Dem gegenüber erlaubt der Witz die größte soziale Bindung – da diejenigen, die lachen, sich gleichzeitig gegen diejenigen verbünden, die nichts zu lachen haben. Man könnte sagen, dass am Beginn jeder Kollektivierung ein Witz oder ein „Kurzschluss" steht, dessen Formel die rituelle Einholung einer virtuellen Zukunft in die pointierte Gegenwart eines performativen Ereignisses ist. Einen solchen Kurzschluss subkutaner Sozialisation sieht Sartre etwa durch den Ritus des Eides ermöglicht.

genießt für sich selbst, doch wenn man konsumiert, tut man dieses nie allein."[88] – „Und wenn ich ein Buch lese?"[89], könnte man mit dem bekannten Einwand Benjamins fragen, entziehe ich mich dann – und im weiteren Medienkonsum – der Konsumgesellschaft? Ist der Genuss des Lesers am Sinn immer Eigensinn? Und wenn ich *gleichzeitig* bedenke, dass das Buch eine Ware ist, während ich es lese; oder wenn im Buch dieses Bedenken thematisiert wird? Das Problem liegt wieder einmal in der performativen Gleichzeitigkeit. Wunsch und Erfüllung müssen getrennt erscheinen können, um im Genuss zu divergieren.

Genuss wird von Baudrillard als Differenzmonitum verstanden. Slavoj Žižek hat anhand der Überlegungen Lacans, die – wie jene Baudrillards – semiologisch fundiert sind, eine Genusstheorie angedacht, in der die Spaltung des Ichs sich selbst zwischen dem Drang der Erfüllung (Seinsfülle, Besitz) und der Freiheit, diese zu sabotieren, im Wege stehen darf. „Liebe Dein Symptom wie Dich selbst!"[90] ist der Imperativ, sich in Selbstkonsumation zu verfehlen und dem Symptom (das gesamtgesellschaftlich nicht aus der Welt zu schaffen ist) seinen Platz zu verschaffen, d.h. es zu verschieben.

Wie bei Lacan geht es nicht mehr um die Steuerung eines Triebpotentials, sondern um die Selbststeuerung eines differentiellen, strukturalen Systems:

> Ebenso wie das Verwandtschaftssystem in letzter Instanz nicht auf Blutsverwandtschaft und der Abstimmung beruht, auf natürlichen Gegebenheiten also, sondern auf einem willkürlichen Klassifikationsgefüge, gründet sich das Konsumsystem in letzter Instanz nicht auf das Bedürfnis und den Genuss, sondern auf einen Code von Zeichen (Objekten/Zeichen) und Differenzen.[91]

Im Zeichen ist das ambivalente Opfer auf seine Differenz festgelegt, die sich kontrollieren lässt: Es *reproduziert.* Baudrillard setzt in apokalyptischem Gestus deshalb die Tauschform des Zeichens (Repräsentation) gegen eine symbolische Form des Tauschs, die den Warentausch in poetischer Form

[88] Baudrillard: *Die Konsumgesellschaft,* S. 115.

[89] Walter Benjamin in einer Anmerkung zu Alfred Sohn-Rethel: *Zur kritischen Liquidierung des Apriorismus.* In: Ders.: *Warenform und Denkform. Mit zwei Anhängen.* Frankfurt a. M. 1978, S. 45. Benjamin bezieht sich auf den Gegensatz zwischen Gebrauchskonsum und Gebrauchstranszendierung, d.h. ein Buch zu lesen, erlaubt es, den Sinn zu überbieten, mich selbst in den Zustand eines Genießens zu erheben.

[90] Slavoj Žižek: *Liebe Dein Symptom wie Dich selbst! Jacques Lacans Psychoanalyse und die Medien.* Berlin 1991.

[91] Baudrillard: *Die Konsumgesellschaft,* S. 115.

als *Selbst*präsentation unterläuft. Die Überschreitung der Reproduktion (der industriellen Waren- und Zeichenproduktion)

> setzt eine Tauschform voraus, die nicht länger vom Inzestverbot und dem Gesetz des Vaters beherrscht wird, wie dies bei der Tauschform (der Ökonomie und der Sprache) der Fall ist, die wir kennen: sie basiert auf dem Wert und kulminiert im System des Tauschwerts. Es gibt einen anderen Typus des Tauschs: den symbolischen Tausch, der im Gegenteil auf der Annullierung des Wertes basiert und der dadurch das den Wert begründende Verbot aufhebt und das Gesetz des Vaters überschreitet […] er ist die Aufhebung dieses Gesetzes.[92]

Batailles Ausführungen der Geste der luxuriösen Verschwendung in einer „Anti-Ökonomie"[93] wird von Baudrillard so gedeutet, als ob allein das Symbolische, in der Form des „Witzes"[94] und der „poetischen Sprache"[95], Garant einer offenen Zirkulation sei, in dem die Öffnung das Genießen entbindet. Folglich muss der Genuss einem anderen Gesetz als dem des Zeichens unterstellt werden. Baudrillards Symbolbegriff – weil er nur „Poetisches" reflektiert – ist sicherlich ungeeignet, die Phase des Genießens innerhalb der allgemeinen Ökonomie zu präzisieren. Eigentlich wiederholt sich bei Baudrillard die avisierte Erlösungsstrategie auf Kunst hin, die schon Adorno/Horkheimer als Letztresiduum des individualisierten Genießens ausgemacht haben. In Kunst ist heute die Verausgabung an beide Ökonomien gekoppelt: die der Reproduktion, die sie verneint, und die der Repräsentation, die sie negiert. Ihre Authentizität soll sie dadurch gewinnen, dass sie sich als *sie selbst präsentiert.*

> Es ist nutzlos, das Geheimnis des Genusses in einer Energetik, in einer libidinösen Ökonomie oder in einer Dynamik von Strömen zu suchen: er ist nicht mit dem Wirken einer Kraft verbunden, sondern mit der Aktualisierung eines Austausches – eines spurenlosen Austausches ohne die leiseste Mitwirkung einer Kraft. […] Denn die Operation des Symbolischen ist ganz und gar Selbstzweck.[96]

Unabhängig davon, ob der apokalyptische Ton und der Begriff des „Symbolischen" sich für die Charakterisierung des Genießens als einer asozialen Ökonomie eignen, macht Baudrillard doch verständlich, dass es sich bei der *Selbstaufhebung der Verausgabung,* wie sie im Schwindel des Karussells geschieht, stets um eine Tauschform handeln muss, wenn man nicht gänz-

[92] Baudrillard: *Der symbolische Tausch und der Tod,* S. 179.

[93] Ebd., S. 245.

[94] Ebd., S. 339ff.

[95] Ebd., S. 299.

[96] Ebd., S. 313f.

lich in den Bereich der Derealisierung, der Psychose abtauchen will – was dann der lebendige Tod wäre, den Baudrillard für unsere Gesellschaft (1976) heraufziehen sieht.[97]

Wie will man das Genießen anders für einen anderen verkörpern außer durch Zeichen, deren Bedeutung als fest, deren Sinn nun als fluide angesehen wird, wie Freud nachdrücklich in seinen Ausführungen über den Witz zeigt – eine Darstellung, die Baudrillard eigens hervorhebt. Allerdings verhindert die Freud'sche Triebtheorie („Und diese Theorie des Genusses ist ökonomisch."[98]) gerade, dass es in einer poetischen Logik eigener Ökonomie um eine Transzendierung, um die „Transversalität des Witzes"[99] geht. Das Problem ist doch, dass der Genuss ein Entzug für einen anderen darstellt, der sich am struktural organisierten Zeichen als Lücke zeigt. Denn das Zeichen ist erst einmal das Gesetz der Konvention, das überschritten wird. Aber diese Überschreitung kommt als Zeichen im Zeichen nicht zum Ausdruck. Das Genießen wie die Poesie sind Ausdrücke für das Unausdrückbare: „Die Poesie ist ein Aufstand der Sprache gegen ihre eigenen Gesetze."[100] Wenn man so will – und Baudrillard will das dezidiert –, gilt seine Referenz dem Tod. Der Genuss „ist ein ‚Medium', das selber nie die Botschaft ist, weil es etwas wie den Wunsch braucht"[101], also Produktion, um die Verausgabung als das in der Produktion nicht Repräsentierbare (die der Vergesellschaftung, des Tauschs), als Negat meiner selbst erscheinen zu lassen. Wenn ich mich auf dem Karussell nicht aufs Spiel setze, dann kann ich mich auch nicht gewinnen. Ich muss durch die Passage des Schwindels, der Selbstaufgabe (oder des kleinen Todes) hindurch. Anders als durch Verlust ist das philosophische Paradoxon, dass ich nicht weiß, dass ich Ich bin, wenn ich mich vorher nicht immer schon hatte, nicht zu lösen. Das Ich ist in seiner Einheit deswegen dynamisch gespalten.

[97] Man kommt nicht umhin auf die ungewöhnlichen Produktionsbedingungen des *Anti-Ödipus* zu verweisen, dem man keine geringe poetische Kraft unterstellen soll und der die Funktion des Genießens unter den Bedingungen einer Wunschmaschine erklärt: „Die Wunschmaschinen laufen nur als gestörte, indem sie fortwährend sich selbst kaputt machen." Gilles Deleuze, Félix Guattari: *Anti-Ödipus. Kapitalismus und Schizophrenie I.* Frankfurt a. M. 1979, S. 14. Die Universalität der Wunschproduktion und des Gesellschaftlichen (S. 39) würde ich allerdings mindestens in der Ausprägung von Vergnügen einerseits und Genießen andererseits differenzieren – gewiss in der schizophrenen Situation, dass man nur innerhalb einer Gesellschaft individuiert handeln kann.

[98] Baudrillard: *Der symbolische Tausch und der Tod,* S. 339.

[99] Ebd., S. 340.

[100] Ebd., S. 303.

[101] Ebd., S. 341.

Nun passiert die Auflösung des Zeichens immer auch in der Aktualisierung von Handlungen, wenn es auf die Präsenz des Körpers ankommt. Diese Rückverkörperung bezieht Baudrillard nicht in seine Überlegungen mit ein. Es gibt das Karussell, das Theater, die performativen Bühnen des Vergnügens. Inszenierungen sind zwar in einem System von Zeichen repetierbar (Drehbuch, Partitur, Notation, Choreografie, Szenografie etc.), zeichnen sich in ihren Aufführungen jedoch durch ein Moment der instabilen Präsentation aus. Nie ist eine Aufführung eines Theaterstücks mit der vom folgenden Abend identisch – während es die Zeichen immer sein sollen – die digitalen es sogar sein müssen[102], denn sie unterstehen formal dem Gesetz der Reproduktion.

Doch auch das System der Bedürfnisinduktion muss differentiell gedacht werden. Und obwohl die Begriffe (vor allem der des „Symbolischen“) Verwirrung stiften, definiert Baudrillard in der Sache korrekt: „Lust, Befriedigung und Wunscherfüllung entstammen der ökonomischen Ordnung, der Genuß gehört zur symbolischen Ordnung. Diese beiden Ebenen muß man radikal auseinanderhalten. [...] Das Ökonomische ist immer akkumulativ und repetitiv. Das Symbolische ist reversiv, es ist eine Auflösung der Akkumulation und der Wiederholung – eine Auflösung des Phantasmas.“[103]

Der Traum des Konsumenten aber ist die umstandslose Wunscherfüllung: Traum der engelhaften Lieferdienste. Wenn allerdings „das schönste Konsumobjekt“ der Körper ist[104], muss man sich die Frage stellen, welche sexuelle Funktion in einer konsumorientierten Welt der Körper spielt. Ein Gegenstand der Reproduktion? Welche Rolle spielt der Sex in der frivolen wie frigiden Welt des Wiener Bürgertums um 1900? Warum gehört es zum unausgesprochenen Schema, dass im kleinen Maßstab des Karussells sexuelle Konnotationen ausgespart bleiben? Kann es sein, dass die asoziale Komponente des Genießens darin liegt, in Konkurrenz zu den sich stets überbietenden Technikattraktionen zu treten, die Wunder über Wunder aus den Sinnenüberbietungen zaubern? Ist der Genuss nur noch Verzweiflung?

[102] Genau diese Differenz, das „individuell Inkommensurable“, untersucht Sören Kierkegaard in: *Die Wiederholung. Die Krise.* Hamburg 1991. Kierkegaard behandelt die Verwandlung der Zeit am Beispiel einer Schauspielerin, die im Abstand von Jahrzehnten die gleiche Rolle spielt. „Den nächsten Tag war ich im Königsstädter Theater. Das einzige, was sich wiederholte, war die Unmöglichkeit der Wiederholung.“ (S. 41)

[103] Baudrillard: *Der symbolische Tausch und der Tod,* S. 352.

[104] Ebd., S. 189ff.

Bevor wir uns auf die auch historische Darstellung einer allgemeinen Ökonomie einlassen, gilt es, die narzisstische Position genauer auszuführen, allein schon aus dem Grund, dass der konkrete andere in der abstrakten Tauschgesellschaft sich entweder im Produkt oder in seiner Personalisierung und seiner Professionalisierung präsentiert. In einem weiteren Schritt werden wir versuchen, die Drittenvermittlung durch Dinge und Medien zu analysieren. Erst danach werden wir mit Weber und Bataille die Immunisierung dieser drei Positionen (Ich – anderer – Vermittler/Dritter) in einer Gesellschaft, wie sie historisch am Beispiel des Calvinismus durchgeführt worden ist, aufbrechen. Es handelt sich darum zu erkennen, welches Verhältnis Genuss und Verausgabung, Askese und Rationalität in einer Performanz der Entschuldung bzw. Schuldverschiebung einnehmen. Es wird um das Verhältnis von Freiheit und Prädestination gehen, um die Frage der Kontrolle, der systemischen Immunisierung und der damit zwangsweise verbundenen operationalen Öffnungen, der *Transzendierung durch Inszenierung*. Dieses Verhältnis führt uns zum Karussell zurück. Wie wird die Wiederholung exzentrisch?

5. Narzissmustheorien: Das Ich und der Andere

Unter „Narzissmus“ wollen wir die dem Menschen eigentümlich gespiegelte Defizienz seines Seins im Verhältnis zum anderen Menschen und dessen Produktionen, von denen er durch seine Geburt abhängig ist, verstehen – unabhängig von der Frage, ob Geburt selbst eine Gabe ist. In der Version des Freud'schen Ödipuskomplexes will der Mensch sich autonomisierend (gegenüber der Vaterinstanz) und autarkisierend (gegenüber der nährenden Mutter) komplettieren und zugleich seine Schuld abtragen. Phantasmatisch bedeutet das – so die existentialistische Lesart Sartres –, Verfügung über Vergangenheit und Zukunft zu erlangen und den Seinsmangel in der Bewältigung der Geschichte aufzuheben. Dazu gilt es, die kulturell etablierten Instanzen und Symbolisierungen von Herkunft und Zukunft im Kollektiv verfügbar zu halten und somit der Spiegelsymmetrie einer narzisstischen Starre zu entgehen. Denn das Verhältnis zwischen dem Ich und dem anderen ist keines der Identität, sondern eines der Verführung. Stets werde ich vom anderen herausgefordert, wie ich ihn qua meines irreduziblen Selbst herausfordere. Das intersubjektive Verhältnis ist die Grundlage dessen, was in der Konsumgesellschaft von Baudrillard unter dem Begriff „Verführung“ ausgeführt worden ist. Wenn aber dieses Selbst die Störfunktion der Symmetrie ist, dann können wir mit Recht von einem gebrochen narzisstischen Verhältnis sprechen. Das sich aus der Differenz zum anderen entwickelnde Konfliktpotential ist zugleich das evolutionärer Kulturentwicklung. Es bleibt nun die Aufgabe zu zeigen, wie sich die allgemeine „Neurose“ der Gesellschaft – ihre sich rettende Dauer und Evolution – verhält zur individuellen „Neurose“, die der Subjektivität erlaubt, sich in einem Ich unter den unterschiedlichsten Herausforderungen, Verführungen und Listen des anderen zu stabilisieren. Der Begriff „Neurose“ deckt sich mit der Dialektik des Sinns im Wissen um den Menschen als „nutzlose Leidenschaft“[105] – wie

[105] Sartre: *Das Sein und das Nichts,* S. 769. Sartres viel zitiertes Bonmot geht pointiert auf das Opferverhalten im intersubjektiven Narzissmus ein und – wie wir noch zeigen werden – auf die Überheblichkeit, Gott zu werden, d.h. den anderen nach meinem Bild zu erschaffen. „Die Leidenschaft ist somit die Umkehrung der Leidenschaft des Christus, denn der Mensch richtet sich als Mensch zugrunde, damit Gott entstehe. Aber die Idee Gottes ist widerspruchsvoll,

Sartre treffend formuliert. Die Neurose könnte man als einen Anker im Kreislauf des Realen bezeichnen, der als Ding in der Ökonomie der Kultur erscheint und (im Gebrauch) verschwindet.

Wir greifen eine narzissmustheoretische Darstellung nicht von der Freud'schen Metapsychologie aus auf, sondern von ihrer Korrektur durch Sartre, die er in seinem frühen Hauptwerk das SEIN UND DAS NICHTS in dem Kapitel über „Machen und Haben" angeregt, jedoch nicht ausgeführt hat.

Zunächst aber zu einer Narzissmustheorievariante von Heinz Kohut, der eine Absetzung von Freud mit einiger Plausibilität aus seiner klinischen Erfahrung ableitet. Kohut zeigt, „daß die primären psychologischen Konfigurationen des Kindes nicht Triebe sind, sondern daß Trieberfahrungen als Desintegrationsprodukte erscheinen, wenn das Selbst nicht gestützt wird."[106] Konkret bezieht sich Kohut auf die in der Metapsychologie Freuds geäußerten Zusammenhänge, die „aus dem Blickwinkel [...] der Wissenschaftler seiner Zeit"[107] vor allem an der Biologie, der Elektrophysik und der Chemie geschult waren. Untersuchungen, die sich u.a. dem Einfluss der elektrifizierten Medientechniken des ausgehenden 19. Jhs. im Frühwerk Freuds und dem psychophysischen Dualismus von Fechner über Brentano[108] bis Helmholtz widmen – von denen Freud, wie wir bei Weismüller noch erfahren werden, wissenschaftshistorisch beeinflusst war –, unterstützen diese Annahme.[109] Einen ihrer Ursprünge hat die Frage nach der psychischen Orientierung[110]

und wir richten uns umsonst zugrunde; der Mensch ist eine nutzlose Leidenschaft." (Ebd.) Sartres dialektische Begriffe der allgemeinen und der individuellen Neurose lassen sich u. a. anhand seiner Arbeit über Flaubert ableiten.

106 Heinz Kohut: *Die Heilung des Selbst.* Frankfurt a. M. 1991, S. 150.

107 Ebd., S. 70f. Die gleiche Einschätzung macht auch Sartre: „Noch heute schockiert mich etwas, was für das Freudsche Denken unvermeidlich ist: die biologische und physiologische Sprache, in der er Gedanken ausdrückt, die anders nicht mitteilbar waren. Das Ergebnis ist, daß seine Beschreibung psychoanalytischer Phänomene nicht frei ist von einer Art mechanistischen Krampfes." Sartre: *Merleau-Ponty,* S. 167.

108 Vgl. Frank: *Präreflexives Selbstbewußtsein,* S. 56. Es ist Franz Brentano, der in seiner *Psychologie vom empirischen Standpunkt* 1874 auf den Unterschied von „Wahrnehmung" und „Beobachtung" aufmerksam macht und so vor Husserl schon den Begriff eines intentionalen Bewusstseins formuliert, das später Sartre in der Unterscheidung von „Wahrnehmen" und „Erkennen" aufgreifen wird. Freud hat ab 1873 Vorlesungen bei Brentano an der Wiener Universität gehört. Die philosophisch stringente Darstellung von Frank dient mir als Leitfaden, auch wenn ich weniger an den Begriffsbemühungen als an den psychoanalytisch dissidenten Sachbeziehungen interessiert bin.

109 Hinzu kommt bei Freud die Auseinandersetzung mit der damaligen „Psychophysik" und den Gegenstands- und Ganzheitstheorien von Alexius Meinong. Vgl. Bohn: *Das Karussell,* S. 85 ff.

110 Ladewig: *Schwindel,* S. 210ff. Ladewig bezieht sich vor allem auf die Forschungen von Josef

zwischen Lust- und Realitätsprinzip explizit in den Schwindelexperimenten von Purkinje, die Breuer unter Berücksichtigung der Arbeiten von Mach weiterführt.[111]

In seiner die positivistischen Tendenzen Freuds ablehnende Revision der Trieblehre zu Gunsten eines narzissmustheoretischen Intersubjektivitätsmodells zielt Kohut darauf ab

> zu zeigen, daß die Psychologie des Selbst – eine Psychologie, die zwischen Objekten unterscheidet, die als Teil des Selbst (Selbstobjekte) erlebt werden, und solchen, die als unabhängig vom Selbst erlebt werden, als unabhängige Zentren von Antrieben (echte Objekte) – in der Lage ist, die Phänomene, die Gegenstand unserer Untersuchung sind [...] insgesamt zwingender zu erklären, als dies die triebpsychologische Methode tut.[112]

In der Konsequenz kann eine Dynamik von Dependenzen sich vermitteln, wenn diese zwischen Ich und anderem oszillieren, solange nicht die *radikale* Autonomie und Autarkie des Subjekts die Nichtung des anderen anstrebt. Freilich wird dieser konkrete andere immer schon als Transzendenz meiner selbst in mir wohnen, in Form der Aneignung eines Widerstandes respektive der „Identifikation mit dem Aggressor" (Freud). Für diesen großen Anderen gibt es viele Namen: Gewissen, Gott, Gesetz, Über-Ich etc. Der Effekt dieser Introjektion des Anderen ist der moralische Wert, den ich illusionär inkorporiere. Die Pointe ist nun die, dass die Dependenzen auch auf der Ebene der Vergesellschaftungen sich vermitteln, derart, dass ein „universeller Anderer" (der Staat, der Führer) stets „in mir" den Widerstand auslöst, der mich zum Handeln und zur Überschreitung, zugleich aber auch zur Vermittlung zwingt. Der andere ist transzendiert (Über-Ich) und retranszendiert (als moralischer Wert) nicht mehr Ort meiner Verschuldung, sondern Ort (göttlicher) Gabe, nämlich des Raums gesicherter Zirkulation.

Der erste Widerstandsort des anderen ist mein Körper, dessen Aufhebung – seine Selbstabschaffung in einen sakralen Geist (ödipal befreit) – stets verführerisch winkt. In der Überlassung des Körpers an den großen Anderen begründen sich ein primärer Masochismus sowie asketische Tendenzen, Abwehr von Sinnlichkeit, z.B. jene des Calvinismus, die wir später beleuchten werden, bzw. Körperaufhebung im Rausch als „barocke" Verausgabung – in der historischen Form von Tanz, Ballett, auch Roßballett, und

Breuer. Hinweise über diese Arbeit gibt Breuer selbst in den mit Freud veröffentlichten *Studien über Hysterie,* S. 170.

111 Ebd., S. 169ff.

112 Kohut: *Die Heilung des Selbst,* S. 83.

den Illusionstechniken, wie sie in Versailles zur Aufführung gelangen und in denen die verlässlichen Sinne strategisch, zauberhaft enteignet werden.

Es gilt nun vorweg, dass die Formel der Transzendierung durch Inszenierung diejenige sei, die das äußere Objekt wieder nach innen – von der Profanität des Gebrauchs in die Heiligkeit der Illusion *et vice versa* –transformierbar hält.

Auf die schrittweise, allein theoretisch in Phasen gliederbare Genese des sich stabilisierenden Selbst arbeitet Rudolf Heinz den Ansatz Kohuts mit Hilfe der nur andeutenden Ausführung Sartres nicht klinisch, sondern philosophisch begründet um.

Während Freud, vereinfacht gesagt, ein biologistisches Triebmodell entfaltet, das letztlich im Todestrieb eine Rückkehr zum anorganischen Zustand anzustreben sucht und damit den Dualismus von Ding und Mensch zementiert, geht es Sartre zunächst darum, den Seinsmangel des Menschen als einen *zeitlichen* Faktor den Dingen gegenüberzustellen, die nur als *„An-sich" dauern.* Erkenntnisform ist für Sartre stets eine *narzisstisch begründete Ausweitung des Gedächtnisses* über die konkrete Situation hinaus: das Werden (Hegel) respektive die Objektivität der Geschichte. Denn die Grenze der oszillierenden Beruhigung erscheint nur unter der Einsicht, dass die Selbstvollendung sich in niemals einholender *Selbst*reflexion beständig aufschiebt. Das Subjekt wird sich nie vollständig Objekt, obwohl der Begriff „selbst" dies nahelegt. Das vollendete Selbst wäre mit dem An-sich der Dinge identisch, würde also in einen anorganischen Zustand (Freuds Todestrieb) zurückfallen. Der Seinsmangel ist demnach kein Mangel, sondern ein Different, ein als Mehrwert vitalistischer Bewegung annoncierendes Moment der Geschichte. Sartre kann gar nicht anders, als die Subjektivität stets unter den Bedingungen der geschichtlichen Situation zu reflektieren. Wegen dieser Ambiguität des Mangels ist es nur ideal oder theoretisch möglich, den anderen vollständig zu integrieren. Das „Selbst" ist kein ontologisches „Ich", sondern ein funktionales Verhältnis zum *anderen* und zum *Anderen* in der Zeit, es kann aber hermeneutisch als ein solches *erkannt, d.h. quasi aus der Geschichte herauspräpariert werden.* Sartre versucht das in SAINT GENET und in DER IDIOT DER FAMILIE in aller Detailfreude. Er argumentiert deshalb auch nicht mit einem absoluten „Ich" idealistischer Philosophie, sondern mit dem Begriff der „Totalisierung"[113], d.h. – um es in älteren Termini auszudrücken – der „Gestalteinheit" oder „Ganzheit" der Selbst*darstellung* in einer

[113] Zur Unterscheidung von *Totalität* und *Totalisierung* äußert sich Sartre ausführlich, vgl. Sartre: *Kritik der dialektischen Vernunft,* S. 46.

gegebenen *Situation* oder Präsenz.[114] Wir haben bereits betont: Totalisierung arrangiert (dem Essayismus ähnlich) die Unendlichkeit in einer Praxis. Der Grundzug der Praxis ist die individuelle Gegenwärtigkeit und *situative Geschlossenheit* der Handlungen – die *ursprüngliche Wahl*. Eine idealisierende Theorie stimmt aufgrund dessen mit der Praxis nur graduell überein. Als Beispiel dieser ursprünglichen Wahl kann etwa eine bestimmte Zwangsform oder ein Gestus aufgefasst werden, der vom Analytiker als Grundzug einer Persönlichkeit erkannt werden kann.

Der oszillierende (Erlebnis-)Zeitkern der *Theorie* Sartres versteckt sich in den Begriffen „Leben“, „Sinn“, „Vergegenwärtigung“. Diese Begriffe gilt es existentialistisch anders als im Heidegger'schen Begriff des „Daseins“ (und der Daseinsanalyse Binswangers) zu präzisieren. Denn der Seinsmangel konstituiert sich gerade in dem, was jeder Situativität notwendigerweise entgeht, einerseits aufgrund der Komplexität, andererseits aufgrund einer *nicht simultan* durchzuführenden Reflexion.[115] Er macht sich auf der Folie eines „präreflexiven cogitos“ bemerkbar, einer Ganzheit stiftenden Bewegung, die als transparentes Selbst nur in Bezug auf ein Objekt „gehabt“ werden kann – ein Subjekt-Objekt, das mich unentwegt begleitet, dessen Eigenschaften („Ich“). Genau hier setzt eine Psychoanalyse des Selbst an. Die individuelle Art dieses Selbst kann in Handlungen und Gesten, Eigenarten und Vermeidungen erkannt werden insofern jede Form von Handlung im Prinzip dem Versuch einer Selbstaufhebung gleichkommt. Handlung ist der Störfall des Störfalls und setzt eine Wahl voraus. Die Unhintergehbarkeit dieser Situativität, in der das Genießen im selben Augenblick verschlossen wird, in dem es erscheint, wird erfasst als Bewegtheit des Selbst – als lebendiger Versuch der Selbstautonomisierung. Voraussetzung dieser Überlegung ist die Bedingung, dass nicht Gott, sondern der andere der Ursprung meiner Welt ist und dass die primäre Besetzung eine von Schuld (gegenüber dem anderen), und nicht eine von Gabe (gegenüber Gott) ist. Sartre schreibt:

> Nun setzt die Anwesenheit bei sich eine leichte Distanz von sich voraus, eine leichte Abwesenheit von sich. Das ist eben dieses ständige Spiel von Abwesenheit und Anwesenheit, dessen

[114] Diese oft deutsch benutzten Begriffe entstammen Sartres Berliner Studienjahr 1933, während dem er sich mit den Gestalttheoretikern der Berliner Schule und mit Husserl beschäftigt. Vgl. Jean-Paul Sartre: *Das Imaginäre. Phänomenologische Psychologie der Einbildungskraft*. Reinbek 1971 (erschienen 1936). Vgl. Annie Cohen-Solal: *Sartre 1805 – 1980*. Reinbek 1988, S. 172ff.

[115] Auch hier entgeht Sartre der Kritik Adornos an Heidegger und an dessen idealistischer Seinsfaszination die eine kryptische Ursprünglichkeit des Seins gegenüber dem Seienden behauptet. Siehe Theodor W. Adorno: *Ontologie und Dialektik*. Nachgelassene Schriften, Abteilung IV: Vorlesungen, Bd. 7, Frankfurt a. M. 2002.

Existieren als schwierig erscheint, das wir aber ständig vollziehen, und das die Seinsweise des Bewußtseins darstellt. So impliziert diese Seinsweise, daß das Bewußtsein in seinem eigenen Sein Mangel ist. Es ist Mangel an Sein. Das Fürsich ist Mangel an Sich-Sein.[116]

Manfred Frank hat bezüglich des von Sartre konzipierten präreflexiven Selbstbewusstseins davon gesprochen, „die Selbstspaltung sei gerade die dem Bewusstsein eigentümliche Einheit, da ‚Identität' nur den Gegenständen-an-sich zukomme." [117] Nicht die Phasen des Übergangs zum anderen, sondern nur die Pole von Ich und anderem werden praktisch erkannt.[118] Wir sehen, dass das Prinzip des Unterlaufens von Sinnangeboten in der Brechung der narzisstischen Spiegelstarre von Ich und anderem ausschlaggebend ist, da man nicht im Kopf anderer Leute (in deren „präreflexivem cogito") denken kann, sondern sich an deren situativem Handeln orientieren muss. Der springenden Punkt ist aber, dass das Selbst oder das „innere Bewusstsein" des anderen unverfügbar ist, sodass der narzisstische Mythos zweier sich gegenüberstehender Spiegel niemals die objektlose Leere füllt, sondern sofort in eine vermittelnde Ausweichdynamik (allgemeine Symbolisierung und Deutung) verfällt. Sartre sieht sich deswegen in einem späteren Schritt gezwungen, auch eine existentialistische Hermeneutik auszuführen.[119]

Frank folgert mit Sartre: „In Wirklichkeit gibt es keine Energien hinter dem Bewusstsein. Der Freudianismus arbeitet mit leeren, nämlich apriorischen Begriffen."[120] In der Ausführung der Argumentation Sartres zeigt

[116] Sartre: *Bewußtsein und Selbsterkenntnis,* S. 44.

[117] Frank, *Präreflexives Selbstbewusstsein,* S. 94.

[118] Winnicott hat aus Untersuchungen an Kleinkindern die Funktion des Übergangsobjektes und eines *intermediären Raumes* ausgemacht, in dem weder Produktion noch Konsumation, sondern die Logistik der Verschiebung – Gewinn und Verlust des Liebesobjekts – für die „freibewegliche" („spielerische") Ichbildung verantwortlich ist. D. W. Winnicott: *Vom Spiel zur Kreativität.* Stuttgart 1973, S. 21f: „Die Übergangsphänomene repräsentieren die frühen Stadien des Gebrauchs der Illusion, ohne den ein menschliches Wesen keinen Sinn in der Beziehung zu einem Objekt finden kann, das von anderen als Objekt wahrgenommen wird, das außerhalb des Kindes steht."

[119] Vgl. Sartre: *Marxismus und Existentialismus.* Sartre nennt seine Methode das „Hin-und-Her" einer „progressiv-regressiven Methode" (S. 70ff.) Die Bewegung ist eine Überschreitung und Verinnerlichung der Existenz des anderen (bzw. eines intendierten Textes – in Bezug auf Flaubert). „Für uns ist der Mensch vor allem durch das Überschreiten einer Situation gekennzeichnet, durch das, was ihm aus dem zu machen gelingt, was man aus ihm gemacht hat, selbst wenn er sich niemals in seiner Vergegenständlichung erkennt." (S. 75)

[120] Frank: *Präreflexives Selbstbewußtsein,* S. 64. „Die freudianischen Begriffe sind darum leer, weil es eben keine Energien, Triebkräfte, Vermögen, Fakultäten, Kategorien, kein Es usw. im Bewußtsein gibt; es gibt höchstens Bewusstsein von Energien, Vermögen, Gesetzmäßigkeiten usw." (S. 65)

Frank, dass die These, Intersubjektivität sei allein schon durch die Sprachgemeinschaft vermittelt und das Selbst ein Reflex des anderen, dadurch diskreditiert ist, dass ein Selbstbewusstsein *prä*reflexiv ist. Erst in der Anerkennung des anderen als eines anderen Selbsts begründet sich für Sartre eine Ethik der „Verpflichtung" in der Bestätigung eines wechselseitigen Mangels an Sein.

> [I]n jedem Augenblick, da ich Bewußtsein von was auch immer habe oder da ich was auch immer tue, gibt es so etwas wie eine In-Pflicht-Nahme. Sie macht, daß die Handlung, die ich ausführen will, eine Art inneren Zwangs enthält, und zwar als Dimension meines Bewusstseins. Jedes Bewusstsein kann tun, was es tut, nicht weil das von so tollem Wert wäre, sondern im Gegenteil, weil, welches auch immer seine Absicht ist, diese sich ihm präsentiert unter dem Merkmal der Verpflichtung, und das ist für mich der Ausgangspunkt der Moral.[121]

Die Frage stellt sich, ob wir dem Bewusstsein – und damit dem Genuss der Selbstkonstitution – entweder auf der Ebene der abstrakten Zeitanschauung nachgehen, die auf der *ästhetischen Ebene* von Wahrnehmung und Erkennen argumentiert, oder, was der Begriff „Seinsmangel" nahelegt, auf der *ethischen Ebene* von Schuldverpflichtungen argumentieren, was psychoanalytisch und ökonomisch ergiebiger wäre. Wir werden dieser Fragestellung der ästhetischen oder ethischen Positionierung bei Kierkegaard begegnen. Hier sei sie in unserem eingeschränkten Sinne auf das Motto „Transzendierung durch Inszenierung" – also dem illusionären und realem Opfer – hin aufgelöst.

Unter Seinsmangel, so haben wir oben gesagt, versteht Sartre die anthropologische Unmöglichkeit, zwischen der Vergangenheit und der Zukunft, der Reminiszenz und der Imagination eine dauerhafte, autarke Dimension des Ichs auszumachen – einen Mangel, der den Dingen nicht zukommt: Sie sind, was sie sind, sie überschreiten sich nicht. Das Ich wird zwischen den Zeitstasen als valide, virtuelle Illusion markiert, die in ständiger Rückkopplung die Vollständigkeit seines Seins in der Zeit erstrebt, also ein kontinuierliches Selbstbewusstsein. Dabei muss die Frage angeregt werden, ob dieses Selbstbewusstsein mit dem Gedächtnis identisch ist.

Psychoanalytisch handelt es sich um die unmögliche Rückaneignung von Geburt und Tod, um Zeitpolaritäten, die phantasmatisch gesetzt sind. Es geht nicht darum, ein personalisiertes Ding zu werden, sondern einen

121 Sartre in einem Interview 1980, in: *L'espoir maintenant. Entretien avec Benny Lévy.* In: Le *Nouvel Observateur, No. 800,* S. 59, zitiert nach Frank: *Präreflexives Selbstbewusstsein,* S. 100.

erträglichen Widerstand, eine Membran, zu konstituieren, die die Ökonomie des Schuldgefälles zwischen mir und dem anderen bilanziert. Diese Membran heißt Realität und bestätigt die Dauer und Verlässlichkeit der Dinge, d.h. die Praxis der Kultur als eine vom Menschen zugerichtete. Daraus ergibt sich in einem nächsten Schritt, dass der menschliche Zug darin angelegt ist, nicht nur Produzent der Dinge, sondern auch der Zeit zu sein, und zwar einer chronometrischen Zeit, in der die Dynamik der unsteten Erinnerung und der vielleicht noch gespensterhaften der Imagination dauern können, d.h. *repräsentationsfähig* werden, Handlung und Dauer in eine kontrollierte Oszillation bringen. *Repräsentation* ist das um 1900 auch durch die Techniken der Psychophysik erweiterte Medienprogramm der *Reproduktion* (Schrift) in Fotografie, Grammophon, Telefon, Film und Schwindelstuhl. Zum Vorbild der Ichbildung wird die instrumentelle Steuerbarkeit der *Effekte von situativer Präsenz* – Fotografie um 1835 an erster Stelle.

Statt eines richtungsbetonten Triebes gibt es bei Sartre eine sich selbst stabilisierende Folie eines präreflexiven *Selbst,* ein reflexives *Ich begleitend.* Es gibt ein Ich ohne Selbst, aber kein Selbst ohne Ich. Denn das Selbst ist für sich selbst völlig durchsichtig, ist aber nicht nichts *(rien).* Man könnte es als *shifter* oder als (wie beim Transistor) als *collector* bezeichnen. Das Selbst ist Produkt und Produktion. „Ich" ist, wie Frank sagt, eine *zweiseitige Einheit*, für die das Symbol der Münze einstehen kann.[122]

Die Gegenwärtigkeit soll sich als allumfassende Macht einer Selbstpräsentation ausdehnen: zu sein wie Gott und zugleich die Abwehr Gottes in die Sphäre der Jenseitigkeit zu bewirken. Sartre nennt das den Grundzug der „Seins-Begierde".[123] Wenn Sartre in diesem Sinne „Machen und Haben" unterscheidet, reduziert er die Topik des Narzissmusproblems zunächst auf einen *Dualismus* der Produktion. Die wichtige Fragestellung ergibt sich aus der Überlegung, *wie der Mensch sich zugleich machen und haben kann* – wie seine behauptete Ganzheit („der Mensch") in einer existentiellen Analyse wiederhergestellt werden kann. Ein Problem, das auch Freud umtreibt: Wie kommt

[122] Vgl. Alfred Sohn-Rethel: *Geld, die bare Münze des Apriori.* Berlin 1990. In der Münze ist das Bild des Herrschers, der den Wert garantiert, mit der Zahl verbunden, die eine gerechte Logistik ermöglicht. Die Münze inszeniert demnach eine Subjekt-Objekt-Einheit als Wert, der aber immer nur in der Spaltung von Subjekt oder Objekt zur Anschauung kommt.

[123] Sartre: *Das Sein und das Nichts,* S. 712: „Man kann also sagen, daß das, was den grundlegenden Entwurf der menschlichen Realität am besten verstehbar macht, der Umstand ist, daß der Mensch das Seiende ist, das die Absicht hegt, Gott zu werden. [...] Mensch sein heißt, darauf abzielen, Gott zu werden; oder, wenn man lieber will, der Mensch ist im Grunde genommen Begierde, Gott zu sein." Vgl. auch Kraus: *Die „existentielle Psychoanalyse" Jean-Paul Sartres,* S. 143.

man von der Theorie und ihren Hypothesen zu einer methodisch orientierten Praxis?

Die Sartre'sche Praxis stellt sich als hermeneutische heraus. Der Mensch kann sich nur in einem hermeneutischen Akt seiner Selbstdeutung, in seiner Selbstdistanzierung und -entfremdung „haben". Und diese Praxis sieht die Überschreitung von Zukunft und Vergangenheit (von regressiver und progressiver Analyse) vor. Die zeitlose Situativität der Gegenwart drückt sich dabei, wie Sartre sagt, im zu analysierenden „ursprünglicher Entwurf"[124] aus – wobei „ursprünglich" soviel wie „Habitus", „Stil" oder „Personalität" meint. Hier zeigt sich das vitalistische Karussellparadoxon, dass das Ich sich nur dort haben kann, wo es *nicht* ist, nicht aber dort, wo es ist. Das Moment der Spiegelbrechung besteht darin, dass die Selbstpräsentation sich niemals an dem Ort wiederfindet, von dem sie aufgebrochen war – im Gegenteil, der Ursprung muss in der Zukunft restituiert werden. Das Selbst geht dem Ich begleitend voraus. Was die Reflexion findet, war immer schon da.

Jetzt zur psychoanalytischen Deutung der philosophischen Überlegungen Sartres in Abgrenzung und Lösung der dualistischen Metapsychologie Freuds, deren Schwanken zwischen wissenschaftlicher Physiologie und „philosophisch-hypothetischer" Psychologie nur zu offensichtlich ist.

In unserem Interesse hat Rudolf Heinz in einem Aufsatz aus dem Jahre 1976 eine „Korrektur der Metapsychologie" Freuds und eine „narzißmustheoretische Antizipation" der existentiellen Psychoanalyse Sartres gefordert, die in dem Motto „Psychoanalyse der Sachen" gipfelt. Ich referiere aus diesem Aufsatz, da er wesentliche Elemente enthält, die uns bei der Beobachtung der Kinder während der Karussellfahrt schrittweise weiterhelfen können. In Wirklichkeit ist es natürlich umgekehrt: Die *Wahrnehmung des Genießens* der Kinder führt zur Erkenntnisform einer Hinterfragung, was denn so spannend ist an der Inszenierung eines Karussells, sodass dieses zu einem Magneten und Kompass in öffentlichen Räumen werden kann. D.h., wir schließen vom Genießen auf das Karussell als dessen Vermitteltheit zurück.

Heinz greift drei Momente auf, die die Weiterführung der Sartre'schen Thesen behindert haben: *erstens* die fehlende Rezeption der existentiellen Psychoanalyse durch eine unkritische Phänomenologie (so lautet schon

[124] Rudolf Heinz: *Jean-Paul Sartres existentielle Psychoanalyse. Korrektur der Metapsychologie und narzißmustheoretische Antizipation.* In: *Archiv für Rechts- und Sozialphilosophie,* Bd. LXII/1. Wiesbaden 1976, S. 65.

Baudrillards Kritik an der Behandlung des Phänomens des Genießens); *zweitens* die historisch-materialistische Kritik, die etwa von Erich Fromm der Psychoanalyse entgegengebracht wird und mit der Sartre durchaus hätte sympathisieren können. Die Inkonsequenz einer Analyse des „gesellschaftlichen Unbewußten" lässt sich bei Fromm leicht ausweisen. Zwar ist Fromms Konzeption wie die von Sartre „anti-biologistisch", d.h. kritisch gegenüber der Triebtheorie Freuds eingestellt[125] und betont Freuds späten, sozialpsychologischen Ansatz[126]; seine Dialektik sieht Fromm aber „im Gegensatz zu Vorstellungen der Existenzphilosophie"[127] aufgehoben. Fromms Hinweis auf Sartre, dass der Mensch nur das sei, „was er aus sich selbst macht"[128], widerspricht der Intention Sartres vollständig, wie wir im Folgenden mit Heinz leicht zeigen können und wie Sartre selbst umfänglich in der KRITIK DER DIALEKTISCHEN VERNUNFT ausgeführt hat. Diese Missachtung der Grundstruktur des menschlichen Daseins, die unabdingbar auf den anderen ausgerichtet ist, ist der Grund, warum bei Fromm u.a. Vermittlungsfiguren zwischen dem Ich und der Gesellschaft konventionell ausfallen, die Spezifikationen der sozialen Gruppen ebenso entfallen wie die Funktion des Dritten. Man darf nicht übersehen, dass der Sartre'sche Begriff „Freiheit" sich immer aus einem Mangel konstituiert, der jeden Idealismus diskreditiert. „Das Für-sich wählt, weil es Mangel ist; die Freiheit ist eins mit dem Mangel, sie ist die konkrete Seinsweise des Mangels an Sein."[129]

Drittens nennt Heinz das Moment, das einer tieferen Rezeption der existentiellen Psychoanalyse entgegenstand: Es ist die vor allem von Rapaport im Sinne Freuds konstatierte Stellung der Psychoanalyse als „erklärender Naturwissenschaft des Psychischen."[130] Sartre konzipiert dagegen eine Psychoanalyse als „existentielle Hermeneutik".

Nun ist ersichtlich, dass Sartre seine Darstellung in DAS SEIN UND DAS NICHTS wie nebenbei lanciert und nicht wirklich dezidiert ausführt. Dazu bedarf es der späteren Lektüre seiner KRITIK DER DIALEKTISCHEN VERNUNFT[131]

[125] Erich Fromm: *Die Entdeckung des gesellschaftlichen Unbewußten.* München 1990, S. 15.

[126] Ebd., S. 18. Zur Massenpsychologie bei Fromm vgl. S. 73.

[127] Ebd., S. 45.

[128] Ebd., S. 46. Allerdings charakterisiert Fromm das Denken Sartres nur mit einem Satz. Seine Fehldeutung ist entweder mangelnder Lektüre oder dem üblichen Missverständnis des Sartre'schen frühen Freiheitsbegriffs zu unterstellen.

[129] Sartre: *Das Sein und das Nichts,* S. 710.

[130] Heinz: *Jean-Paul Sartres existentielle Psychoanalyse,* S. 63.

[131] Sartre nimmt in seiner *Kritik der dialektischen Vernunft* (S. 18) nur an einer einzigen Stelle den direkten Bezug zu seiner „existentiellen Psychoanalyse" auf, da die Einführung des Dritten,

sowie der Biografien und der Flaubert-Studie. In der Gemengelage der Psychoanalyse in den 1950er bis 1980er Jahren, die vor allem geprägt ist durch die Einbeziehung sozialer und kultureller Motive, ist eine rein narzisstische Betrachtung obsolet. „Auch bei Sartre scheint eine Psychoanalyse der psychosozialen Gegenstandsfundierung zu ermangeln. Doch das trifft schlechterdings nicht zu."[132] Denn bei Sartre ist die soziale und die Außenweltorientierung durch die Dinge gegeben, die Repräsentanten der herrschenden Produktion von Produkten sind, die sich zudem in der Tauschgesellschaft animistisch oder, wie es bei Marx heißt, fetischistisch in Szene setzen. Dinge sind nichts weiter als verkapseltes Begehren und haben deswegen den Status von Symptomen. Durch die Technisierung und Elektrifizierung sind die Dinge, vor allem die Mediendinge, nicht länger tot. Sie konditionieren ein spezielles Symptomspektrum: *die konkurrenzierend agonale Auseinandersetzung mit der die Seinsbegierde überbietenden Repräsentation durch technische Gedächtnisfunktionen,* d.h. der aggressiven Überlegenheit des anderen (des maschinisierten „Übermenschen"), der immer schon dort ist, wo ich hinwill.

Die „Korrektur der eigentlichen durch die existentielle Psychoanalyse"[133] erfolgt durch eine Abwehr der Triebtheorie, die ein Überbleibsel des an aktuellen Medienmaschinen des 19. Jhs. orientierten Strommodells ist, das wiederum an die seit Galvani akzeptierte Analogie von Strom und

wie wir noch sehen werden, bei Sartre stets auf eine „Psychoanalyse" der Bedingungen der Gruppe hinausläuft, die, so Lévi-Strauss, „struktural" organisiert ist. In dieser Hinsicht ist der Dritte auch eine technische Organisationsform, die eine Objektivierung des narzissmustheoretischen Dualismus erlaubt. Für Sartre ist der Bereich der Soziologie, der Ethnologie, der Geschichte und der Politik ergiebiger als der der Struktur oder der der Freud'schen Psychoanalyse.

132 Heinz: *Jean-Paul Sartres existentielle Psychoanalyse,* S. 64. Zur voreiligen Interpretation der Sartre'schen Thesen ist wohl auch die von Lacan 1949 in seinem Aufsatz *Das Spiegelstadium als Bildner der Ichfunktion* (Ders.: *Schriften 1,* Frankfurt a. M. 1949, S. 61-70) zu rechnen. Lacan nimmt Bezug auf das „zeitgenössische Philosophieren über „Sein und Nichts" und bezeichnet die „existentielle Psychoanalyse" als „Anmaßung". Er beharrt darauf, dass die Psychoanalyse die Motive für Sartre vorgegeben hat und dieser lediglich eine Umdeutung vornimmt, in der der Streit zwischen dem Ich und dem anderen sich erst mit dem „hegelschen Mord" zufriedengibt. (S. 69) Gleichzeitig ist Lacan sich mit Sartre in der Beurteilung einer unaufhebbaren „Aggressivität" einig, die entweder im Signifikanten (Lacan) oder als Gesellschaft (respektive deren Produktionen) vermittelt ist. Im Zusammenhang von „Natur und Gesellschaft" (S. 61) steht die Bewertung der Spiegelsituation, was die masochistischen und sadistischen Regungen angeht, bei Lacan damals noch aus. Gegen Lacan darf eingewendet werden, dass sich auch die Psychoanalyse als historische Erscheinung der gesellschaftlichen Verwerfungen in den Machtstrukturen des Bürgertums spiegelt und deswegen zwar das Primat der Begriffe, Mechanismen und Strukturen, nicht aber das der kulturspezifischen Genealogieaufklärung von Psychopathologien leistet.

133 Ebd., S. 65.

„Lebensenergie" anknüpft.[134] An Stelle der Triebdynamik setzt Sartre das Moment der „ursprünglichen Wahl" als „Inbegriff der menschlichen Person, deren lebensgeschichtliche Totalität in ihrer ganzen unaufhebbaren Kontingenz (Bedingtheit, Zufälligkeit), adlerianisch ausgedrückt, den ‚Lebensstil', das System der ‚Leitlinien'" bestimmt.[135] Die ursprüngliche Wahl ist eine „ursprüngliche Freiheit".[136]

Dass in der Freud'schen Lehre „das Unbewusste als der Inbegriff der Triebe figuriert", ist für die Kritik von Heinz in Weiterführung der Ausführungen von Sartre maßgebend.[137] Konsequenterweise diskreditiert Sartre die Substitution des „Unbewussten" unter ein Cogito, da der Komplex „Bewusstsein", der Entdeckung Husserls zufolge, *intentional* ist.[138] Es gibt nur das Bewusstsein von etwas. Ein subkutanes Bewusstsein kann es nicht geben. Die Folgen sind radikal: „Die existentielle Psychoanalyse verwirft die Lehre vom Unbewußten."[139] Wir haben schon darauf hingewiesen, dass Sartre der Freud'schen Unterscheidung von Bewusstsein und Unbewusstem eine andere entgegenstellt, die daraus resultiert, dass das Subjekt stets (bei vollem) Bewusstsein ist. Es gibt keine „Abschattungen" von Bewusstsein.

134 Vgl. Ralf Bohn: *Technikträume und Traumtechniken. Die Kultur der Übertragung und die Konjunktur des elektrischen Mediums.* Würzburg 2004.

135 Heinz: *Jean-Paul Sartres existentielle Psychoanalyse,* S. 65.

136 Sartre: *Das Sein und das Nichts,* S. 709: „Das besondere Merkmal der intelligiblen Wahl [...] ist nämlich, daß sie nur als transzendente Bedeutung jeder empirischen und konkreten Wahl existieren kann."

137 Heinz: *Jean-Paul Sartres existentielle Psychoanalyse,* S. 66.

138 Jean-Paul Sartre: *Die Transzendenz des Ego. Philosophische Essays 1931 – 1939.* Reinbek 1982, S. 33-38.

139 Sartre: *Das Sein und das Nichts,* S. 717, zitiert nach Heinz: *Jean-Paul Sartres existentielle Psychoanalyse,* S. 67. Vgl. auch Sartre: *Die Kritik der dialektischen Vernunft,* S. 77: „Man wird zweifellos die enge Verwandtschaft bemerkt haben zwischen dem *Verstehen,* wie ich es in *‚Marxismus und Existenzialismus'* definiert habe, und dem *Erklären,* wie wir es bestimmen müssen, wenn die Dialektik existiert. Tatsächlich ist das *Verstehen* nichts anderes als die Durchsichtigkeit der Praxis für sie selbst, sei es, daß sie durch ihre Konstituierung ihre eigene Aufklärung hervorbringt, sei es, daß sie sich in der Praxis des anderen wiederfindet." Und S. 79: „Ich nenne also *Erklärung* alle verzeitlichenden und dialektischen Evidenzen, insofern sie alle praktischen Realitäten totalisieren können müssen, und ich beschränke den Begriff *Verstehen* auf das totalisierende Begreifen jeder Praxis, insofern sie durch ihren oder ihre Urheber intentional hervorgebracht wird." Eine längere Auseinandersetzung mit dem „zweideutigen" Freud'schen Begriff des Unbewussten gibt es in Sartre: *Merleau-Ponty,* S. 166-172: „Daraus ergibt sich eine eigenartige Darstellung des Unbewußten: Einmal erscheint es als ein Ensemble völlig mechanistischer Determinationen, das heißt als ein System von Kausalitäten, dann wieder als mysteriöse Finalität, so daß es eine ‚List' des Unbewußten zu geben scheint. [...] Das Unbewußte ist zuerst *ein anderes Bewußtsein,* und im nächsten Moment ist es *anderes als das Bewußtsein.* Was aber anderes als Bewußtsein ist, wird einfach zum Mechanismus." (S. 168)

Indem es dieses Bewusstsein als seines „erlebt“, ist es doch nicht in der Lage, ex negativo daraus seinen ursprünglichen Entwurf (die Bedingungen seiner Handlungen und deren Konsequenzen) vollständig zu „erkennen“. In diesem Sinne entgeht ihm das Sein oder besser gesagt: die Medialität des Bewusstseins, sein Lebensentwurf. Zur Erkenntnis bedarf es der Reflexion auf den anderen. Aber greifen wir nicht vor. Zunächst konstatiert Heinz: „Sartre ersetzt also das ‚Unbewußte‘ durch das ‚Bewußtsein‘ (cogito) und das ‚Bewußtsein‘ durch ‚Erkenntnis‘. Einzig diese Substitution holt theoretisch voll ein, Psychoanalyse als Hermeneutik der Selbsterfahrung verstehen zu können und Psychoanalyse als Psychoanalyse ist nichts anderes.“[140] Vordem war es, wie gesagt, Freudlehrer „Brentano, der ‚eine scharfe terminologische Trennlinie zwischen *Wahrnehmen* und *Beobachten*‘ gezogen hat. ‚Wahrnehmen können wir unaufmerksam, Beobachten nur aufmerksam.‘“[141] Erinnern wir uns an meine Eingangsszene vor dem Karussell: Mit dem Fotoapparat in der Hand nehme ich das Karussellgeschehen wahr. Ich fotografiere zwar affektiv (der Apparat erlaubt eine unendliche Anzahl von Wahrnehmungen), aber diese Affektivität kann ich jederzeit zu Bewusstsein bringen. Erst später – verspätet – denke ich daran, was ich in dieser Situation gemacht habe: Ich habe die Kinder in Wechselwirkung mit den anderen erlebt und als Dritter das Erlebnis (im Foto wie in der Erinnerung – und möglicherweise in Erinnerung meiner Kindheit) repräsentierbar gemacht. Wesentlich ist hier einerseits das zeitliche Gefüge und andererseits die neutralisierende Position des Dritten, die narzissmustheoretisch in der Intersubjektivitätsfolge jedoch erst spät auftritt. Anders als repräsentativ verspätet gelänge es nicht, die in der Inszenierung des Sinnentaumels auf dem Karussell auftretenden Indifferenzphänomene in einen einheitlichen Sinn zu zwingen. Das Schwindelgefühl auf dem Karussell dient ja vordergründig dazu, die Erfahrung der eigenen Entfremdung zu machen, d.h. sich selbst verlieren und wiedergewinnen zu können, was verlangt, dass eine Gedächtnisbildung dieses „Sich“ wirksam wird. Sartre schreibt in Bezug auf Genet, aber auch in Bezug auf Flaubert, dass sie in Werk und Leben das Spiel „Wer-verliert-gewinnt“ spielen.[142] Dabei geht es Sartre um eine Loslösung, einen „Riss im Sein“:

[140] Heinz: *Jean-Paul Sartres existentielle Psychoanalyse,* S. 68.

[141] Frank: *Präreflexives Selbstbewusstsein,* S. 56.

[142] Jean-Paul Sartre: *Saint Genet, Komödiant und Märtyrer.* In: *Gesammelte Werke,* Bd. 3. Reinbek 1986, S. 907. Sartre spielt diese Formel der Verlusterfahrung als Gewinn durch Flauberts ganzes Werk als Abbild seiner biografischen Krisen in Variationen durch. Jean-Paul Sartre: *Der Idiot der Familie III.* In: *Gesammelte Werke,* Bd. 7. Reinbek 1986. „Mit anderen Worten, das Auftauchen des ‚Wer verliert, gewinnt‘ mit dem Auftreten der Neurose ist unbestreitbar. Ist

> Beim Schwindelgefühl, wenn wir über einen Abgrund gebeugt sind, fühlen wir uns ja aus uns hinausgleiten, fließen, fallen; am Grund des Lochs ruft uns etwas, was wir selbst ist, das heißt unser Sein, das uns entgeht und mit dem wir im Tod wiederzusammentreffen. Das Wort ist schwindelerregend, weil es sich zu einer unmöglichen und faszinierenden Aufgabe hin öffnet.[143]

Hier im Riss von Selbst und (unbegrifflichem) Ich klafft die Möglichkeit einer Deutung auf, die die Individualität eines subjektiven Gefühls für eine Allgemeinheit transparent macht.

Dass im Traum das Erkannte als Wahrnehmbares und funktional das Wahrnehmen als Erkenntnisform gedeutet werden kann, ist bei Freud erst spät als *funktionales Phänomen* übernommen worden.[144] Die Handlung des Traums ist dessen Produktion. Der Solipsismus des Traums gründet darin, dass er Produzent und Produkt zugleich (d.h. sein eigenes Subjekt) ist. Funktional ist der Traum damit eine Möbiusdimension gesellschaftlicher Produktionsverhältnisse, die mit dem Bonmot illustriert werden kann, das in der Frage zu Bewusstsein kommt, wie denn die Menschen geträumt haben, bevor es das Kino gab.

Die *Regression* der Wahrnehmung muss *progressiv* das Produkt wieder von der Produktion trennen: Es muss *erkannt* werden, dass das Karussell Affekte *produziert,* die *mir* gehören. In der Weise haben wir zu erkennen, inwieweit wir jeweils das Produkt des anderen sind, um uns selbst als Produzenten hervorzubringen. Mit dieser *Genese des Ichs* ist bei Sartre der Akt der Sinngebung gemeint, der in der Philosophietradition als „Wille", „Macht" oder „Trieb" zu Zeiten des frühen Freud reüssiert.

Doch beginnen wir Schritt für Schritt zunächst von der Eins (Ich) zur Zwei (der andere) überzugehen. Das Setting bleibt zunächst narzisstisch. Ich weise darauf hin, dass wir uns auf der Ebene theoretischer und idealer Annahmen befinden, nicht auf der Ebene der Praxis. Sartre hat wie kein anderer, und in scharfer Abgrenzung zu Heidegger, stets auf den

es denn genau dieses ‚Wer verliert, gewinnt', das Gustav uns darbietet?" (S. 257 auch S. 335) Oder: In Bezug auf Flauberts Neurose: „Diesmal wird die Totalisierung zwangsweise vollzogen: er vernichtet sich *auf Befehl.*" (S. 80) Und: „In der Welt sterben *heißt* als Künstler wiedergeboren werden." (S. 242) Die Formel wird im *Saint Genet* wie im *Der Idiot der Familie* genutzt, um das Opfer-Gaben-Selbstverhältnis zu evaluieren. (vgl. S. 247)

[143] Sartre: *Saint Genet,* S. 71. Vgl. auch S. 584.

[144] Freud: *Die Traumdeutung,* S. 286. Freud folgt erst in den 1920er Jahren den Argumenten Herbert Silberers, und dann nur sehr zögerlich, da sie an seiner Symboltheorie rühren. Als solches bereitet das „funktionale Phänomen" den von Cassirer gegen Heidegger in der berühmten Davoser Disputation eingebrachten Funktionsbegriff vor. Vgl.: Ernst Cassirer: *Davoser Disputation zwischen Ernst Cassirer und Martin Heidegger.* Anhang in: Martin Heidegger: *Kant und das Problem der Metaphysik.* Frankfurt a. M. 1973, S. 246-268.

sozialen Standpunkt seiner Ausführungen geachtet, auch wenn das in DAS SEIN UND DAS NICHTS noch sehr cartesianisch formuliert ist, wie er selbstkritisch anmerkt, vor allem in seinem oftmals diskreditierten Freiheitsbegriff. Heinz konstatiert: „Sartres Existentialismus kann mittels der Radikalisierung zweier ursprünglich phänomenologischer Begriffe charakterisiert werden: der Intentionalität und der Intersubjektivität."[145]

Intentionalität kennzeichnet die Annahme, dass das Bewusstsein eine Ganzheit darstellt. Es ist Produzent und Produkt in einem, zerfällt aber bei der leichtesten Bewegung in ein Subjekt-Objekt-Verhältnis. Zunächst ist im anderen derselbe Mangel zu entdecken, der mich umtreibt. Diesen Vorgang kann man auch umkehren. Die Erkenntnis der Spaltung befruchtet ein produktives System der Differenzen, ein Duell: Der andere will mir nicht geben, was mir zusteht.

> Nach Sartre ist der Seinsbegierde die Intention notwendig eigen, daß sich die menschliche Existenz ihr eigener Grund sei. Intendiert ist „das Ideal eines Bewußtseins, das die Grundlage seines eigenen An-sich-Seins wäre und zwar mittels des reinen Bewußtseins, das es von sich selbst gewönne. Das ist jenes Ideal, das man Gott nennen kann." Das bedeutet, übersetzt, daß dem Menschen das Bedürfnis wesentlich ist, sich selbst an die Stelle seines Ursprungs zu setzen, sich selbst also Vater und Mutter zu sein. Die philosophische Phantasmagorie der causa sui ist die Substitution der Eltern durch das phantastisch absolut werdende Kind [...]. Sein „exhibitionistischer" Traum ist ja, fliegen zu können, buchstäblich absolut zu sein wie der gegen Himmel zum Vater auffahrende Christus.[146]

Es gilt in dieser zentral verdichteten Stelle auf drei Dinge zu achten. *Erstens* auf die Metapher des Fluges, die hinsichtlich des Karussells evident ist, vor allem, wenn man die aktuelle Entwicklung der Karussell- und Kirmestechniken (bis hin zum *Bungee Jumping*) beobachtet. Kulturgeschichtlich wäre auch auf die Himmelfahrt, die Reise der Götter zu verweisen. Eine freie Orientierung im dreidimensionalen Raum, die mit der Entwicklung der Flugzeugtechnik zur unabdingbaren Kompetenz gehört, ist nicht selbstverständlich. Die Bewerbungsfrage nach Ladewig lautet, ob der zukünftige Pilot geeignet ist, sich ohne Widerständigkeit zu orientieren.[147] Der

[145] Heinz: *Jean-Paul Sartres existentielle Psychoanalyse,* S. 73.

[146] Ebd., S. 74; Sartre: *Das Sein und das Nichts,* S. 712. Fromm etwa begründet daraus einen Begriff des Sadismus, den er an den marodierenden, plündernden, zerstörenden und vergewaltigenden Soldaten illustriert. In ihrer absoluten Macht im Taumel des Sieges „hört der Mensch auf, Mensch zu sein. Er ist Gott." Fromm: *Die Entdeckung des gesellschaftlichen Unbewußten,* S. 142.

[147] Vgl. Ladewig: *Schwindel,* S. 21-88. Ladewig hat deutlich werden lassen, dass der *schwerlose Flug* auf den Aspekt der Orientierungslosigkeit im Ausgang von Descartes und Kant („Was heißt:

Idealismus von Selbstbegründung scheitert schon rein anatomisch an dem Faktum, dass der Körper seine Selbstauslöschung nur im Grenzwert etwa eines Schwindels erfahren kann. Die Täuschung besteht darin, die Gottesposition zwar als Quelle der Produktion anzunehmen, selbst aber grundlos im (philosophisch-theologischen) Himmel als Sohn zu *schweben,* sodass – ödipal gedacht – die Energien und Rohstoffe der Mutter Erde nicht in Gebrauch genommen werden müssen. Diesen Schwebezustand (geistiges Perpetuum mobile) erfüllt die Variante des Kettenkarussells wohl am ehesten – ebenso wie die Medien, deren tranceähnliche Rezeptionen eine *geschwisterinzestuöse* Abwehr von elterlicher Produktion darstellen. Abstrakt und mit Sartre formuliert ist Transzendenz die konstitutive Struktur des Bewusstseins. „Das Bewusstsein hat nichts Substanzielles an sich [...]. Aber gerade weil es reine Erscheinung ist, weil es ganz Leere ist (da die ganze Welt außerhalb seiner liegt), wegen dieser in ihm steckenden Identität von Erscheinung und Existenz, kann es als das Absolute betrachtet werden.“[148]

Zweitens belegt Heinz über Sartre hinausgehend den Ursprung mit einer weiteren Spaltung und lenkt von Gott den Blick auf die Geschlechtsdifferenz der Eltern: Vater (Autonomie) und Mutter (Autarkie) sind demnach göttliche Streitpositionen, die in sich die Spaltung von Produzent (Fabrikant) und Produktionsmittel (Rohstoff) unter einem Katalysator das Produkt „Ich“ hervorbringen sollen. Doch ohne Energieaustrag (Schwindeldynamik), also Selbstverlust, kein Himmelfahrtsgefühl. Das ist die Stelle, an der jedes Kind, indem es den Sozius auf dem Karussell besetzt, mit der Wahrnehmung zumindest ein Realitätsopfer in minimalen Dosen abtritt. Die Fusion von Zweiheit in Einheit ist keine Bedingtheit, die das Ich am Rande betrifft, sie ist die Bedingung für den Kreislauf der menschlichen Existenz, die Nichtung von Opfer und Schuld. Es gibt nicht ein fehlendes Ich, dass dann zu Bewusstsein kommt, sondern es gibt immer nur die Illusion des Ichs, die sich *beobachtend* wiederum in das präreflexive und das reflexive Cogito auf-

sich im Denken orientieren?“) und auf die Tendenz der Orientierung durch Planperspektive und Seefahrt zurückverweist. Der Soldat Descartes müsste von solcher Orientierungssuche einige Kenntnisse gehabt haben. Blumenberg hat diesen Metaphernreigen ebenfalls untersucht, indem er die Frage nach dem Verlust eines orientierenden Standpunktes beantwortet, den Metaphorik im struktural relativierten „Begriffsmeer“ immer schon infragestellt: „Es gibt keinen festen Standpunkt mehr von dem aus der Historiker der distanzierte Zuschauer sein könnte.“ Hans Blumenberg: *Schiffbruch mit Zuschauer. Paradigma einer Daseinsmetapher.* Frankfurt a. M. 1979, S. 66.

148 Sartre: *Das Sein und das Nichts,* S. 23.

spaltet, zumal dann, wenn es sich in einem sprachlichen oder semiotischen Verhältnis *für andere* exhibitioniert. Damit entfallen alle Argumente für eine dualistische Triebtheorie. „Ausschließlich ist die menschliche Existenz ein Intersubjektivitätsproblem."[149]

Die *dritte* beachtenswerte Position, die in den folgenden Ausführungen von Heinz zur Aktualisierung der existentiellen Psychoanalyse führt, ist die des Streits oder Agons. Der Wille, Gott zu werden, wie er in der spekulativen Philosophie Schopenhauers und Nietzsches intendiert ist, und die Seinsbegierde vollziehen sich in der Überwindung des anderen Anderen, des Zensors, des Über-Ichs, d.h. der ethischen Konstitution der Werte, die mich in der Erfüllung meines Größen-Narzissmus erden – vermittels der ubiquitären Objektivitätsekstasen von Technik und Vernunft. Ein solches Wertgefüge, so haben wir bei Baudrillard gesehen, konventionalisiert sich als Zeichen. Die Substitution, die Freud in der Triebtheorie zwischen Lust- und Todestrieb anlegt, verlagert sich auf eine sozialökonomische oder – bei Lacan und Kristeva – semiologische Psychoanalyse.

Die Epochen der Intersubjektivität lassen sich nach der Interpretation der existentiellen Psychoanalyse durch Heinz in folgende sieben Schritte formalisieren:

Erster Schritt:

Wie nun stellt sich die Seinsbegierde als Selbstbegründungsverlangen im exklusiven Intersubjektivitätsrahmen dar? Sartre geht vom Seinsmangel der Existenz aus, der, notwendig intersubjektiv, darin besteht, daß ich, unfähig mein eigener Ursprung zu sein, mich selbst total dem verschulde, was ich für den anderen bin, mein Selbstsein geht in dem Für-Andere-Sein restlos auf.[150]

Grundlage des Mangels ist eine unvermittelte „Geworfenheit". Im Vollzug der (infantilen) Produktion wird abstrakt vermerkt, dass sich das Kleinkind als Mangel empfindet. Es ist auf sein Hier und Jetzt reduziert und auf das Gebrüll und Gemurmel seiner Gegenwärtigkeit angewiesen, wenn es über seinen physischen Seinsmangel hinausgehen will. Es muss sich von sich selbst und von seiner Urschuld entfernen. Es muss – schmerzhaft – über sich hinausgreifen, sich von sich lösen.

[149] Heinz: *Jean-Paul Sartres existentielle Psychoanalyse,* S. 74.
[150] Ebd., S. 74f.

Das Problem radikalisiert sich durch die Verschuldung an dem anderen, der mir die Stasen Zeit und Raum verordnet. Warum aber die fehlende Dankbarkeit, da der andere die *Voraussetzung* meiner Existenz *gegeben* hat? Gilt „keine Gabe ohne Gegengabe“? Hier stoßen wir auf Sartres existentielle Fragestellung: Ist die Geburt eine Gabe, dann gibt es keinen Seinsmangel, sondern einen Überschuss: die Freiheit. Die Freiheit als unermessliche Gabe erweist sich kreditiert durch die Gegenwart, in der das Vorwegsein des anderen und seiner Strukturen verändert werden kann. Allein: Der andere erlebt die Struktur des Mangels wie ich, sonst würde er sich mir nicht vermitteln. Im Grunde ist das Verhältnis von Schuld und Gabe jenes, das die instabile Stabilität der intersubjektiven Distanz in der Reziprozität ökonomisiert.

Zweiter Schritt:

Dieser defizitäre Zustand ist um so mißlicher, als ich mich für das, was ich nicht von mir selbst herleiten kann, was ich mir selbst nicht verliehen habe, gleichwohl verantwortlich fühle, als stamme es doch von mir ab.[151]

Es ist bemerkenswert, dass sich in dieser Phase schon Transaktionsmetaphern ethischer Wirtschaft einschreiben. Wir können uns ein illustrierendes Bild von der Lage machen, indem wir das Karussell betrachten. Denn hier ist der „defizitäre Zustand“, der bewusst eine Abschüttelung des anderen im Schwindel erstrebt, durch den Sozius, d.h. das Gefährt, welches das Kind wählt und besetzt, eine „Identifikation mit dem Aggressor“. Die Karussellmaschine ist keine ethische, sondern eine ästhetisierte Rückversicherung, denn sie offeriert mir das Bild einer goldenen Vergangenheit und einer befreiten Zukunft. Die Untersuchung der szenografischen Komponenten „Vergangenheit“ – der nostalgische Look der Karussells – und „Zukunft“ (der futuristische Look, vor allem in Flugmaschinen) pariert die Ebene des Mangels im Charakter einer übervollen Gabe, die in der Abstraktion elterlicher Münze Schuld abspaltet.

Dritter Schritt:

Dieser unerträgliche Zustand – der Zustand der Scham – motiviert mich nun dazu, mir mein Selbstsein kraft meiner selbst dennoch geben zu wollen; dieses Bedürfnis bleibt bestehen. Da dies aber nur über die vorige Stufe vermittelt möglich ist, also über die Stufe meines Selbstseins total als mein Für-Andere-Sein, bleibt mir keine andere Möglichkeit, als mein Für-Andere-Sein zu meinem Selbstsein zu deklarieren.[152]

[151] Ebd., S. 75.
[152] Ebd.

Die Introjektion des anderen (die immer schon begonnen hat) setzt eine Dynamik in Gang, die den kreditierenden anderen zu einem „guten“ anderen der ökonomischen Gaben, d.h. der Wertsetzung macht, dem Zensor oder dem Über-Ich. Die Introjektion und Inversion des anderen sichert einen Verlauf ausweichender Handlungen ab. Mein Blick ist reziprok der Konter des „Vom-Anderen-angeblickt-Werdens“.[153] In der Herausforderung von Exhibition und Voyeurismus konstituiert sich gegen die narzisstische Blickstarre ein asymmetrisches Abtasten. Die Duellanten belauern sich. Wer wird als Erster ziehen – von der Seite des Nichts auf die des Seins wechseln? Deleuze erklärt:

> Daß diese Ichs unmittelbar narzißistisch sind, erklärt sich unschwer, wenn man bedenkt, daß der Narzißmus nicht eine Betrachtung seiner selbst ist, sondern die Erfüllung eines Selbst-Bildes, wenn man etwas anderes betrachtet: Das Auge, das sehende Ich erfüllt sich mit einem Bild seiner selbst, indem es die von ihm gebundene Erregung betrachtet. Es erzeugt sich selbst oder ‚entlockt sich‘ dem, was es betrachtet (und dem, was es in der Betrachtung kontrahiert und besetzt).[154]

Die Distanz des Blicks konstituiert somit zugleich das Auge als Organ wie auch das Ich, das als meine Subjektivität nur in einer Reihe von (sprunghaft fixierten) Bildern bestehen kann. Die gesamte Symptomatologie *eines* Ursprungs der Erkenntnis bricht in der Dramatik der Einsicht, dass man sich immer nur als anderer anderer (im „Rollenspiel“) konstituieren kann. Das narzisstische Selbst spielt den Ball der Schuld natürlich dem anderen zu respektive unterwirft sich selbst seiner eigenen Andersheit und deklariert diese Selbstbemächtigung als Ich. Auf diese Weise wird die im Blick gesehene Gegenwart in einer Kette von Repräsentationen durchwandert, die sich als Realität außer mir *gibt.* „Die Idee der Lust resultiert daraus, wie Vergangenheit und Zukunft […] aus der Synthese der lebendigen Gegenwart resultieren.“[155]

Diese Spannungsphase ist sehr leicht dann zu beobachten, wenn das Karussell gut besetzt ist und der Blick die Mitreisenden, die Umgebung, das Gefährt und die außenstehenden Begleiter mustert. Wie der beobachtende Fotograf befindet sich das Kind auf der Fährte der Selbstvergegenwärti-

[153] Lacan: *Die vier Grundbegriffe der Psychoanalyse,* S. 191: „Der Blick ist dieses verlorene Objekt, das plötzlich wiedergefunden wird im Aufflackern der Scham, durch die Einführung des Anderen.“ Lacan zitiert direkt die entsprechende Schlüssellochszene bei Sartre: *Das Sein und das Nichts,* S. 345ff. Vgl. auch Bohn, *Inszenierung als Widerstand,* S. 107-115.

[154] Gilles Deleuze: *Differenz und Wiederholung.* München 2007, S. 131.

[155] Ebd.

gung, bevor es bereit ist, sich im Schwindelgefühl aufzuheben. Der Schwindel selbst wird erlebt als negative Aneignung. Übrigens entgeht diese Phase Goffman, der sich auf die Beziehung „Pferd-Reiter" und auf das Verhalten der Kinder im jeweiligen Alter in Bezug auf die Entwicklung des Umgangs mit den anderen konzentriert. Aber die duellhaft narzisstische Beziehung kommt schon bald in Fahrt und löst sich in der Dialektik von Herausforderung und Verführung auf.[156] Unerträglich ist in der Tat das Blickduell, das Betrachten des anderen und meiner selbst als Objekt – die Scham, die jedoch sofort in eine Seitwärtsbewegung übergeht und die Blickstarre aufhebt.

Vierter Schritt:

In dieser Phase beginnt die agonale Aktion, der Wettkampf, der Rundlauf. Das Karussell verlagert ihn in das Ringestechen. Die Kinder bekommen einen Stock, mit dem sie während der Vorbeifahrt an einem Halter (oft nach einem Tiermund (Fisch) geformt) Ringe aufspießen können. Wer eine festgelegte Anzahl Ringe erobert, bekommt eine Freifahrt. Der andere Kampf ist offener: Man winkt, man jubelt, man ruft seine Begleiter, spielt den waghalsigen Cowboy auf dem Pferdchen oder lässt die Sirene des Polizeiwagens erklingen – man will sich vor den anderen exponieren. Alle diese friedlichen Aktionen haben die Aufgabe, die Blicksymmetrie aufzuheben und in das Feld der Handelnden, der Täter einzutreten, um nicht Objekt für andere zu sein. Gleichfalls bemühen sich die Eltern oder Begleiter, von außen in das Geschehen hineinzuwirken, indem sie zur Vorsicht aufrufen, das Kind diszi-

[156] Vgl. Jean Laplanche: *Die unvollendete kopernikanische Revolution in der Psychoanalyse.* Frankfurt a. M. 1996, S. 82f: „Die *universale und ursprüngliche Situation,* die wir als Grundlage der zwischenmenschlichen Beziehung festlegen, ist die der *Verführung.* […] Die Verführung muß als eine Beziehung von Passivität – Aktivität definiert werden." Naturgemäß lässt sich der Aspekt der Verführung nicht mehr nur der sexuellen, sondern auch der ökonomischen Sphäre zuordnen und bezeichnet das Verhältnis des passiven Wunsches und seiner aktiven Erfüllung, d.h. Realisierung des Imaginären. Es greift die Definition von Baudrillard: Verführen heißt, jemand anderen sich selbst fremd machen. Das Wesentliche an der primären, intersubjektiven Verführung ist, dass sie dem Duell entspricht, in dem nicht getauscht wird. Das gibt ihr stets den Charakter eines – wenn auch zuweilen tödlichen – Spiels: „In jedem Austausch gibt es Tauschmöglichkeiten, aber nicht so bei der Verführung, die eben gerade kein Austausch, sondern eine Herausforderung ist." Jean Baudrillard: *Laßt euch nicht verführen!* Berlin 1983, S. 33. Die Verführung ist das *synchrone* Vorspiel des Tauschs zweier ungleicher Individuen, sie ist ein Ritual. Diese Synchronizität der Intersubjektivität muss zeitlos gedacht werden. Wir können das als die Fixierung des Gegenübers vor dem Tausch ansehen, für die die Materie des Geldes einsteht, die den Wert (und oft auch das Prestige) fixiert. Im Potlatsch ersetzt deswegen die soziale Zeit das Geld. Der Potlatsch ist in dezidierter Hinsicht eine Form der Herausforderung, die verführerisch wirkt.

plinieren oder ermutigen oder auf es in anderer Weise einwirken – stets mit einer leicht aggressiven oder mäßigenden Intonation, um den Kontakt mit den Kreisenden nicht zu verlieren und um Reaktionen zu provozieren. Die Karussellfahrt ist kein Anlass für Scham, sondern für Exzentrizität. Nur die ganz kleinen Kinder überwinden nicht die Angst, sich einer durchdrehenden Wundermaschine anzuvertrauen, die nicht zu kontrollierende Effekte produzieren kann. Da das Duell im currenten Agon, im Rundlauf des Ringestechens[157] aufgehoben wird und die Ökonomie des Selbst und der Kapitalorganisation ihr Opfer schon an der Kasse entrichtet hat, gibt es keinen Streit, der nicht im genießerischen Jubel der bescheidenen Himmelfahrtsmaschine die intersubjektive Starre überwindet und die Auflösung meines Körpers – dieser trägen Andersheit – zu überwinden trachtet. Man akzeptiert den Genuss der duellhaften Überschreitung, die eigentlich auch eine genealogische ist. Denn die rauschhafte Auflösung lässt in mir das Gefühl aufkommen, ich sei Andersheit, ganz Geist, also sich selbst hervorbringender Gott. Endlich: Der Andere ist im Schwindel verschwunden. Der Genuss aber bleibt wie im Konsumrausch episodisch, verausgabt sich nicht. Das Karussell ist eine narzisstische Trainingsmaschine, die kein „Himmelfahrtskommando" organisiert, aber bescheiden das ökonomische Problem des Narzissmus mehr als nur metaphorisiert.

Fünfter Schritt:

Das bedeutet aber für den anderen, der mich zu dem macht, was ich bin, daß ich ihn damit als anderen auslösche und dadurch mir selbst vorspiegele, absolut zu sein. Doch diese Absolutheit zerbricht daran, daß ich den anderen nicht derart paralysieren kann, daß er rein in mir endgültig nur der bleibt, der mich zu dem gemacht hat, was ich bin. Die Absolutheit meiner selbst scheitert, und der Prozeß beginnt wiederum von neuem – ad infinitum?[158]

Ad infinitum, denn es handelt sich bei der existentiellen Analytik nicht um eine individualgenetische Entwicklung, der eine theoretische Ontogenese übergestülpt wird. Sartre geht, anders als bisweilen Freud oder gar Jung, von der individuellen Einzigartigkeit der situativen Konstellationen aus, die

157 Zum Verhältnis von Opferlauf, Agon und Theater vgl. Bohn: *Das Karussell,* S. 364-371. Ich lege dort den Briefwechsel zwischen Benjamin und Florens Christian Rang aus, in welchem der Übergang zwischen dem zerrissenen Gott Dionysos, dem archaischen Menschenopfer, den Dionysien (oder Saturnalien), den theatralen Sängerwettspielen und schließlich, seit Sophokles, dem Theater herausarbeitet wird. Benjamin und Rang versuchen, die Genese eines Übergangs vom Duell zum Agon, vom Körperopfer in ein symbolisches Opfer, vom Ritual zum Spiel historisch nachzuzeichnen.

158 Heinz: *Jean-Paul Sartres existentielle Psychoanalyse,* S. 75.

jede Absolutheit zu einem zwar hilfreichen, aber theoretischen Abstraktum macht – zu einer Art statistischer Psychologie. Die Brechung geht folgendermaßen vor sich: Die Objektbeziehung ist zunächst einmal ganz vom eigenen Körper ausgehend, so dass auch etwa die Mutterbrust als Teil eines Selbst empfunden wird. Auch wenn Winnicott die erste Spaltung in einem illusionären Raum (daraus ergibt sich eine Topologie der Zeit) ansiedelt, so zeigt sich, etwa in der Verfügung über die Mutter, die fort ist und auf mein Geschrei hin erscheint, der Effekt der Realität.

> Wenn alles gutgeht, dann kann das Erlebnis der Versagung für das Kind schließlich zum Gewinn werden, denn unvollständige Anpassung an Bedürfnisse macht Objekte erst zu etwas Realem, das heißt zu geliebten und zugleich gehaßten Objekten. Daraus ergibt sich, daß das Kind, wenn alles gutgeht, durch eine zu vollkommene und zu lange Anpassung an seine Bedürfnisse in seiner Entwicklung gestört werden kann, weil eine vollkommene Anpassung der Magie gleicht und das in seinem Verhalten vollkommene Objekt sich vom halluzinierten nicht unterscheidet.[159]

Der Seinsmangel wird zwar als Lücke – „der Tod oder die Abwesenheit oder die Amnesie“[160] – empfunden, seine Erfüllung kann aber als erste Brücke zur Veränderung widerständiger Realität angesehen werden. Es ist die Freiheit zu sein und nicht zu sein, d.h. Beziehungen zu wechseln, die mich vom Ding als Besitzform unterscheidet. Der Prozess *ad infinitum* oder die Ökonomie besteht darin, entweder mich den Verhältnissen oder die Verhältnisse an mich anzupassen.

Nehmen wir den aktiven Fall der Handlung. Winnicott: „Um zu kontrollieren, was außen ist, hat man zu *handeln,* da es nicht ausreicht, zu denken oder zu wünschen. *Handeln braucht Zeit.* Spielen ist Handeln.“[161] Um etwas zu realisieren, *ohne* ein Opfer der Zeit einzugehen, muss man den anderen für sich zum Handeln verführen, um im Spiel – dieser Opfertranszendenz – mit ihm aus der Zeit auszusteigen. Die meisten Freizeitunterhaltungen, die Vergnügen und Glück verheißen, sind deshalb – anders als der Genuss, der eine Beziehung zum eigenen Körper ist – sozial orientiert: Sie sind reversibel und fügen sich dem ökonomischen Kreislauf. So ist der Streit selbst im Spiel konstituierend nicht nur für den anderen, sondern auch für die Realitätsprüfung, man kann sagen, er spaltet sich in eine ästhetische Komponente (die *Verführung* des anderen) und eine ethische Komponente (die *Herausforderung*

[159] Winnicott: *Vom Spiel zur Kreativität,* S. 21.

[160] Ebd., S. 33.

[161] Ebd., S. 52.

durch den anderen). Der narzisstische Genuss aber ist, wenn man ihn von den Vergnügungen abhebt, eine involutive Aggression (Masochismus), die in ihrer Wechselseitigkeit bedingt, dass es ein *Genießen der Askese*[162] *und ein Genießen der Verausgabung* gibt. Der Genuss stiehlt sich aus dem Tausch, er negiert den anderen, er ist aggressiv. Winnicott geht in seiner Kritik von einer unorthodoxen Aggression aus: „Die orthodoxe Theorie geht stets davon aus, daß Aggression sich aus der Auseinandersetzung mit dem Realitätsprinzip ergibt, während der Destruktionstrieb nach unserer Auffassung das Äußere in seinem Wesen erst erschafft. Dies ist das Entscheidende an meiner Kritik."[163] Die vom Karussell ausgehende Destruktion des Schwindels sorgt für einen perversen Tausch: *Gewinn durch Verlust*. Der Gewinn (Ichbildung) kann aber nicht besessen werden, er besteht allein in der aggressiven Tauschfrequenz von Selbst und Negation. Auf diese Weise ist der Mensch verflucht zu handeln, während er im narzisstischen Duell verflucht ist, in einer Paralyse zu verharren. In der Karussellmaschine ist die Gegenaggression in der Geschwindigkeit der Drehung regulierbar. Sie ist nur ein Effekt der Technisierung der Destruktion, die das Kind einfach dadurch erzeugen kann, indem es sich selbst schnell im Kreise dreht, also eine destruierende Körpertechnik zur Anwendung bringt. In diesem Sinne ist der Körper eine Maschine, derer man sich durch Destruktion (Arbeit) bemächtigt und mit deren Hilfe das Duell in einen Dialog und schließlich in einen agonalen Rundlauf überführt werden kann, der durch Technik drittenvermittelt kontrolliert wird. Das sich drehende Kind würde ohne diese Vernunftkontrolle zu Boden stürzen: den Widerstand spüren, den es flieht; und dennoch lernt es den aufrechten Gang.

Sechster Schritt:

Heinz formuliert und szenifiziert rückschreitend zunächst die nicht drittenvermittelte Duellsituation an zwei Merkmalen. Zunächst gibt es die Situation, in der ich den Diebstahl des anderen rückfordern will. Ich beanspruche

[162] Robert Pfaller: *Die Illusionen der anderen. Über das Lustprinzip in der Kultur*. Frankfurt a. M. 2002. Pfaller macht einsichtig, dass der Genuss an andere delegiert werden kann und stellt folgende Fragen: „Erstens, die Frage nach dem Grund der Interpassivität: Warum wollen die Leute ihren Genuss nicht haben? Und warum lassen sie ihn dann nicht einfach bleiben, sondern wählen den komplizierten Weg der Stellvertretung?" (S. 32) Die Antworten gemäß meiner Lesart: Der Genuss ist eine Entschuldung durch Körperopfer und eine Missachtung der Realproduktion. Die Stellvertretung ergibt sich aufgrund der narzissmustheoretischen Verschiebung des Körperopfers bzw. der Schuld auf den anderen.

[163] Winnicott: *Vom Spiel zur Kreativität*, S. 109.

das, was er mir gestohlen hat, als meinen Besitz.[164] Die Wiederinbesitznahme muss den anderen als Disponenten meiner selbst intakt lassen, er muss als Different zur Verfügung stehen. Denn wenn ich mich mit dem anderen identifiziere, muss ich gewahren, dass der andere auch nicht hat, was mir fehlt: „Ist der Tausch das Kriterium der Allgemeinheit, so sind Diebstahl und Gabe Kriterien der Wiederholung. Zwischen beiden besteht also eine ökonomische Differenz“[165] und keine Symmetrie. Der Tausch, der aus der narzisstischen Differenz erwächst, aber als bewusstloser Ort herausgerechnet wird (im Tausch findet kein Gebrauch statt), bedeutet die Ausdifferenzierung der Duellsituation in agonale Strukturen hinein. Im Potlatsch etwa ist der vermittelnde Dritte die soziale Zeit, nicht etwa eine Geldform. Darauf gehen wir mit Bataille noch ein. Da aber das Duell, der Showdown, den Tod des anderen bedeutet, ist dieser auch immer das Ende *meiner Möglichkeiten*, die Paralyse. Im Duell werden nicht viele Worte gemacht – es fehlt der symbolische Aufschub.

Lacan registriert diese tödliche Situation an Hamlet, der seinen Onkel, den Vatermörder, nicht real töten kann, da Hamlet sonst seine Aufgabe verlöre. Nicht der reale Tod, nur der symbolische kann ihn vom Geist seines Vaters befreien: „Da er [der andere; gemeint ist Hamlet] dessen Komplize [des Vatermörders, der Onkel] ist, kann er ihn also nicht angreifen, ohne sich selbst anzugreifen.“[166] Darin begründet sich Hamlets passives Verhalten. Der Tod ist aufgeschoben. Denn es gilt nichts, den anderen zu töten, da der andere mein Begehren konstituiert; man muss ihn symbolisch beerdigen, man muss die eigene Vorstellung realisieren. Der andere „Andere“ ist Sozius, Agent und Gefährte, und in Shakespeares Stück eben auch halluzinierter „Geist“ oder, mit Baudrillard: Zeichen. Es gibt, so Lacan, den begründeten Verdacht, dass es wünschenswert ist, den anderen auf dem symbolischen Feld zu treffen, um der eigenen Vernichtung zu entgehen. Dafür aber muss dieses Feld, diese Arena, theatral präpariert und zirkularökonomisch geöffnet sein. Das ist der entscheidende Punkt: Die Arena erweist sich als Rund, das einen Umweg über die Zeit erlaubt, und diese Zeit wird im antiken Theaterbau verräumlicht. Ist die Öffnung versperrt, die Zeit limitiert, das Feld linear präpariert, kommt es, wie in Zinnemanns Film HIGH NOON (1952) glänzend inszeniert, zum ausweglosen, tödlichen Duell.[167]

164 Vgl. Heinz: *Jean-Paul Sartres existentielle Psychoanalyse,* S. 75; Sartre: *Das Sein und das Nichts,* S. 467f.
165 Deleuze: *Die Wiederholung,* S. 15.
166 Jacques Lacan: *Das Begehren und seine Deutung. Das Seminar VI (1958-59),* Wien 2020, S. 361.
167 Vgl. meine Interpretation in Bohn: *Das Karussell,* S. 210-215.

Heinz geht auf das „Bewusstlose“ der Wechselseitigkeit ein. Es gilt, die Gabe des anderen, über die ich real nicht verfügen kann, doch in manifester Form in den Besitz zu bekommen. Doch: „Wir haben gesehen, daß die Kontingenz unüberwindlich ist: sie ist das Faktum meiner Verbindung mit Anderen.“[168] Diese Situation erlaubt es, statt der Körper Dinge und statt der Dinge „Symbole“ zu tauschen und in Besitz zu nehmen. Auf einer Metaebene wird deshalb diese Transzendierung selbst in Szene gesetzt, d.h., es wird gespielt und zum Spiel gehört die symbolische Handlung, das Experiment und die Ermöglichung des Rücktauschs von Schuld. Im Theater beginnt hier der Austausch der Argumente, der *Dialog*. So ist die Vernichtung der Dinge im Opfer (ihr Aufgehen in Rauch) die symbolische Möglichkeit der Retranszendierungsoffenbarung und Beweis für einen ökonomischen Kreislauf, in dem das Opfer sich auf der anderen Seite als Segen, als Anzahlung auf Himmelfahrt erweisen wird, dem Dialog mit Gott als Relativierung der Absolutheit.

Bezeichnenderweise tritt der rächende Tod im Stück *Hamlet* dann ein, wenn die Sphäre des Spiels in der Schlussszene verlassen wird. Gerade hier zeigen sich die praktischen Konsequenzen der zunächst destruktiv ausgerichteten narzisstischen Beziehung. Die Leistung vermittelnder Kultur aus der Not des Duells ist die Eröffnung eines Aufschubs, eines Ausweichraums im kommunikativen Forum, in der Ökonomie.[169] Aber heißt das nicht, wenn es nun Zeit und Raum gibt, dass dieser nicht dem anderen enteignet ist? Heißt das nicht, dass ich von der Eroberung des Vaters auf die der Mutter übergehe? In *Hamlet* gehört die Mutter zum Kreis der Täter: Die Konstitution von Raum und Zeit wird den Produktivkräften abgerungen.

Der reziproke „Vampirismus“[170], das Wechselspiel von (kapitalistischen) Blutsaugern, von Diebesgesindel, hält sich in der Übergangszone aufgeschobener Revolutionen. Nicht das Produkt, sondern der Vollzug, d.h. der Tausch oder die Logistik ist das Entscheidende, der Übergang vom Selbst zum Ich und retour. Entsprechend formuliert der Diskurs die Machtverhältnisse, in denen *das Subjekt ein Effekt des Aufschubs ist.* „Nicht die Personen erzeugen diese Abstraktion, sondern ihre Handlungen tun das, ihre Hand-

[168] Heinz: *Jean-Paul Sartres existentielle Psychoanalyse,* S. 76; Sartre: *Das Sein und das Nichts,* S. 469.

[169] In einer längeren Interpretation zu Hamlets Zögern findet Lacan heraus, dass es die Beziehung zur Mutter ist, die die Rache am Vatermord behindert. Die ödipale Verpflichtung (Vatermord und Mutterinzest) muss in ihrer Reihenfolge beibehalten werden. Lacan: *Das Begehren und seine Deutung,* S. 360: „Die analytische Tradition sagt, dass alles in diesem Fall [Hamlets Zögern] auf dem Begehren nach der Mutter beruht.“

[170] Heinz: *Jean-Paul Sartres existentielle Psychoanalyse,* S. 78.

lungen miteinander ‚Sie wissen das nicht, aber sie tun es.'"[171] Die Transformation von Arbeit in Waren, von Waren in Geld und von Geld in kollektive Wertbildung bleibt verborgen, vollzieht sich „hinter ihrem Rücken"[172], im Moment des Tauschs: „Die Tauschabstraktion ist das Gespinst, daß die Produktion und Konsumtion im Tausch nicht statthaben."[173] Sohn-Rethel nennt diesen Zusammenhang von Bewusstseinsabstraktion und Warentausch – jenseits des Potlatsch, der eine für die Gesellschaft bewusste, unumgängliche Rekreditierung erfordert, den „Nexus der bewusstlosen Gesellschaft."[174] Unsere These lautet: Die Zone der Erkenntnis eröffnet sich dort, wo die Freiheit der Kontingenz sich in ein Spiel der Inszenierungen einlassen kann, in welchem der Zeitwert symbolisch oder gestisch im Verhältnis Herausforderung-Verführung verhandelbar wird. Der abstrakte Tausch hat über das Duell, den Dialog und den Agon eine genealogische Vorgeschichte, in die er jederzeit zurückfallen kann.

Wenn Sohn-Rethel allein den Akt des Geldtauschs ein „Vakuum"[175] nennt, das im Warentausch seine historische Wirklichkeit universalisiert, dann rationalisiert er ihn als Logos, genauer: als abendländische Mathematik.[176] Es ist jener *Logos,* der Freud veranlasst, von einer anderen Transzendierung als der religiösen zu träumen.[177] In der Sakralität des Opfers aber geht es gerade darum, eine „Vergebung der Sünden"[178] wider die Erbsünde zu ermöglichen. So erwiese sich reflexiv die ursprüngliche Schuld als Gabe; dazu aber muss die Introjektion des *anderen* als *Anderer* vollzogen und der Wert des Gesetzes anerkannt sein. Damit schließt sich der Kreis: Die Aggression ist nicht mehr *ad infinitum* auf den anderen gerichtet, sondern diszipliniert sich im großen Anderen der vermittelnden Vernunft. Soweit zum Ausweichverhältnis von Revolution, theatralem Rund und ökonomischer Zentrifugalkraft. Ein Blick auf historischen Positionen hilft in der Orientierung. Luhmann hat unter systemtheoretischen Gesichtspunkten auf die Expansion durch die umfängliche mediale Öffnung aufmerksam gemacht:

171 Alfred Sohn-Rethel: *Geistige und körperliche Arbeit. Zur Epistemologie der abendländischen Geschichte.* Weinheim 1989, S. 12.

172 Ebd., S. 23.

173 Ebd., S. 47.

174 Sohn-Rethel: *Das Geld, die bare Münze des Apriori,* S. 32.

175 Sohn-Rethel: *Geistige und körperliche Arbeit,* S. 18.

176 Ebd., S. 117ff.

177 Freud: *Die Zukunft einer Illusion,* S. 132. „Die Stimme des Intellekts ist leise, aber sie ruht nicht, ehe sie sich Gehör geschafft hat."

178 Niklas Luhmann: *Die Gesellschaft der Gesellschaft.* Frankfurt a. M. 1997, S. 1005.

> Da aber Neuheit [kommunikativer Modus von Zukunft; R.B.] nicht in die Gegenwart eintreten kann, ohne diesen ihren Charakter zu verlieren, und erst recht nicht: da Neuheit nicht erinnert, sondern allenfalls als Merkmal einer vergangenen Zukunft rekonstruiert werden kann, verliert die Zeit sich ständig in sich selbst. *Als Differenz* bleibt sie instabil und löst damit *Beschleunigungen* aus.[179]

Intersubjektivität und „Illusion von Zukunft" – Freud prozediert das, indem er auf die Verschiebung von religiöser und vernunftgeplanter Zukunftserwartung verweist – sind im gleichen Maße das instabile Element einer stabilen Gesellschaft. *Beschleunigung* ist nicht Geschwindigkeit, sondern Rhythmuswechsel der Dynamik.[180] Die Expansion muss auf sich selbst zurückgebogen werden, muss konsumiert, verausgabt werden.

Haben wir es nun mit einem historischen oder einem genetischen Phänomen zu tun? Wann verabschiedet sich das Duell – das eigentlich schon zur Ritterzeit als Ausnahme unter dem Bannfluch der Päpste stand?[181] Zum ersten Mal tritt im Barock eine protegierte Gesellschaft auf, die sich wegen der zureichenden Befriedigung der Bedürfnisse ab dem 17. Jh. im Widerstreit von Langeweile, asketischer Erfüllung und barocker Verschwendung in jenes Vakuum versetzt sieht, das bisher von der Illusion einer paradiesischen Verausgabung bebildert wurde. Statt im tödlichen Duell setzt sich Ludwig XIV. als Meister des schwebenden Balletts in Szene. Es kommt mit der Erfindung des Buchdrucks zu einer Verschiebung von materiellen auf geistige Diskurspositionen.[182] Unter Ludwig XIV. ist nicht mehr die

179 Ebd., S. 1005f.

180 Bohn: *Das Karussell,* S. 96ff. Vgl. auch Victor Turner: *Vom Ritual zum Theater. Der Ernst des menschlichen Spiels.* Frankfurt a. M. 2009, S. 18: „Der Vorgang der Bedeutungsentdeckung und -produktion besteht dagegen darin Vergangenheit und Gegenwart in ein ‚musikalisches Verhältnis' zu bringen." Turner geht von Diltheys Begriff des Erlebnisses aus. Er beachtet nur am Rande, dass der im ritualisierten Erleben zu verzeichnende Gemeinschaftsgewinn („Communitas") an eine äußere Opfer- und Gabenökonomie gebunden sein muss. In dieser Hinsicht scheint jede Festivität genau diesen ökonomischen Raum aussparen zu wollen, indem sie ihn intensiviert transzendierend nachspielt – eine Art Traumaverarbeitung, derart, dass die Vorgänge, die zur Vergangenheitsbildung geführt haben mir nur über den anderen verfügbar sind, und zwar über performative Handlungsnachspielung. Unerachtet des Umstandes, dass die Nachspielung eine viel größere Verausgabung erfordern kann als die eigentliche Arbeit.

181 Ein erstes Verbot der Turniere gibt es bereits 1160 durch das Konzil von Clermont. Vgl. Pfaffenbichler: *Die Anfänge des Turniers im 12. und 13. Jahrhundert,* S. 16.

182 Webers Hypothesen finden bei Sohn-Rethel keinen Widerhall. Sohn-Rethel ist – gemäß seiner Auslegung des historischen Marxismus' – davon überzeugt, dass „umgekehrt die Verkehrsform des Tausches die psychologischen Mechanismen der Menschen [...] beherrscht." Sohn-Rethel: *Geistige und körperliche Arbeit,* S. 37. Wir stoßen hier erneut auf das Problem des Seinsmangels, der nicht existentiell, sondern ökonomisch gedeutet wird. Die Tauschabstraktion ist, wie Sohn-Rethel richtigstellt, eine mit einem Ursprungsdenken (S. 57) unverträgliche

militärische Kampfkraft, die von Kanonen beherrscht wird, sondern der Tanz die maßgebliche Körpertechnik. Man erobert eine Stadt, indem man sie umzingelt und um die Übergabe verhandelt. Die Gesellschaft wird sich bewusst, dass das Jenseits lediglich die metaphorisch verdichtete Defizienz des Diesseits markiert, nämlich, dass eine Gesellschaft ohne Tauschabstraktion schlicht nicht mehr gedacht werden kann – was den Potlatsch für uns so unverständlich macht und jedes Opfer verfemt, zumal das damals aktuelle Opfer des Ablasses: nicht mehr das Sakrament der Beichte, sondern die Sakralität des Geldes sühnt die Sünde, verändert die Vergangenheit und affirmiert ein positives Bild der Zukunft. Luther war nicht das erste Opfer dieser merkantilen Zeitenwende. Erkannt wird aber auch, dass es eine gewisse Disponibilität im Seinsmangel gibt. Die zeitlichen Stasen sind nicht mehr unverfügbar, sie können, wie der Raum, medial kolonialisiert werden.

Der narzisstische Mangel des Rätsels der Selbsthervorbringung durch andere im Tausch wird mittels „idealisierte[r] Objekte" gefüllt, „Vater und Mutter"[183] in eins gesetzt. Produkt und Produzent gleichzeitig zu sein, bedeutet die Apotheose der Inbesitznahme, die in unserer Gesellschaft auf den Warenkörper fällt, der den Mutterkörper negiert und alle Produktion dem Vater unterstellt. Diesem gelungenen ödipalen Durchgang steht auf der Stufe der Kultur ein *Sohn-Tochter-Inzest* zur Seite, der die Produktion von der Maschine und den Produktionsstoff nicht mehr aus der Erde, sondern chemisch erzeugt, und in glänzender Symbiose sich mit den Medien arrangiert, die nichts anderes affirmieren als die aus der Gesellschaft ausgeschlossenen, gewalttätigen Duelle. Die Selbstdarstellung dieses Spiels mit dem Tausch rutscht bei Baudrillard, aber auch schon bei Freud, Lacan und den Strukturalisten in die *Funktionalität.* Das einst Bewusstlose wird berechenbar als Prozess von Gewinn und Verlust und somit verhandelbar in reproduzierbaren Erlebniswelten.

Siebter und letzter Schritt: Das Erscheinen des Dritten.

Um den Streit zu schlichten, gibt es gesellschaftlich die Therapiemöglichkeit der Vermittlung durch Dritte, an deren Genese (von der Gruppe zur

Inhaltsform. Grundlegend aber ist, dass der transzendente Aspekt des Ringtauschs zwischen dem Fiktionalen (der Zukunft) und dem Realen (der Gegenwart) unter der Opferung der Dinge (Vergangenheit) stattfindet.

183 Heinz: *Jean-Paul Sartres existentielle Psychoanalyse,* S. 77.

Gesellschaft, von der Gemeinschaft zum Kollektiv, von der Demokratie zur Diktatur etc.) Sartre in der KRITIK DER DIALEKTISCHEN VERNUNFT arbeitet. Er verlässt seine Auseinandersetzung mit der freudianischen Psychoanalyse. Es geht ihm „um die Findung von Intersubjektivitätsformen, in denen gewaltlos das schwerwiegende Selbstdefizit von vorher aufgehoben wäre."[184] Im historisch engeren Sinne geht es Sartre (um Autonomie bedacht) um die kritische Auseinandersetzung mit der stalinistischen Verfälschung des Marxismus, mit der Wohlstandsgesellschaft, die zwar in der Regel die Gewalt nach außen schiebt (in die Ausbeutung der Produktionsmittel), sonst aber im sozialen Frieden eine freudlos glückliche Besinnung feiert, nicht aber, so Baudrillard, an der heiklen Freiheit erkenntnispraktischen Genießens interessiert ist, da Verausgabung und Krieg für diese Gesellschaft das Gleiche bedeuten. Man darf sagen: Sartre sieht hinter den Zeichen (Baudrillard) und den Signifikanten (Lacan) immer noch den Menschen. So ist die Aufdeckung einer allgemeinen Ökonomie Batailles für Sartre (der in den Zeiten von DAS SEIN UND DAS NICHTS eng mit Bataille befreundet war) weniger interessant als die intersubjektive Disposition von Individuen in ihrer „Reziprozität."[185]

Der oder das Dritte (Sozial*techniken* eingeschlossen) ist von Anfang an im Boot, wenn man das polare Duell auf den geregelten Agon (inklusive Schiedsrichter respektive Publikum) erweitert. In der KRITIK DER DIALEKTISCHEN VERNUNFT merkt Sartre mit einem Hinweis auf Bataille an:

> Unter Berufung auf interessante Beobachtungen von Georges Bataille *(‚La Part maudite')* könnte man gegen Lévi-Strauss einwenden, daß die verschwenderische Ausgabe (die gerade an andere Institutionen politisch-religiösen Charakters gebunden ist) in bestimmten Gesellschaften und unter bestimmten Bedingungen eine wirtschaftliche Funktion hat. Die Ökonomie, als Wissenschaft der Produktion, Verteilung und Konsumtion der Güter im Rahmen des Mangels, müßte einmal die *kostenlose Ausgabe* in den Konsumgesellschaften untersuchen.[186]

Diese Untersuchung würde die Hypothese wagen, dass die Verschwendung mit einer nur zum Schein kostenlosen Ausgabe operiert: der Schaffung von Wünschen jenseits der Bedürfnisse in der medialen Inszenierung. Aber der Köder ist notwendiges Initial der ökonomischen Dynamik. Die genau kalkulierbare Verschwendung ist dem Tausch implizit, solange sie die asoziale Form des Genießens am Objekt diszipliniert. Die Verausgabung

[184] Ebd., S. 86.

[185] Ebd.

[186] Sartre: *Kritik der dialektischen Vernunft,* S. 112. Vgl. auch Traugott König: *Sartre und Bataille.* In: Ders. (Hg.): *Sartre. Ein Kongreß.* Reinbek 1988, S. 365-384.

ist Tauschverweigerung, die in ideologischer Tendenz die Vernichtung des Dritten zum Ziel hat, sich aber in der Ästhetik (Kunst) öffentlicher Inszenierung bewähren darf.

Die strukturale Ableitung der Verausgabung aus dem Potlatsch durch Lévi-Strauss und Mauss[187] stellt einen Spezialfall derjenigen Gesellschaften vor, die eine Sakralisierung und Transzendierung auf anderen Inszenierungswegen vollziehen als die der religiösen (Buch-)Gesellschaften und derjenigen fetischisierter Buchführung.

Es gilt beim Potlatsch wie beim Karussell, dem Opfer der Zeit zu entkommen, also dem ultimativen Selbstopfer. Daraus ergibt sich, dass in der Vernichtung der Güter zur Verpflichtung der Gegengabe und deren Vernichtung ein kollektiver *Aufschub* (Kredit) gewährt wird. Denn nur die kollektiven Güter werden vernichtet. Sartre: „Man kann die Bedeutung der *Zeitlichkeit* nicht genug betonen: das Geschenk *ist und ist nicht* Tausch."[188] Luhmann: „Reziprozität scheint das wichtigste Mittel der Bindung von Zeit zu sein. Mit der Gabe beginnt soziale Zeit."[189] Wie entkommt man der Zeitlichkeit? Durch den Rausch, den Schwindel, den Schlaf und die rhythmisierte Wiederholung einer naturwüchsigen Zirkulation? Es gilt, im Seinsmangel einen Zeitmangel zu erkennen. Dieser Mangel gewinnt eine historische Form in der Art, wie mit dem Negat „Zeit" umgegangen wird. Zweifellos ist das im Mittelalter anders als in der Neuzeit. Luhmann führt aus:

> Gegenwart ist nichts anderes als die Differenz von Vergangenheit und Zukunft. Will man der Beobachtung von Zeit dieses Differenzschema zugrundelegen, ändert das den Sinn sowohl von Vergangenheit als auch von Zukunft. Schon die christliche Tradition hatte die Vergangenheit von der Gegenwart aus gesehen und sich nicht mit ihr, so wie sie nun einmal gesehen war, abgefunden. Die in der Beichte institutionalisierte Lehre von der Vergebung der Sünden machte deutlich, daß es nicht nur um Erinnern/Vergessen ging, sondern daß an der Vergangenheit noch etwas zu ändern war. Diese Freiheit gegenüber Vergangenem ändert sich, wenn der Orientierungsschwerpunkt der Zeitdisposition mehr und mehr in die Zukunft verlagert wird. […] In kaum merkbaren Umstimmungen entsteht dadurch etwas, was wir Tradition nennen. Das Vergangene ist nicht mehr selbstverständlich gegenwärtig.[190]

Was mit der Vergangenheit geschieht, wie sie als Zeitform vermittelt wird, das entscheidet sich auch in Differenz zur Zukunft – dem Jüngsten Gericht.

[187] Siehe Marcel Mauss: *Die Gabe*. In: Ders.: *Soziologie und Anthropologie 2*. Frankfurt a. M. 1989.

[188] Sartre: *Kritik der dialektischen Vernunft*, S. 113.

[189] Luhmann: *Die Gesellschaft der Gesellschaft*, S. 651.

[190] Ebd., S. 1004f.

Die Zukunft wird das, was sich der Wiederholungsstruktur der Tradition entzieht. Sie ist nun nicht durch das ideale Andere (das Paradies) begrenzt, sondern durch das unkalkulierbar Neue. Und vom Neuen wird verstanden, dass es eine Information ist, die nur einmal erscheint. „Neu wäre dann eine Information insofern, als sie gerade nicht attribuiert, nicht legitimiert, nicht erwartet und nicht begründet werden kann."[191] Die Attraktivität des Neuen ergibt sich systemtheoretisch, „weil man nur vom Neuen Information und damit Antrieb für Kommunikation erwarten kann."[192] „Neuheit (oder Information)" – diese konsumgesellschaftliche Daueraggression, die Injektion von Krise – „ist deshalb dasjenige Moment, das es überhaupt erst erlaubt, Zukunft von Vergangenheit zu unterscheiden und mit Hilfe dieser Unterscheidung Zeit zu beobachten."[193] Es ist jene Propaganda von Wünschen, die das Signum „Neu" auf den Warenverkehr klebt. Damit wird der reine Tausch mit dem Mehrwert zukünftiger Zeit versehen.

Was Luhmann, durchaus im Sinne Sartres, für die Zeitdisposition innerhalb der Entwicklungsgeschichte der „Drittheiten", der Medien anmerkt, gilt gleichermaßen für die Raumdisposition. Der Sartre von Das Sein und das Nichts ist dabei noch geneigt, vom Subjekt ausgehend den Raum zwischen Ich und dem anderen zu ermessen. Luhmann lehnt diese Subjektbeziehung ab. Das Subjekt ist für ihn ein Schwindelbegriff, der in der systemischen Oszillation aufgeht. Theoretisch sind es nicht Subjekte, die sich vernunftgeleitet gegenüberstehen, sondern funktionale Konstellationen, Topologien und Dynamiken, wie sie Sartre dann später in der Kritik der dialektischen Vernunft politisch untersucht. Luhmann wird an dieser Stelle der Argumentation, wo es um das Tauschmedium „Zeit" geht, seiner Abstraktion gerecht:

> Man kann dann eigentlich nicht mehr daran festhalten, daß Identitäten, seien es Objekte, seien es Subjekte, der Zeit vorgegeben sind. […] Vielmehr werden sie mitten in der Zeit und je gegenwärtig konstruiert und reproduziert, um für eine gewisse Zeit Zeitbindungen zu erzeugen, die zwischen den extrem verschiedenen Zeithorizonten Vergangenheit (Gedächtnis) und Zukunft (Oszillation in allen beobachtungsrelevanten Unterscheidungen) vermitteln. Sowohl philosophische als auch physikalische Zeittheorien (Heidegger, Derrida, Einstein) legen eine entsprechende Umstellung der modernen Zeitorientierung nahe.[194]

[191] Ebd., S. 1003.
[192] Ebd., S. 1002.
[193] Ebd., S. 1005.
[194] Ebd., S. 1015.

Die Überlegungen Luhmanns zur zeitgenössischen philosophiehistorischen Wende („Postmoderne“) in der Variabilität der Positionen der Zeit erfordern es geradezu, als Orientierungsebene für eine allgemeine Ökonomie Überlegungen des Raums hinzuzufügen, deren erste die Möglichkeit bietet, im Spiel den Raum doppelt zu besetzen und damit die Kontinuität der Zeit außer Kraft zu setzen. Diese Position hat in der Rhetorik die Metapher inne. Man kann, salopp gesagt, auf der Bühne den Tod spielen – auf dem Karussell dagegen wird der spielerische Schwindel ernst. Spiel wird hier zur Metapher für die Freiheit der Besetzung von Gabe und Schuld. Damit entzerrt sich der Verdinglichungszwang, die Todesmimesis. Das narzissmustheoretische Vorspiel des Duells wird inszenierbar im gelingenden Agon. Und damit geht das Freud'sche Triebschema endgültig in einem der allgemeinen Ökonomie auf. Und eben dafür gilt es Zeit und Raum allererst zu eröffnen, sei es real – in älterer Tradition – oder virtuell.

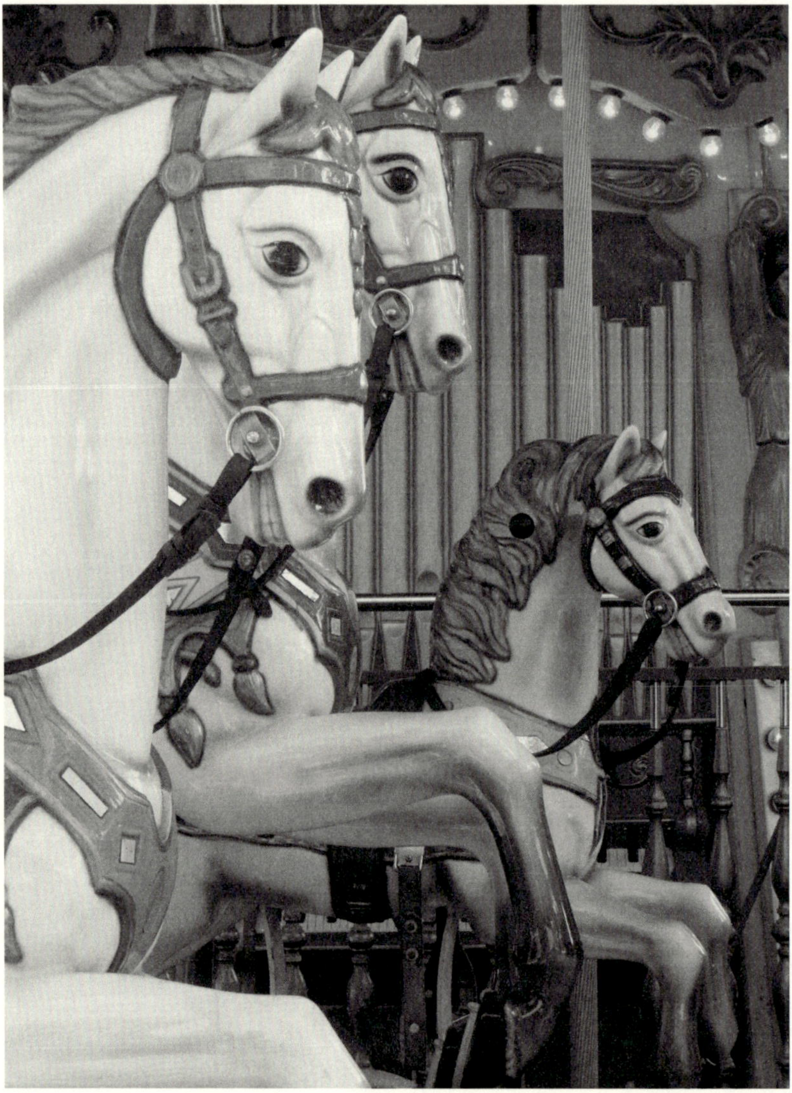

6. Einführung des Dritten: Vom narzisstischen Duell über den Dialog zum Agon

Eine institutionelle Einführung des Dritten lässt sich an der Entwicklung des altgriechischen Theaters nachvollziehen. Lyotard hat die Inszenierungsebenen der intersubjektiven Triangulation ausgehend von den Dionysien und der Urszene des Opfer(kreis)laufs des prähellenischen Theaters[195] unter dem Leitbegriff „Widerstreit" ausgelegt. Hinsichtlich der platonischen Unterscheidung von Dialog und Agon hat er davon gesprochen, dass die Rolle des Dritten in unterschiedlichen Etappen in die Ökonomie der Opfer- und Schuldverteilung eintritt. Während die Funktion des Dritten in den sokratischen Dialogen weitgehend der sprachlichen Rhetorik verantwortet bleibt, spielt sie im platonischen Agon das Spiel der argumentativen Macht. „Die Anweisungen zur narrativen Distanznahme spielen in der platonischen Poetik eine ähnliche Rolle wie die Ausschlussverfahren, die im ‚sokratischen' Dialog den Dritten betreffen."[196]

[195] Vgl. Bohn: *Das Karussell,* S. 364. Ich zitiere aus dem Briefwechsel zwischen Florens Christian Rang und Walter Benjamin: „Agon kommt von Totenopfer. Der zu Opfernde darf entlaufen, wenn er schnell genug. Seitdem über blasse Angst vor dem Toten, der den überlebenden als Opfer heischte, der Glaube wieder siegt daß der Tote liebend segne." Walter Benjamin: *Agon und Theater* (Anhang). In: Florens Christian Rang: *Historische Psychologie des Karnevals.* Berlin 1983, S. 47-51 hier S. 51. Vgl. auch Walter Benjamin: *Gesammelte Schriften,* Bd. I. Frankfurt a. M. 1980, S. 891. Augenscheinlich handelt es sich um den Übergang vom Menschenopfer zum symbolischen Opfer, in dessen Folge der lineare Lauf zum Rundlauf gebogen wird und letztlich im Theater und im Zirkus seine geistige wie körperliche Kampfstätte bekommt.

[196] Jean-François Lyotard: *Der Widerstreit.* München 1989, S. 53. Vgl. Turner: *Vom Ritual zum Theater,* S. 162ff. Turner sieht im Agon eine selbstreflexive Form der Drittenimplikation, derart, dass die Einführung des Dritten immer mit dem Verlust eines illusionären Besitzes (S. 170) und der Neudeutung einhergeht. Die Ritualisierung und schließlich Institutionalisierung des Theaters aus der Opfersphäre unter der Konstitution von Öffentlichkeit ermöglicht die reibungslose Transformation einer aufgegebenen Vergangenheit zu Gunsten einer neuen Zukunft. „Auf komplementäre Weise kann die Selbsterforschung Anhaltspunkte zur Ergründung der aus dem Erleben anderer erwachsenden Lebensäußerungen liefern. Hier haben wir es mit einer Art ‚hermeneutischen Zirkel' oder besser ‚Spirale' zu tun, denn mit jedem Schritt wird das Vorangegangene transzendiert." (S. 19) Tatsächlich ist der altgriechische Agon zwar ein Wettstreit, die Opfersphäre aber wird vom Körper (dem gymnasialen Sportwettkampf) auf die fiktionale eines Schauspiels gehoben, in der das Publikum die Rolle des Dritten einnimmt, die narzisstische Aggression bannt und Gemeinschaft auf Dauer stiftet. Letztlich handelt es

In Bezug auf meine einleitende Karussellszene ist mein Rollenverhalten das des touristischen Fotografen. Das Fotografieren aus dem Hinterhalt (nicht die Fotografie) schafft eine Duellposition vor und eine Drittenposition hinter der Kamera. Dem Fotografen, der bemerkt wird, wird einerseits als Drittem eine Autorität zugeschrieben, da er sich seine voyeuristische Begierde durch ein „Objektiv" als Drittheit vermittelt; andererseits macht sein Blick die Kinder zu Objekten, denn die Kinder sind in der Regel auf ihren Dialog mit dem Karussell konzentriert und richten rhythmisch ihren fordernden Blick auf die Begleitpersonen. Die Kompetenz des Fotografen beruht darauf, die Situation in ihrer Gesamtheit zu erfassen, Distanz zu wahren: „Was die Wirklichkeit betrifft, so glauben wir an die Entscheidung des Dritten. Wir glauben, der Erfolg vor dem Dritten sei das Zeichen des Wahren. Wir glauben an die Agonistik. Wir lassen es zu, daß das schwächste Argument mittels einiger Tricks siegt."[197] Es soll nicht unerwähnt bleiben, dass das Persönlichkeitsrecht ausschließt, Fotos insbesondere von Kindern zu veröffentlichen – weswegen es fast unmöglich ist, Karussellszenen zu publizieren. Darin mag neben der juristischen Rückständigkeit bezüglich der medialen Ubiquität der Fotografie (und der allgegenwärtigen Überwachung) die primitive Angst eine Rolle spielen, dass die *Repräsentationskompetenz* des Dritten nicht nur über die Gegenwart des fotografischen Moments entscheidet, sondern als *Technik die Kompetenz der objektiven Vermittlung* repräsentiert und eines Tages das tote Bild sich am Lebendigen rächt. Diese ambivalente Beziehung zum lebendigen Tod, die hinter der (automatisierten) Kamera steht, zeigt einerseits die technisch-mediale Autorität eins vermittelnden Dritten, andererseits fällt der bewaffnete Blick leicht in ein kritisches Duell zurück. Oft lösen die Duellanten unter der Hinwendung zum kompetenten Dritten die narzisstische Spannung oder fusionieren im *Selfie,* der inzestuösen Beziehung von Bild und Bildproduzent.

Wie aber soll man die *Wahl* des Dritten durchführen, ohne eine zirkuläre Diskussion um die Autorität und den Kredit des Vertrauens gegenüber dem „Schiedsrichter"[198] zu prozessieren? Zunächst ist es ganz gleich, ob der Dritte ein Einzelner, die demokratische Mehrheit, eine technische Kompe-

sich um eine Veräußerung der Gedächtnisbildung durch Institutionalisierung, die in der genealogischen Analyse des Dramenstücks *(Antigone!)* voll nachvollziehbar bleibt. In diesem Fall kommt dem Publikum zwar eine interpassive Funktion zu, aber der Applaus konstituiert das Publikum als agonalen Dritten.

197 Ebd.,

198 Vgl. Georg Simmel: *Soziologie. Untersuchung über die Formen der Vergesellschaftung.* Leipzig 1908, S. 102-135.

tenz ist oder das vernünftige oder listige Argument beibringt. Der Dritte initiiert ein primäres Vertrauen. Man könnte beispielsweise den Sieger eines Duells oder eines Dialogs zum Dritten küren. Aber um diese Kür objektiv zu bewerten, bedarf es wiederum eines Dritten. Die Macht des Dritten soll abstrakt begründet in die Ableitungen seiner Herkunft und der Bewältigung von Zukunft eingelassen sein, sie soll dynastisch-priesterlich und prophezeiend sein. Lyotard schlägt folgende Lösung vor: „Um die Gefahr dieser Rekurrenz zu entschärfen, inszeniert ‚Platon' die Metalepse des Partners, die vielleicht den Kern der Pädagogik darstellt."[199] Die Metalepse simuliert revers aus dem spielerischen Agon einen ernsten Dialog. „Das Paradoxon dieser Inszenierung ist folgendes. Prinzipiell eliminiert der Dialog die Berufung auf Dritte, um die Realität des Referenten des Streitgesprächs zu ermitteln."[200] Die Metalepse bedingt, dass sich zwei unterschiedliche narrative bzw. inszenatorische Räume bilden, wobei einer (metonymisch) die Voraussetzung für den anderen ist. Wem als Dritter die Kompetenz zukommt, ist eine Frage, die sich in der *petitio principii* der Bühnenlogik klärt, also in einem Todesaufschub durch ein (Sprach-)Spiel – Theater oder Wettkampf – *da die Regeln des Spiels im Experimentalraum des Spiels erst erstritten werden.* Man denke an das Spiel im Spiel, das Hamlet arrangiert, um die Mörder seines Vaters zu entlarven. Man kann hier genau beobachten, wie das Uneigentliche in das Eigentliche (Ernste) umschlägt – und zwar über den Affekt des Onkels, der sich als objektiver Zeuge vor aller Augen präsentiert. So ist der Priester qua Amt und inszenatorischer Prädestination der Dritte in der Vermittlung zwischen Gott und den Menschen, da er in die Zukunft sehen kann, obwohl er *in einer Vergangenheit* auserwählt wurde, die *nicht* verändert werden darf. Das *Amt* kann nicht in Frage gestellt werden – es ist ewig, da es vor aller Zeit autorisiert worden ist –, der *einzelne Priester* als Individuum aber schon. Man kann Priestersein nicht „lernen", man muss berufen werden.

Die Idee des Dritten ist demnach unmittelbar verknüpft mit der *Prädestination,* die Gott als Schiedsrichter anruft und dessen calvinistische Antwort die unendliche Geldvermehrung ist. Diese Idee der Prädestination, die für die Autorisierung des Kapitalismus und des Tauschverkehrs – nach Weber – maßgebend war, stellt folgende Assoziationen zur Auswahl:

Auf der einen Seite die Idee, daß mich Gott immer sieht, daß Gott jedes Individuum einzeln sieht, daß ‚ausgerechnet ich' es immer bin, der von ihm gesehen wird, und auf der anderen

[199] Lyotard: *Der Widerstreit,* S. 53.
[200] Ebd.

> Seite die Idee der *Prädestination,* in welcher sich die Vorahnung manifestiert, daß die Wahl dennoch willkürlich ist und vom Zufall regiert wird […] [D]ie Wahl kann nicht durch unsere Handlungen beeinflußt werden.[201]

Die Berufung auf Gott löst das infinite Rätsel der Wahl des Dritten. „Indem ich mich im Anruf des großen Anderen ‚erkenne', werde ich zu seinem Adressaten."[202] Das Problem der Legitimität setzt in jedem Fall einen sakralen Bezirk voraus, der von keinem der beiden Kontrahenten angegriffen werden kann, wenn man nicht das Recht auf Dauer, d.h. auf eigene Zukunft verlieren will. Im altgriechischen Theater ist die Situation nun die, dass das archaische Menschenopfer zur Anrufung Gottes (Dionysos) sich – über Etappen vermittelt – zum Zuspruch des Publikums im Theaterrund wandelt, das als Dritteninstanz den Wettstreit der Dithyrambenchöre (Agone) bewertet und eine Etappe später der Tragödie applaudiert.[203]

Nach der Prädestinationslehre eines Calvin, die wir mit Max Weber noch im nächsten Kapitel ausführlich ableiten, wählt Gott die Gunst des Gewinns für den Kapitalisten aus. Folglich gehört der Gewinn nicht dem Kapitalisten zu seiner luxuriösen Verschwendung, sondern muss als Gottesgeschenk reinvestiert, dem Gott geopfert werden – was die gesamte Ökonomie allererst kapitalistisch revolutioniert und uns zu Kindern dieses Gottes macht, d.h. zu solchen Individuen, denen die Vergangenheit gehört und die Zukunft sicher ist. Die Prädestination ist also ein inszeniertes Legitimationsverfahren des Dritten über den Umweg der Illusion eines göttlichen Zeichens. Da es aber kein anderes Verfahren gibt, muss an den Zirkelschluss dieser Erwählung geglaubt werden und das Gesetz dieses Glaubens drakonisch sein.

Die *Gabe* der Geburt wurde seit alters her in der Institutionalisierung (eines Priesters, Königs etc.) durch Inszenierung prädestiniert – in ebendiesem Sinne hat Ludwig XIV. die Geburt des Dauphins durch einen *Carrousel* 1662 in Szene gesetzt. Die Inszenierung ist der formale Zirkel eines zeitlos gedachten Vollzugs (Rituals), der sich jeweils durch Gottes *Gabe* legitimiert, diesem Gott aber nun *verpflichtet* ist.[204] Weil das *Ereignis* der *Selbstlegitimation*

201 Žižek: *Liebe Dein Symptom wie Dich selbst!* S. 29.

202 Ebd., S. 30. Žižek geht ausführlich auf die Interpretationen Lacans und Derridas zu Poes *Der entwendete Brief* ein.

203 Vgl. Karl-Heinz Göttert: *Geschichte der Stimme.* München 1998, S. 39ff.

204 Wegen dieser Legitimationsprobleme sieht sich Napoleon unentwegt gezwungen, anhaltend in die Duelle des Krieges zurückzufallen, um seine fehlende dynastische Vergangenheit zu kompensieren.

sich retroaktiv als vom großen Anderen beglaubigt erweist (sonst würde es nicht dem Opferzwang der rituellen Wiederholung unterliegen müssen), bekommt es *Autorität und Vertrauen* zugeschrieben. Auf diese Weise opfert sich seit zweitausend Jahren der Leib des Sohnes für seinen Herrn und stabilisiert sich eine kritische Zukunft aus dem Phantasma sichernder Vergangenheit. Die Königs-, Priester- oder Kapitalistendynastien immunisieren sich auf diese Weise von einem Tribunal, gerade wenn sie ihre Legitimation durch das Volk beglaubigen lassen, das sich nicht gegen sich selbst verschwören kann.

Auf die Logik des Zirkus, des Theaterrunds oder Parlaments (Forums) zurückkommend, legt Lyotard eine modernere Interpretation der Inszenierung für die Wahl des konstitutionellen Dritten fest, die nicht mehr göttlich, sondern intersubjektiv erfolgt und sich auch bereits in der Ökonomie der griechischen Polis durchsetzt.

> Der Ausschluß von Dritten findet auf einer Bühne statt, die bereits vom Dialog in Anspruch genommen wird. Diese Bühne aber wendet sich an Dritte, an die Leute im Saal, an die Zuschauer. Diese Leute sind genau die, die von der Bühne des Dialogs ausgeschlossen wurden. Sie sind der Agonistik verpflichtet, das heißt dem Spiel zu dritt, den rhetorischen, dialektischen und den traditionell poetischen (insbesondere theatralischen) Verfahren. In dieser Position von Dritten gegenüber der Dialog-Bühne sind sie aufgerufen zu bezeugen oder darüber zu richten, ob diese oder jene Replik, Episode oder Sequenz dialogisch ist oder nicht.[205]

Derjenige, der aus dem Agon ausgeschlossen wird, ist gleichzeitig derjenige, der aus dem Duell wieder einen Agon macht, da er der *ausgeschlossene Eingeschlossene* ist und somit *die Grenze von Spiel und Wirklichkeit überwunden hat. Nun, das ist exakt die Position des Genießens – der Fähigkeit, eine Zirkulation (auf dem Karussell) zwischen Duell und Agon, zwischen Zweiheit und Drittheit einzugehen. Das Genießen zielt auf die Einnahme der Drittenposition qua Selbstaufhebung ab.*

Seit dem Theater Pirandellos wird das dialogische (Sprech-)Theater wieder auf den Agon zurückgeführt. Der Bühnengraben, der das Diesseits und das Jenseits des Spiels *verwirklicht,* wird überwunden. Der Streit beginnt nun eine Ebene höher, nämlich in den Kritiken der Gazetten, die, wie man weiß, den Skandal bei dem Stück *Sechs Personen suchen einen Autor* erst angeheizt haben, während er im Saal selbst so nicht gespürt wurde.[206] Die Ungreifbarkeit eines Autors erfüllt sich nun in den Medien, die die Ereignisse erst schaffen, indem sie von ihnen berichten. Jedenfalls gilt, dass die Inszenierung die

[205] Lyotard: *Der Widerstreit,* S. 53f.

[206] Vgl. Luigi Pirandello: *Sechs Personen suchen einen Autor.* Stuttgart 1986.

Transzendierung von *Autorschaft* ermöglicht – derart, dass sie den dualen Narzissmus in eine diskursive Dynamik verlegt. Diese Äquilibristik hat den Sinn, den dualen Dialog und seine aggressiven Abgründe zu unterlaufen und narzissmuspraktisch ein Subjekt zu konstituieren, das sich als vom anderen gesetzt in einer Drittenrolle („Person“) bewähren kann. „Gerade in dem Augenblick also, in dem sie als Dritte dazwischenzutreten meinen, dürfen sie nicht länger Dritte, Zuschauer, Zeugen und Richter der Dialoge sein und müssen die Stellung von Gesprächsteilnehmern beziehen.“[207] Die Topologie dieses ökonomisierten Spielraums verwirklicht sich in jedem Fall in einem Rund, einer Arena, einer Szene, einem Ring und sicherlich im Karussell und den involutiven Spielformen, die von der Kirmes zum Parlament mit Variationen auch im Diskurs in Geltung stehen. Die Architektur dieses Vorspiels zur Delegation des Dritten ist häufig Kulisse und entspricht den medialen Bedingungen stimmlicher Akustik. Für die Karussellinszenierung bedeutet das: Der Zusammenhalt von Kind und Gefährt als Dialog der Körper wird durch die umstehenden Erwachsenen auf einer anderen Ebene Zeugnis davon abgeben, ob der Moment des Schwindels, dieser kleinen Absence, gelungen ist – ob das Kind die Rundreise des Innen-Außen gefahrlos bewältigt hat und daraus *gestärkt* hervorgeht oder nicht. Nicht die Scham, sondern der Stolz obsiegt nach der Karussellfahrt. Denn es ist offensichtlich gelungen, in die Regression einzutauchen und über das Genießen als Held seiner selbst progressiv ein Ich zu beglaubigen. Zur Steigerung dieses Effekts treiben es die älteren Kinder bis an die Grenze des Erlaubten. Deutlich höher ist der Genuss-, aber auch der Gefährdungsfaktor, wenn das Kind sich nur apathisch um sich selbst dreht, ohne dass es Beachtung findet, und geradezu ein Widerspruch ergibt sich in der konfrontativen Ordnung eines schulischen Unterrichts, in dem nur das Duell zählt. Die Anerkennung des Dritten, die *öffentliche* Darstellung des Karussells, spielt eine entscheidende Rolle.[208] Der Genuss, so asozial er sein mag, sucht stets die Herausforderung des Gesetzes. Auch deswegen ist der Genuss verführerisch. Soweit das Genießen auch

[207] Lyotard: *Der Widerstreit,* S. 54.

[208] Vgl. Axel Honneth: *Kampf um Anerkennung. Zu Sartres Theorie der Intersubjektivität.* In: Traugott König (Hg.): *Sartre. Ein Kongreß.* Reinbek 1988, S. 73-83. Honneth beruft sich auf Hegel, um einen produktiven Umgang im intersubjektiven Duell auszumachen, der nicht im Kampf endet, „weil die Subjekte mit dem Wissen um ihr Anerkanntsein auch zu immer anspruchsvolleren Selbstdeutungen gelangen können.“ (S. 80f.) Ausgesprochen wird, dass auf der Ebene reflektierter Subjektivität die Drittenimplikationen die Kampfmodi internalisieren, die auf der Ebene des Narzissmus noch körperlich ausgefochten werden müssen. Es bildet sich sozusagen eine „Hermeneutik des Inneren“, d.h. eine Moral der inneren Stimme.

herausträgt, sofern es sich nicht pathologisiert, muss es in die Zirkulation mit dem Dritten zurück. Die Bühnenvorbereitungen – die Professionalisierung und Ausgrenzung – erfolgen je schon durch Arbeit. Arbeit ist der den vermittelnden Dritten ausschließende Dialog mit der Materie respektive dem Arbeitgeber. Arbeit ist die der Verausgabung vorgängige Abgabe zur Schuldsühne.

Wir können uns nun der Frage widmen, in welchem Verhältnis Philosophie sich in ihrer Arbeit als Dritte gegenüber der Psychoanalyse verhält. Muss nicht der Analytiker – so der späte Freud – beide Rollen spielen: den Dialogpartner und den Priesterphilosophen? Es gilt, die Psychoanalyse auf den Agon hin zu verschieben, auf das, was sie laut Sartre nicht in den Blick nimmt: das in den Dingen gestellte, narzisstische Vermittlungsdilemma von kultureller *Praxis.* Denn das Begehren wie das Genießen sind in den artifiziellen und ökonomischen Strukturen verräumlicht. Es sind wörtlich *Überschreitungen.* Das Rund, das sich eröffnet, muss zugleich gefüllt werden. „Ein Loch ausfüllen bedeutet […] ursprünglich, meinen Körper opfern, damit die Seinsfülle existiert.“[209] Ein Loch, eine Absence, ein Rausch – das ist die eine Seite der Ökonomie: die asketische; die andere ist die der Füllung, der Verausgabung.

Mit der Körperdistanzierung, -aufhebung, -ohnmacht, dem anfänglichen Problem der narzisstischen Selbstdistanzierung unter dem stabilisierenden Einbruch des Dritten, beschäftigt sich ein Aufsatz von Christoph Weismüller unter dem Titel „Psychoanalyse und Philosophie des Todestriebs, des Körpers und der Dinge.“[210] Er soll im Folgenden leitend sein, da er aus der Kritik der Freud'schen dualen Trieblehre die *philosophische* Drittenkompetenz ableitet.

Als vermittelnd gilt mit Freud der vom Lusttrieb abgehobene Todestrieb, der sich an die Spaltung von Körper und Ding wie an die von Ich und anderem heftet. Aber wir haben es in der Darstellung des Freud'schen Todestriebs, so Weismüller, nicht nur mit einer dualen, sondern auch mit einer ökonomischen Vermittlung (in Analogie zum Kreislauf der Elektrizität) zu tun. Freud legt in seinen Hypothesen jeweils den Unterschied zwi-

[209] Heinz: *Jean-Paul Sartres existentielle Psychoanalyse,* S. 79; Sartre: *Das Sein und das Nichts,* S. 766f.

[210] Christoph Weismüller: *Psychoanalyse und Philosophie des Todestriebs, des Körpers und der Dinge.* In: Christoph Weismüller (Hg.): *Philosophie und Psychoanalyse.* Psychoanalyse und Philosophie, Jahrbuch 2021, Düsseldorf 2021, S. 19-51.

schen einem topischen, dynamischen und ökonomischen Gesichtspunkt fest.[211] Seine Modelle sind in dieser Anordnung den Experimenten der Psychophysiker, speziell der empirischen Wiener Schule unter Brentano, Helmholtz und Mach verpflichtet.

Um sofort einer Verwechslung von Trieb, Natur und wissenschaftlichem Fortschritt – als Therapeutik der Gesellschaft – aus dem Weg zu gehen, sei die Definition Freuds aus dem Jahre 1915 vorweg gesetzt: „Der Trieb hingegen [im Gegensatz zum Reiz; R.B.] wirkt nie wie eine *momentane Stoßkraft,* sondern immer wie eine *konstante* Kraft."[212] Reiz und Trieb, so sie zeitlos vorgestellt werden, sind gedacht wie der Galilei'sche Impuls gegenüber der Newton'schen Gravitation. Das gibt ein schönes Bild ab für die Menschen, die sich zueinander verhalten wie die Planeten, ohne dass man sieht, auf welchen Karussellbahnen sie sich bewegen. Man darf sagen: Der Trieb ist die Repräsentation, die Wiederholung seiner selbst. Da aber hier nun das Nichts der Kraft (ohne Effekt) „repräsentiert" wird, gilt es, philosophisch den Zirkel zu durchbrechen. Der Trieb braucht Einschnitte – und die sollen reguliert werden können. Weismüller setzt hier an. Die Frage ist: Was stört den Trieb, damit etwas ist und nicht vielmehr nichts? Die Störung ist zunächst Realität des Körpers als Widerstand zur Äußerung seiner Bedürfnisse. „‚Auf welche Art hängt aber das Triebhafte mit dem Zwang zur Wiederholung zusammen?', fragt Freud und leitet damit seine neue Triebtheorie ein. Er leitet sie ein, indem er das Triebhafte an den Zwang zur Wiederholung eines Traumas knüpft."[213] Offensichtlich besteht das Trauma darin, dass es eine Wiederholung seiner selbst prozediert, um sich in seiner Nichtung zu stören. Die Wiederholung muss immer einen Umweg, einen Exkurs einleiten, um zu sich zu kommen. Das Motiv haben wir schon in der Metaphorologie Blumenbergs erkennen können: Die absolute Metapher kennt keine „Eigentlichkeit", sie ist eine Erscheinung dessen, was sich nicht zeigen kann, außer in einer Verschiebung ihrer selbst, womit sie den Raum bildet, den sie erobert. Husserls Idee der Intentionalität und Sartres Idee einer Präreflexivität sind demselben Muster verpflichtet. Der Trieb ist – gleich dem Selbstbewusstsein – immer nur im „Drang" repräsentiert. Es gibt keinen „leeren" Trieb.

[211] Sigmund Freud: *Das Ich und das Es und andere metapsychologische Schriften.* Frankfurt a. M. 1982, insbesondere der Aufsatz *Triebe und Triebschicksale* (1915), in dem die Präzisierung des Todestriebmodells Freuds von Weismüller lokalisiert wird.

[212] Freud: *Triebe und Triebschicksale,* S. 44.

[213] Weismüller: *Psychoanalyse und Philosophie,* S. 20.

Der vom Trauma Besessene will in der oben ausgelegten retroaktiven Hinsicht die Vergangenheit (das traumatische Ereignis, den „Trieb“) umdeuten, wenn nicht ungeschehen machen. Wir haben mit Luhmann gesehen, dass man die Vergangenheit qua Beichtsakrament zwar entschulden kann, dann aber die eigene Verfehlung bekannt sein muss. Der Traumatisierte aber hat nichts falsch gemacht. Das Unglück ist ihm widerfahren, er sucht zu vergessen und findet das Nebengleis der Verdrängung – kurzum, er versucht die Wiederholbarkeit zu leugnen, indem er manisch wiederholt und dennoch auf Verfehlung hofft. Die Störung der Traumawiederholung soll nach Freud jedoch nicht hermeneutisch, also sinnverschiebend, sondern „wissenschaftlich“, identitätsstiftend erfolgen. Das Trauma des Seinsmangels führt sich hier konsequent als Zielflucht auf. Die Identitätslogik der Wissenschaft (die selbst traumatisiert ist) verhindert nun gerade den „Drang“, der als Forschung nicht im wissenschaftlichen Resultat kenntlich ist. Gewiss, es gibt die Spielform des Experiments und der Hypothesen. Aber die normative Wissenschaft vergisst ihre Geschichte – soweit die plausible Kritik an Freuds wissenschaftlicher Motivation und dem, was die Psychoanalyse eigentlich leistet: Sie soll eine agonale, nicht auf Identität beharrende Struktur eröffnen. Freuds späte kulturtheoretische Texte, aber auch die der Metapsychologie zeigen diese Ambivalenz zwischen mythischer Erzählung und wissenschaftlichem Drang. Doch gerade die metapsychologischen Texte zur Vorarbeit einer wissenschaftlichen Psychoanalyse erweisen sich durchsetzt mit mythischen Hypothesen und zeitgenössischen Annahmen. Weismüller zitiert Freud weiter:

> Von solchem Zusammenhang Ausgang nehmend „muß sich uns die Idee aufdrängen, dass wir einen allgemeinen, bisher nicht klar erkannten – oder wenigstens nicht ausdrücklich betonten – Charakter der Triebe auf die Spur gekommen sind. Ein Trieb wäre also ein dem belebten Organischen innewohnender Drang zur Wiederherstellung eines früheren Zustandes, welchen dies Belebte unter dem Einflusse äußerer Störungskräfte aufgeben musste, eine Art von organischer Elastizität, oder wenn man so will, die Äußerung der Trägheit im organischen Leben.“[214]

[214] Weismüller: *Psychoanalyse und Philosophie,* S. 20; Sigmund Freud: *Jenseits des Lustprinzips.* In: Ders.: *Das Ich und das Es,* S. 121-170, hier S. 146. Diese zentrale Stelle der Bestimmung von Störung kommt mit der narzisstischen Brechung überein, wie sie Sartres in *Die Transzendenz des Ego* formuliert. Frank fasst zusammen: „Das Ich ist eine Fiktion, die sich im Hintergrund der Reflexion auf einzelne Bewusstseins-Erlebnisse bildet, wenn sie [die Reflexion] fehlerhaft ausgeführt wird. […] Die sauber ausgeführte Reflexion findet nur, was ‚schon da war‘ – nicht mehr. Sonst wäre sie ja keine Form der Erkenntnis, sondern der Erfindung.“ Frank: *Präreflexives Selbstbewusstsein,* S. 63. Daraus wäre natürlich sofort zu folgern, dass die *Störung* das große Andere sei, d.h. die Fiktionalisierung des anderen, dessen Aufsaugen, Vampirismus. Die

Ausgehend von dieser Zentralstelle der Freud'schen Metapsychologie wollen wir sagbar machen, wie der durch den Seinsmangel bei Sartre angelegte Widerstreit im Narzissmus, der Heinz zufolge in einem wechselseitigen Vampirismus enden würde, bei Freud und in der Interpretation Weismüllers moderiert und ins sozial Konstruktive umgewandelt wird. Es imponiert bei Freud das Zeitmuster des Triebes: „früher", „später" und „zurück". Zur Entradikalisierung des Duells bedarf es einer Lösung des *Aufschubs* der „Triebe" respektive der „Seinsbegierde", und es bedarf einer Zirkulation, einer Vermischung und Verdichtung der antagonistischen Kräfte in einem Dritten (Gott, das Gesetz, die Moral).

„Wiederhergestellt" werden soll, nach Freud, einerseits der anorganische Zustand, szenisch gewendet aber auch die Rückkehr in den Mutterleib und die Reduktion der Zeitlichkeit auf den organischen Rhythmus von Kreislauf und Herzschlag. Beide Bewegungen, grob gesagt: die Versteinerung wie die Rhythmisierung, sind zum Tod hin und von ihm weggewendet. Das gleiche Spiel (der gleiche Vitalismus) findet sich mit anderer Begrifflichkeit bei Sartre: Den Seinsmangel aufzuheben bedeutet, ganz Sein zu sein, also zum Ding zu werden, jedoch unter der Voraussetzung eines universellen Gedächtnisses, der Verwandlung von Dingen in Gottheiten. Gegen diese *Latenz* arbeitet eine *Tendenz*, die Seinsfülle dem anderen zu unterstellen und sie ihm zu entreißen. Es ist eine Pointe dieser projektiven Seinsfülle, dass die einzige Lücke die Repräsentation ist, die jedoch wegen der gedächt-

Anerkennung des anderen beruht dann darauf, dass ich ihn mit mir verwechsle – oder, anders gesagt, dass Gott mir die Destination für mein Handeln weist. Ich muss also die Fiktionalisierung auf die Ethik begrenzen, d.h. ihre Endlichkeit anerkennen.
Eine Parallele zu dieser Ansicht findet sich bei Heidegger in der Ableitung des „Drangs" aus der Monadologie. Leibniz hat dort mit der „vis activa" den eigentümlichen Drang des „Vorstellens" als Hervordrängen bezeichnet, das sich am Seienden, respektive am anderen bzw. der *res extensa* bricht. Von hier ist zu fragen, ob nicht das *cogito präreflexiv* dem Drang entspricht, das sich, so Leibnizens Idee, im anderen als Widerstand *spiegelt.* Martin Heidegger: *Aus der letzten Marburger Vorlesung.* In: Ders.: *Wegmarken.* Frankfurt a. M. 2004, S. 82: „Der Drang ist selbst der Trieb, der seinem Wesen nach von ihm selbst angetrieben wird. … Jedes Seiende hat diesen Drangcharakter, ist in seinem Sein als drängend bestimmt." Leibniz sieht, so Heidegger, dass die monadische Einheit des Drängens die metaphysische Komponente der „Natur" des „Ichs" darstellt – im Sinne der Repräsentation des Ichs von sich (präreflexiv). „Das innerste metaphysische Motiv für den Vorstellungscharakter der Monade ist die ontologische Einigungsfunktion des Dranges." (S. 92) Im Gegensatz zu Descartes sieht Heidegger bei Leibniz das Ich als Bewegung des Übergangs, „appetitus und perceptio". „Im Drang selbst liegt die Tendenz zum Übergang von …" (S. 94) „Sofern die Monade je in *einem* Augenpunkt das Ganze ist, ist sie gerade auf Grund dieser Zuordnung zum Universum endlich: Sie verhält sich zu einem Widerstand, zu solchem, was sie nicht ist, aber gleichwohl sein könnte." (S. 100) Die Parallele zum „ich" als Negat bei Sartre ist hier, 1928, bei Heidegger mehr als offensichtlich.

niskonstituierenden Zeit niemals das wiederholt, was sie identisch (im Falle der Traumatisierung) zu wiederholen beabsichtigt. Es müssen tatsächlich Störungskräfte am Werk sein. Aber wie? Destruktiv oder Konstruktiv? Wie wählt man den passenden Dritten? Freud hat mit der autoritativen Gegenübertragung psychoanalytischer Kompetenz behandlungspraktisch gerechnet, nicht aber mit der theoretischen Disposition dahinter. Auch „Sartre streift hier wohl die Sphäre des Todestriebes: die Leidenschaft der Existenz macht nicht nur den scheiternden Dauerversuch der Selbstbegründung aus, sie ist auch mörderisch-selbstmörderisch des Todes.“ [215] Aber es gibt die Geschichte und folglich eine Ordnung, die zu dauern fähig ist.

Aus den Konzeptionen ergibt sich wie von selbst das Lacan'sche/Lyotard'sche Rettungsschema: die Einführung des Widerstreits auf symbolischer Ebene – und zur Fundierung dieser Sphäre allererst das Ritual, das Spiel, das Fest, also die grundlegende Form der Eroberung eines „intermediären Raumes“, in welchem Zeit als performatives Erlebnis disponibel ist.[216] Es gilt, den eigenen Körper als von den Dingen (und dem Körper der Mutter) abtrennbar zu verifizieren. Alle entsprechenden Konnotationen ergeben sich daraus – so bei Sartre die Verwunderung darüber, dass Kinder alle Arten von Löchern stopfen wollen und dass diese Handlung umstandslos sexualisiert wird. Dabei gilt es doch bloß *das Loch der Gegenwart* mit den Realien der Vergangenheit und mit den Illusionen der Zukunft zu füllen.

[215] Heinz: *Jean-Paul Sartres existentielle Psychoanalyse,* S. 79.

[216] Winnicott: *Vom Spiel zur Kreativität,* S. 11. Vgl. auch Turner: *Vom Ritual zum Theater,* S. 128. Turner hat den hilfreichen Begriff der „liminalen Phase“ für den Übergang geprägt. „Ohne diese Schwellenphase gäbe es keinen Unterschied zwischen einem Ritual und einer ‚Zeremonie‘. […] Eine Zeremonie ist *indikativisch,* ein Ritual *transformativ.*“ (S. 128). „Das Liminale kann daher, so exotisch es auch erscheinen mag, nie mehr sein als ein kurzes, subversives *Aufflackern.*“ (S. 69) Im Sinne Luhmanns handelt es sich um eine Systemöffnung, „eine *Schwelle (limen),* an der die Vergangenheit für kurze Zeit negiert, aufgehoben oder beseitigt ist, die Zukunft aber noch nicht begonnen hat – einen Augenblick reiner Potentialität, in dem gleichsam alles im Gleichgewicht zittert.“ (S. 69) Die selbstreflexive Dialektik dieser Bewegung wird von Turner zwar als die des Selbstbewusstseins erkannt („kognitive Unterbrechung“), die den „Fluß“ (S. 88) „stolpern“ (S. 89) lässt. Jedoch wird nicht gesehen, dass in der Idee der Intentionalität dieser Dualismus obsolet wird. D.h., Selbstbewusstsein ist kein Akt im Fluss der „ganzheitlicher Sinneswahrnehmung“ (S. 88), sondern der Rhythmus selbst; es ist ein Negat der Dynamik, weswegen es für sich selbst völlig transparent ist. Der liminale Übergang erweist sich als eine Nachspielung des Übergangs zum Ichbewusstsein, was unter anderem von Turner an den Mannbarkeitsriten gezeigt wird. Die Ichbildung macht die Jungen zu vollständigen Mitgliedern der Gesellschaft, nachdem sie sich für einige Tage in einem asozialen Orgienlauf dieser entzogen haben, aber ins vernünftige Bewusstsein zurückkehren können. Es ist erst diese *Reversibilität der Übertretung,* die sie zu sich selbst kontrollierenden (vernünftigen) Mitgliedern der Gemeinschaft macht. Vgl. Pfaller: *Die Illusionen der anderen,* S. 182: „Spielen ist eine Methode, eine Schwelle zu setzen.“

Im Raume dieser Symbolisierung (dem symbolisch-poetischen Anarchismus des Genießens bei Baudrillard) können wir unser Karussell ansiedeln, aus dem plausiblen Grund, dass es in diesem Raum, im Szenario des Spiels, eine Freiheit geben darf, die jenes Loch (jene Absence, jenen Schwindel) aufreißt, das es wieder zu schließen gilt. Aber dann ist es allmählich, in der Wiederholung der Aktion, *mein* Ich, das das Loch öffnet und schließt – und nicht das Ich des anderen.

Die komplexe abstrakte, auch historisch differenzierte Darstellung in der Geschichte der Metapsychologie Freuds von etwa 1911 bis 1924 komprimiert Weismüller auf eine Frage: Was setzt Freud im Übergang von der narzisstischen Dualität – der Zirkulation *ad infinitum* – dem Wiederholungszwang – der tödlichen Rückkehr in den anorganischen Zustand – als Drittes entgegen?

Bei Freud geht es zunächst um ein Modell der kreisenden Wiederholung als Stabilisierung der antagonistischen Kräfte in einer relativen Mitte. Da es Weismüller auch um eine Positionsbestimmung von Psychoanalyse und Philosophie als theoretischen Instanzen der Justierung einer Mitte geht, lässt er sich gleich auf die theatrale Szene ein, die Nietzsche mit dem Schlagwort der „ewigen Wiederkehr" und deren Überwindung durch den „Übermenschen" propagiert. Vorbereitet ist dieser Ansatz durch Schopenhauers Thematisierung eines „Willens zur Macht" respektive der narzissmustheoretisch diskutierten Selbstermächtigung (sich selbst sein Grund sein, Vater und Mutter sein, Gott sein). Nietzsche kehrt damit zu einer Idealfigur des Kreislaufs zurück, die in der Kosmologie seit Kepler schon aufgegeben worden war, im 1847 von Helmholtz formulierten Energieerhaltungssatz aber wieder unumstößlich wurde. Da kulturell die Verwindung des Menschen aus dem Kreislauf über Symbolisierung hinausführt, kulminiert die nietzscheanische „Überwindungsrhetorik" – so propagiert es Heideggers Gedankengang – den „Übermenschen als die Antizipation progressiver Maschinen- respektive Technik-Entwicklungen."[217] Der Übermensch soll Kultur als Technik beherrschen. Dieser andere Andere ist der Übermensch und repräsentiert sich als Ingenieur im Kollektivmenschen. Dies war Freuds frühes biologistisches Zentralargument, das übrigens Bataille wiederholen wird: Im Tod des Einzelnen (der Zelle) ist durch Differentiation, also durch die „ungenaue" Zellteilung, evolutiv das Überleben der Gattung gesichert – wider jede Einsicht einer sich individualistisch blendenden „Konsumgesellschaft", in der

[217] Weismüller: *Philosophie und Psychoanalyse,* S. 21.

der Tausch gerecht erfolgen kann und die Differentiation (der Tod des Einzelnen für die Gemeinschaft) verfemt ist. „Das Individuum führt wirklich eine Doppelexistenz als sein Selbstzweck und als Glied in einer Kette, der es gegen, jedenfalls ohne seinen Willen dienstbar ist."[218] Die gesellschaftliche Kette ist in diesem Fall erfolgreicher als die narzisstische Ambivalenz, was – entgegen Heideggers Meinung einer Dominanz der Technik – den Erfolg erst einmal auf die Seite sich selbst korrigierender Sozialsysteme schiebt. Luhmann ist in dieser Hinsicht außerordentlich differenziert. Gleichwohl sind ja Technik (das Karussell der exakten Wiederholung) und Sozialisation (das Karussell der permanenten Selbstoptimierung) völlig voneinander ableitbar. Und weil sie es sind, ist der Triebbegriff obsolet.

Die Identifikation von „Übermensch" und „ewiger Wiederkehr"[219] in der Animation der Alltagsgegenstände zeigt die von der biologischen Grundlage nicht ablösbare Tendenz als „Suizidprogramm der Menschheit".[220]

Nun sehen wir bei Freud wie bei Sartre am Rande die *petitio principii* ihrer Argumentation, dass nämlich mit einer Differentiation operiert wird, die weiland bis ins 20. Jh. als Fortschritt begrüßt wurde. D.h. sie setzen die historische Zeit dort ein, wo eigentlich gar kein Fortschritt in der Überwindung des Antagonismus stattfindet, nämlich in der Geschichtlichkeit, um dem intersubjektiven Duell zu entkommen. Die Erlösungsprogramme spielen mit der Zeit – einer zukünftigen Zeit, die retroaktiv die Vergangenheit (den „ursprünglichen Zustand") in einen utopischen Idealismus aufgeklärter Selbsteinsicht (Logos oder Natur – Triebversöhnung) zu disziplinieren im Stande wäre. Aus diesem Grunde handelt es sich bei der inszenatorischen Verschiebung von einem religiös-magischen zu einem medizinisch-technischen Heilungsprozess um eine andere Inszenierungsform der Transzendierung respektive der Verschleierung des Grundproblems, dass eine Vermittlung der Extreme immer in Arbeit gegen die jeweils exzentrische Richtung des Todestriebs bedeutet – die Aktivierung vitalistischer und aggressiver Kräfte wider die Dinge. Es ist witzig, dass dazu die Freizeitmaschinen und Wellnessoasen, die Kirmes und Festarrangements im Großen, die Spielernatur im Kleinen und der Massensport im Ganzen dafür auch bereitstehen, und zwar, wie Freud von Anfang an einsichtig macht, unter einem schuldoperierenden Zensor, dessen szenografisches Programm – wie im Sakra-

218 Ebd., S. 23; Sigmund Freud: *Zur Einführung des Narzissmus.* In: Ders.: *Das Ich und das Es,* S. 19-42, hier S. 23.

219 Ebd.

220 Ebd., S. 24.

ment der Beichte – die Schuldanhäufung zum Schein (bis zum Kater am nächsten Morgen) dispensiert, real aber Bombencharakter hat. Mit dem „Fortschritt" imponiert „Militanz". Hier stehen sich nicht mehr zwei Duellanten, sondern erdumspannende Blöcke im vorerst kalten Krieg der Wirtschaft gegenüber.

Weismüller ist nicht davon überzeugt, dass der Logos, die asketische Vernunft wider den taumelnden Festrausch und -schwindel, das moderierende Potential optimiert – jedenfalls nicht der Logos einer allein exakten Wissenschaft, und sei es derjenigen pharmazeutischer Medizin. So bleibt dem Arzt immer noch ein Rest *magischer Gabe,* auf die der Psychoanalytiker im Moment der „Übertragung" setzt. Denn in der psychoanalytischen Übertragung werden magisch verhallende Worte disponibel, zu deren Vermittlung es keine Apparaturen noch Drähte bedarf, wie es sie seit dem Mesmerismus und der Rede vom Lebensfluidum mittels Elektrizität gab.[221]

Die nichtzirkuläre, lineare Zeit, die Zeit des Duells, stört den ökonomischen Rundlauf. Diese arhythmische „Zeit kündigt sich so bereits als das an, was die Unterscheidung zwischen nehmen und geben außer Spiel setzt."[222] An Mauss anknüpfend, der die Gabe der Verausgabung (Potlatsch) mit der Kreditierung von Zeit koppelt, formuliert Derrida: „Allem Anschein nach und nach der gängigen Logik und Ökonomie kann man nur, metonymisch, das, was *in* der Zeit ist, austauschen, nehmen oder geben."[223] Da die Zeit aber Austausch *ist,* bleibt sie unsichtbar. „Die Zeit jedenfalls gibt nichts zu sehen. Sie ist, das wenigste, was man sagen kann, das Element der Unsichtbarkeit selber."[224] Die quantifizierte Zeit der Uhr stört den Kreislauf der ewigen Wiederkehr, des Kalenders, der Feste. Das, was nicht sichtbar ist, muss, um sich anökonomisch halten zu können, mit einem Ritus, einem Mythos oder einer Inszenierung bedacht sein, einem Spiel, das außerhalb jener Zeit fällt, die im Tausch begründet wird: die Zeit der Dinge, die dauern. „Dieses Verlangen des Dinges nach Aufschub, dieses Verlangen nach einem (späteren) Termin und einem Zeitgewinn wäre die eigentliche Struktur des Dinges."[225]

221 Vgl. die Geschichte des Mesmerismus in seinen diversen Gestalten in: Hans Peter Treichler: *Die magnetische Zeit. Alltag und Lebensgefühl im frühen 19. Jahrhundert.* Zürich 1988, sowie in: Henry F. Ellenberger: *Die Entdeckung des Unbewußten. Geschichte und Entwicklung der dynamischen Psychiatrie von den Anfängen bis zu Janet, Freud, Adler und Jung.* Bern 1996, S. 89ff.

222 Jaques Derrida: *Falschgeld. Zeit geben I.* München 1993, S. 12.

223 Ebd.

224 Ebd., S. 15.

225 Ebd., S. 58.

Es gilt demnach, wider die Verdinglichung das Verhältnis von Zeit und Tausch in eine *geregelte Oszillation* zu überführen. Mit den Worten Derridas: „Dieser Abstand zwischen dem Denken, der Sprache und dem Begehren einerseits und der Erkenntnis, der Philosophie und der Wissenschaft als dem Reich der Präsenz andererseits ist zugleich der Abstand zwischen der Gabe und der Ökonomie."[226] Der Abstand des Sinns ist zugleich Aufschub. Deswegen sind Psychoanalyse wie Philosophie nicht finalisierbar und nicht absolut. Sie sind spielerische Möglichkeit der Entdinglichung in einer Gesellschaft der Dinge, deren Überschneidung Sartre in seinem Entwurf einer Psychoanalyse der Sachen vorgedacht hat.

Weismüller spricht, ausgehend von Freud, von einer „Kultur der Ruhestörung"[227], die den Triebdualismus der narzisstischen Duellposition bricht. Freud hat in dieser Hinsicht den Todestrieb durch den Eros als „Störenfried" in eine „Selbstvermittlung"[228] gezwungen, die die unendliche Ausdifferenzierung von Vermittlung als Kultur und Leben humanisiert. Zwei dieser Vermittlungen sind für unsere Darstellungen des Genießens als Störenfriede der Tauschökonomie erkannt: einerseits der *Sinn* als Gabe der Nichtidentität, andererseits der *Logos* als asketische Ökonomisierung der identischen Äquivalenz von Gabe und Opfer. Beide Funktionen – die der Störung und die der Entstörung – erhalten sich wechselseitig. Der Sinn darf nicht hysterisieren und der Logos darf nicht auf dem Inzest der Identität beharren. In dieser Wechselseitigkeit kann Philosophie – sofern sie sich *literarisch* und *nicht logisch* (kybernetisch[229]) legitimiert – nicht exakte Wissenschaft sein; sie hält aber zu dieser, im Sinne hermeneutisch fundierter Kritik, aufschiebenden Kontakt.

Aus welchen vorgängigen Quellen speist sich der Sinn, der ein *Genießen der Störung* darstellt? Am Beispiel des Schwurs oder Eids hat Sartre das verdeutlicht. Der Eid ist magische Handlung, der Transzendierung eines Dilemmas geschuldet, ein Produzieren ohne Produkt. Er begründet sich einerseits als „Merkmal eines Losungswortes, einer regulativen Aktion, dessen (überlegtes) Ziel es ist die Dritten mitzureißen", andererseits in dem „Merkmal eines an sich selbst vorgenommenen Kunstgriffs: Schwören heißt geben, was man nicht hat, damit die Anderen es einem geben und man Wort

[226] Ebd., S. 44.

[227] Weismüller: *Psychoanalyse und Philosophie,* S. 31.

[228] Ebd., S. 33.

[229] Mit dieser Vokabel stilisiert Heidegger in dem berühmten *SPIEGEL*-Interview 1976 die Zukunft der Philosophie.

halten kann."[230] Der Eid hat eine notarielle Funktion, die für einen Moment die Zeit „entstört" und damit ermöglicht, dass das Unterpfand des wechselseitigen Vertrauens in einer Gabe der Zeit (der Zukunft) besteht, von der man weiß, dass man sie nicht „haben" kann. Es handelt sich hier um ein institutionalisiertes Vakuum, das von allen anerkannt wird. Im Eid wird, was im Tausch hinter dem Rücken der Tauschenden geschieht, zur konstitutiven Form einer Drittheit, der verschworenen Gemeinschaft. Erst dadurch wird die „Verschwörung" in der öffentlichen Proklamation des Schwurs und den Handlungen das Sein durch Sinn ersetzen: Die Verschwörer beginnen die Ruhe zu stören. Wenn ihr Handeln sich wieder in Sinn verwandelt, ist der Kreislauf geschlossen.[231]

Das Verfahren der Selbstvermittlung im Notariat des Eides konstituiert den Sinn der Vereinigung der Dritten, die im Agon eingeschlossen sind: aus dem von der Szena ausgeschlossenen Publikum konstituiert sich wechselseitig der Sinn des Theaters als einer öffentlichen Aufführung, eines Spiels. Technisch gesehen handelt es sich bei dieser retroaktiven Konstitution um eine Rückkopplung. In ihr ist der Dritte jeweils in das Beziehungsgeflecht der bipolaren Funktionen zu *integrieren.* So der Trieb durch den Drang gestört wird, „lässt sich Freuds Pointe wie folgt formulieren: *Leben ist wesentlich ein Störungsphänomen.*"[232]

Freud aber laboriert gegen seine eigene Intention, wie Weismüller herausarbeitet, latent an einer falsch orientierten Wissenschaftsversessenheit, die in der Wiener Schule seit Brentano im Ignoramus-Ignorabimus-Streit kulminiert, „also de[m] Streit zwischen den Annahmen ‚Wir-wissen-es-nicht' und ‚Wir-werden-es-nicht-wissen'"[233], den Emil du Bois-Reymond in einem Vortrag 1872 für sich entscheidet. Man kann mit Recht behaupten, dass eine Theorie der Unendlichkeit, der Nichtfinalisierbarkeit auch

230 Sartre: *Kritik der dialektischen Vernunft,* S. 454.

231 Sartre rekurriert auf den Eid in: *Kritik der dialektischen Vernunft,* S. 454ff.

232 Weismüller: *Psychoanalyse und Philosophie,* S. 25.

233 Ebd., S. 38. Ebenso Fromm: *Die Entdeckung des gesellschaftlichen Unbewußten,* S. 32. Fromm zählt die „Väter des mechanistischen Materialismus, denen sich Freud nicht nur in seiner Studienzeit verpflichtet fühlt", auf: „Hermann Ludwig F. Helmholtz, Du Bois-Reymond und Ernst von Brücke […] Begriffe wie ‚Besetzung' von Energie, ‚gebundene' und ‚freie' Energie, Verschiebung von Energie gehören zu den grundlegenden Kategorien seines [Freuds] neuen Denkens." Das Wesen der Kraft wie das der Materie muss rätselhaft bleiben, ist Derivat der Metaphysik und lädt deshalb zur unendlichen Genese von Sinnentwürfen und Triebmodellen ein. Vgl auch die ausführliche Darstellung von Freuds Beziehung zur Helmholtz-Schule in: Siegfried Bernfeld, Suzanne Cassirer Bernfeld: *Bausteine der Freud-Biografik.* Frankfurt a. M. 1988, S. 54-77.

forschungsökonomisch von Vorteil ist. Philosophie und Wissenschaft begegnen sich im gleichen Dilemma, aber auf inversen Seiten, nämlich in dem Dilemma, *die Lücke im Tausch zu schließen*. Der Wille zur Abschließung wird durch sich selbst gestört, Dialektik wird Ökonomie, der elektrische Strom zirkuliert im Regelkreis.

„In dieser zweiten, der psychoanalytischen ökonomischen Darstellung führt Freud also die Triebmischung und -entmischung ein, das heißt nicht zuletzt: eine Krisis-Situation für den Dualismus."[234] Diese aus der Sadismus-Masochismus-Verschiebung eingetretene Aufhebung von Trieb und Reiz soll einer Lösung zugeführt werden, die Sartre im Sinne der Husserl'schen Intentionalität schon beantwortet sieht. Es gibt nicht den Trieb, in dem sich die Reize als äußere Störenfriede anlagern, wie es auch kein Bewusstsein gibt, in dem die Inhalte sich einlagern. Das Dualismusproblem wird ein medien- und begriffstheoretisches: Unentwegt wird unerklärt Faktizität mit Transzendenz vermischt.

Die Kurzdarstellung der Abwehr des wissenschaftlichen Dualismus, die Weismüller vorlegt, ist hier nur am Rande von Interesse. Unsere Zeitmaschine ist das Karussell. Und der kleine Schwindel – diese Unruhe –, den es unschuldig erzeugt, führt keinesfalls zum Zerfall der Vernunft, aber doch zur Gewissensfrage, was denn so attraktiv an diesem Spielzeug ist, dass es gesellschaftlich konventionalisiert und maschinell konditioniert sich mitten in unseren Städten erhält, ohne pathologisch oder kriminell abzugleiten. Offensichtlich ist die *Ganzheitsabschließung* durch eine Inszenierung nach bestimmten Regeln gedeckt, und sie immunisiert sich in gleichem Maße durch ein Technikvertrauen wie die Kirche durch ein Gottvertrauen.[235] Daran sieht man, dass dem Logos doch noch ein metaphysisch-mythisches Kreditierungswesen unterschoben werden darf – dass die Hoffnung auf die baldige Ankunft des Übermenschen, der vorläufig noch Ingenieur heißt, nicht aufgegeben ist.

Technikvertrauen und Sozialverbindlichkeit erweisen sich somit als Spielformen mit jeweils ausgeprägter Szenografie, die im Wechselspiel jeweils ihr Störpotential in Hoffnung transzendieren können. Kirche, Karussell und Kaufhaus bilden je für sich ein relativ stabiles, nicht finalisierbares Ich-Anderen-Dritten-Verhältnis aus.

234 Ebd., S. 43.

235 Zur intersubjektiven Vertrauenssicherung vgl. Ralf Bohn und Heiner Wilharm (Hg.): *Inszenierung und Vertrauen. Grenzgänge der Szenografie.* Szenografie & Szenologie Bd. 4, Bielefeld 2011.

Die Opfersphäre des Seinsmangels bzw. der Störung oder der noch nicht erfüllten Zukunft (des real existierenden Sozialismus, des kommenden Paradieses etc.) kann nicht hintergangen, aber lebendig gehalten werden. Sie zirkuliert und „diskursiviert". Mithin kann das Störpotential als konstruktive Aggression, als *Ursadismus,* die topologisch präzisierte Dynamik den Fliehkräften aussetzen. In einem Fall regt die *Verschiebung* das Aufblühen einer metaphorisch bildhaften *Inszenierungswelt* an, im anderen Fall *verdichtet* sich die Schuldenlast gegen den anderen in den *Bunkern* als latente, jederzeit ausbrechende Gefahr der Zukunftsvernichtung. Die Konsumgesellschaft hat sich darin eingerichtet, das Störpotential kursieren zu lassen. Das heißt nicht, dass die vitalistische Bewegung aufhört, sondern dass sie, wie Baudrillard formuliert, in eine unendliche Zirkulation eintritt, die jede Störung/Stauung durch Krisenmanagement zu vertreiben verspricht. Um die Stauungen der Kultur aufzulösen, muss sich der geographische Raum ins unendlich Große und ins unendlich Kleine kolonialisieren. Weismüller abstrahiert: „Die Bewegung ist wesentlich aus dem Differenzbezug und somit auch aus der Differenzerfahrung bedingt; die Bewegung ist selbst Differenz aufhebendes Tun, übergriffiges, die Selbst- und sonstigen Grenzen überschreitendes, die Nichtung nichtendes und dadurch dieselbe generierendes, also todestriebliches Tun."[236]

Zum Ende seiner Ausführungen verweist Weismüller auf die Position von Heinz, die dieser ausgehend vom hier zitierten Aufsatz über Sartres existentielle Psychoanalyse im Begriff „Pathognostik" methodisch weiterentwickelt hat. Er, der pathognostische Ansatz, erfüllt nicht nur den Bestand der Diagnostizierung einer Einseitigkeit in der Todestrieb-Darstellung Freuds, die im Wesentlichen „implosiv" auf das Subjekt gerichtet ist, sondern auch den Charakter einer „explosiven Projektion"[237] der aus dem Narzissmus sich entwickelnden und davon nicht ablösbaren gesellschaftlichen, kulturellen, technischen Welt. *Pathognostik* arbeitet in Weiterführung und Korrektur der Sartre'schen *Psychoanalyse der Sachen* symptomzentriert, nimmt das Symptom als Verdinglichung aufklärende Körperverdinglichung, die die *Wahrnehmbarkeit der „Störung"* pathologisch inszeniert, um der Verschließung in eine Objektivitätsexstatik – und sei sie auch nur ontologisch halluziniert, zu entgehen. Analytisch wird dabei das primäre Störungspotential nicht dem Subjekt angelastet, das dieses im Symptom travestiert, sondern das Symp-

236 Weismüller: *Psychoanalyse und Philosophie,* S. 49.

237 Ebd., S. 50.

tom ist im Gegenteil das *störende* Sichtbarkeitsdilemma, das der Realökonomie den Spiegel vorhält.

Dennoch soll das enorme Vermittlungspotential einer mediengesteuerten Konsumwelt nicht darüber hinwegtäuschen, dass die inhärente Gewalt durch eine unaufhebbare Mangelstruktur sich potenziert. Gemeint sein kann nicht der vorgetäuschte Mangel an Waren und Dienstleistungen – darauf weist schon die einfache Beobachtung auf das Karussell hin. Je länger die Kinder es nutzen, umso häufiger fordern sie eine Wiederholung und eine Steigerung der Beschleunigung, und umso artistischer bewegen sie sich auf ihrem Gefährt. Man muss den Kindern eine Bühne bieten, die die aggressiven Tendenzen verräumlicht: Diese Bühne wird durch die Ästhetisierung der Friese des Karussellhimmels und der Reit- und Fahrgelegenheiten ausgiebig dargeboten. Die wirklich attraktiven Karusselle bemühen sich, den Rokokoglanz der alten Verausgabung des Adels oder des bourgeoisen Jugendstils zu renaturalisieren. Der Adel arbeitet nicht. Er produziert sich auf Kosten der anderen. So macht es das Kind, das von den Eltern die kleine Münze erbettelt, um auf dem Tiger zu reiten.

Im Gegenzug veranstaltet ein kulturelles Bildungs- und Trainingsprogramm eine Sensibilisierung für die Vertrauensbildung technischer Artefakte, die jedes Widerstandspotential an ihrer Designhülle spiegelnd abwehren. Das Karussell soll unter allen Kirmesmaschinen die ungefährlichste sein. Wer den Agon in einem tödliches Duell gegen Technik sehen will, der begnüge sich mit dem Finale in Hitchcocks DER FREMDE IM ZUG.[238]

[238] Vgl. Bohn: *Das Karussell,* S. 216-230.

7. DER GEIST DES KAPITALISMUS. ASKESE UND VERAUSGABUNG AUS KONFESSIONELLER SICHT

Wir haben uns im vorigen Kapitel auf die rekursive Dialektik der Drittenmoderation konzentriert. Nun soll geprüft werden, unter welchen Bedingungen die Formel „Transzendierung durch Inszenierung" (der illusionierte Dialog von Opfer und göttlicher Gabe) greift. Inszenierung arbeitet auf beiden Seiten: Sie verwandelt den asketischen Leib in ein göttliches Werkzeug (im Namen des Über-Ichs) und sie verwandelt den exzessiven Körper in einen göttlichen Leib (Himmelfahrt). Für das altgriechische Theater haben wir mit Lyotard in Anspruch genommen, dass die Richtung der Transzendierung über den Umweg der Neutralisierung eines z.B. aus dem archaischen Sängerwettstreit sich distanzierenden Publikums geschieht, das im Theaterrund auf jeden Fall eine Expansion des linearen Duells verlangt. Es geht topologisch um die Eroberung eines Ausweichraumes (die Szene), um die Ökonomie der Zeit (das Spiel) und um eine Dynamik der Dramatik. Der Lohn dieser Expansion aber ist wiederum *die Kompensation des Seinsmangels: eine Ausweitung der Gedächtnisrepräsentation.*

Sartre hat das Beispiel des Eids eingebracht, in dem die Konstitution des Dritten als verschworene Gemeinschaft durch die öffentliche und lautstarke Proklamation eines Schwurs geschieht, durch den sich jeder gegenüber dem anderen als Dritter vermittelt. Das Problem der Genese des Dritten war jeweils, dass die Logik eines letzten Grundes – da der Grund sich nicht selbst setzen kann – ein Auswahlverfahren bedingt, das auf das Duell zurückführt. Wenn man nicht die Strenge der Kausalität bemühen kann oder will, bleibt der Vorgriff auf eine generationssexuelle Aneignung der Vergangenheit, die eine Zukunft begründet, in der das Duell zum Dialog moderiert und in einen Agon überführt wird: Der Adel und die Priesterkaste, aber auch der Kapitalist stehen in dieser Gunst. *Ästhetisierung* einer Handlung durch Ritual oder Spiel wirkt als *Legitimation des Grundlosen.* Ästhetische Affekte koppeln sich an die Sphäre des Ethischen und machen den Wert (das Prestige) sichtbar, etwa im Ausweis einer auratischen Erscheinung, der Kostümierung, Gesten der Macht oder Opferbereitschaft etc.

Der Einwand, durch Inszenierung, d.h. hier: ästhetische Entfaltung in eine situative Praxis, sei Schuld nicht verschwunden, sondern eben nur in ein Jenseits *verschoben,* ist gewichtig. Allerdings lässt er sich dadurch entkräften, dass in der Form *der Transzendierung das Moment der genießerischen Freiheit greift, indem diese sich als sich selbst setzender Grund, als Phänomen des Dritten behauptet.* Im Schwindel wird die Freiheit, zu verschwinden, mit der Fähigkeit, zu erscheinen, gekoppelt. Das besondere Prestige erhält derjenige, der es versteht, seine Individualität hinter einem Amt oder einem Status zum Verschwinden zu bringen, um *für andere* zu erscheinen. Der Augenblick der Transzendierung ist nicht nur gleichsam der, in dem ich als Subjekt verschwinde (der Schwindel) und auf der anderen Seite (des Spiels) als Person wieder auftauche – und zwar als derjenige, der seine Schuld in der minimalen Selbstaufgabe abgebüßt hat wie in der Beichte durch das Sprechen des Rosenkranzes. Und es ist wichtig, dass gesprochen, verkündet wird: in der Zauberformel des Eides wie im ästhetischen Ausdruck.[239] Denn die Transzendierung ist der affektive Moment der Präsenz, die durch die Stimme wirksam wird. So ausgelegt, erweist sich eine Transzendierung durch Inszenierung (der Genuss der Selbstaufgabe im Schwindelmoment) als ultimative *Form der Selbstvergegenwärtigung.* Mit der asketischen Gesinnung ist die Selbstaufgabe zwar verwandt, aber dort, in der Askese, verbleibt sie in der Innerlichkeit, sodass Weber für den Kapitalisten letztlich nur das Gefühl asozialer *Einsamkeit* konstatiert. Der (frühe) Kapitalist kann nicht genießen, da seine Verausgabungen nicht an die Endlichkeit der Produktionsmittel gebunden sind. Er erfährt keinen Widerstand. Der exzessiv Feiernde aber wird bald schon reumütig nach weiterer Kreditierung fahnden und ist gezwungen, sich der Opferökonomie zu unterwerfen. Wir fragen demnach, welche spezifische Form der Frühkapitalismus ausbildet, die es ermöglicht, ein asketisches *Selbstopfer* der auratischen und verausgabenden Inszenierung vorzuziehen.

Die Historisierung unserer Formel setzt an das Argument von Max Weber an, dass eine spezifische Form des Protestantismus eine programmatische und danach handelnde Dogmatik von Religion fördert, die – wider den pekuniären Ablasshandel – Schuld nicht durch Beichte, sondern durch Reinvestierung in Kapital umleitet, um selbst asketisch und arbeitsüberfordert durch Selbstaufgabe für Gottes Gaben zu danken. Die Spezifik des frühen Kapitalismus – das *Syndrom der Reinvestierung,* der *permanenten Schuldver-*

[239] Vgl. Robert Pfaller: *Warum man beim Zaubern laut sprechen muss. Die Kultur der Magie und der Narzissmus der Aufgeklärten in der psychoanalytischen Theorie.* In: Brigitte Felderer (Hg.): *Phonorama. Eine Kulturgeschichte der Stimme als Medium.* Berlin 2004, S. 227-241.

schiebung – begründet sich durch das calvinistische Gebot der Entdinglichung insbesondere des eigenen Körpers, der, gemäß der Prädestinationslehre, Gott versprochen ist, was in den göttlichen Gaben (Kaufmannsgeschick) der Kapitalvermehrung ausweisbar ist. Die Buchhaltung ersetzt das Gebet. Der Kapitalist ist das Gegenbild des „Störenfrieds" – nur Trieb, kein Drang –, um Freuds Formel aufzugreifen. Er hat Angst davor, dass die Welt eines Tages stillstehen könnte, und provoziert die endlose *Zirkulation des Kapitals.* Der barocke Genießer dagegen erfreut sich der Verschwendung, denn seine Angst richtet sich gegen den *Stillstand der Dinge,* die Aufhäufung der Besitztümer, die er in gleicher Geschwindigkeit vernichtet, in der sie ihm zufallen.

Bestimmte Bereiche des Protestantismus richten sich historisch gegen die der katholischen Kirche unterstellte Ökonomie frühbarocker Repräsentation, die auf Verschwendung und inflationäre Entwertung von Diesseitigkeit setzt, um ihr Versprechen auf Jenseitigkeit – als Ort der Fülle – durchsetzen zu können. Die Schuldmarge wird durch die Inflation der Ablasszettel (Reproduktionstechniken!) entwertet und erst im Jüngsten Gericht einer jenseitigen Buchhaltung unterstellt. Das Schisma der Konfessionen soll Ausdruck davon sein, dass die magische Durchdringung einer „Jenseitskreditierung" in dem Maße zerfällt, wie das inszenatorische Versprechen der Fülle, des Festes, der reichen Liturgie im Diesseits profaniert wird, d.h. wie Künstler und Ingenieure das Wissen um den Schein einer Hintergehung der Sinne verbreiten, da nun das Geld jegliche Form der Transzendierung – der ästhetischen wie der ethischen – ermöglicht. In quantitativer Hinsicht setzt sich das Prinzip der Kausalität gegen die analogen, impetustheoretischen Begründungsmodelle des Spätmittelalters durch.[240] In qualitativer Hinsicht wird der gerade Lebensweg zu einem Tauschkreislauf umgebogen, der die sakrale Transzendenz ins Zentrum setzt, wo sie sich mit der profanen Immanenz (der Sonne des absolutistischen Königs) streitet.

Im Hintergrund der Anfänge des Kapitalismus (der Kalkulation des Kapitalverkehrs und der Buchführung Gottes) steht die Verwissenschaftlichung des Bankwesens in Oberitalien. Das, was sich den Scheinkuppeln und den frühbarocken Vexierspielen entzieht, wird dem Subjekt plötzlich als Überrumpelung seiner eigenen Innerlichkeit vor Augen geführt. Es sind nun Menschen und humanistische Gaben, die mich wunderlich, zauberhaft, sinnlich überfordern. Wenn der große Uhrmacher Gott in einem Nürn-

[240] Vgl. Sohn-Rethel: *Geistige und körperliche Arbeit,* S. 114ff. Diese konfessionelle Differenzierung kann hier nur sehr schematisch erfolgen. Eine Präzisierung hinsichtlich der Deutungsebenen der Konfessionen habe ich auch in *Szenische Hermeneutik* (2015) versucht.

berger Ei wohnt, transzendiert das Jenseits in die Immanenz technischer Kompetenz: Bankwesen und Rechenkunst (Statistik und Prognostik) gehören zusammen. Man richtet sich in der Unanschaulichkeit ein. Die innere und die äußere Ökonomie und Religiosität polarisieren sich in Fliehkräften, bevor sie durch die List der Prädestination gebunden werden. In der Phase der Entdeckung fremder äußerer und innerer Welten um 1500 bricht der Konflikt auf. An diesem Punkt setzt Weber wissenschaftshistorisch mit der Bildung vorläufiger Hypothesen an, in denen ein „*Geist* des Kapitalismus"[241] so befremdlich scheint wie eine „Seele des Karussells." „Bei dem Versuch, so etwas wie eine ‚Definition' davon zu geben, zeigen sich sofort gewisse, im Wesen des Untersuchungszwecks liegende Schwierigkeiten." Weber markiert ein „historisches Individuum"[242] in kultureller Rücksicht wie auch einen historischen Kapitalismus, der als „Geist" wesentlich nur in der Beziehung auf einen Aspekt entfaltet wird, nämlich als „Bedingtheit der Entstehung einer ‚Wirtschaftsgesinnung', des ‚Ethos', einer Wirtschaftsform, durch bestimmte religiöse Glaubensinhalte", die „mit der rationalen Ethik des asketischen Protestantismus"[243] in Verbindung zu bringen sind. Der asketische Protestantismus wird insbesondere im Calvinismus angelsächsischer Prägung von Weber untersucht – ebenso wie seine Auswirkungen auf eine Lehre, der es nicht um die Hortung von Geld, sondern um die finanzökonomische Reinvestition von fließendem Kapital, d.h. um den Wirtschaftskreislauf geht. Es soll weder Besitzanhäufung noch Verschwendung geben. Die Ästhetisierung aber fordert die abstrakte Berechnung heraus. Die Warendinge und die Körperdinge werden wechselseitig fetischisiert.

Verausgabung wird als Merkmal katholischer „Religionspartei" angesehen, z.B. den „in ihren unteren Schichten höchst lebensfrohen, in ihren oberen direkt religionsfeindlichen Katholiken Frankreichs."[244] Die psychoanalytisch relevante individuelle Disposition der Askese lässt sich mit dem Autonomiebegehren des Subjekts wider die väterliche Tauschwertbestimmung erhellen. Warum diese Aversion gegen „stehendes" Geld, totes Kapital? Erikson hat diese Frage untersucht und sie in eine generationssexuelle Deutung gefasst, in der Geld den Wert phallischer Potenz annimmt, nicht schier als Menge, sondern in der Möglichkeit, alles gegen alles zu tauschen (und letztlich die Produktivkraft der Mutter zu enteignen).

241 Max Weber: *Die protestantische Ethik und der Geist des Kapitalismus.* Hamburg 2006, S. 36.
242 Ebd.
243 Ebd., S. 20.
244 Ebd., S. 32.

Der Kampf zwischen Gott und einem Vater um die Ergebenheit des Sohnes war ein für Luthers Zeit gewissermaßen typisches Ereignis. Erasmus, Luthers kosmopolitischer Gegenspieler, bot seinem Vater Trotz. Calvin beschreibt den eigenen Kampf mit folgenden Worten: ‚Mein Vater hatte mich für die Theologie bestimmt, als ich noch ein kleiner Junge war. Als er aber erkannte, daß die Rechtswissenschaft alle, die sich mit ihr befaßten, reich machte, änderte er plötzlich seine Absicht. Ich wurde vom Studium der Philosophie abberufen und zum Rechtsstudium bestimmt. Aber obwohl ich mich im Gehorsam gegen meinen Vater bemühte, ihm meine gewissenhafte Aufmerksamkeit zuzuwenden, lenkte Gott meinen Kurs mit dem geheimen Zügel seiner Vorsehung in eine andere Richtung.'"[245]

Welch eine ödipale Kapriole: In Calvin wird das Recht verinnerlicht – das Geld wird zum Symbol des entwerteten realen Vaters, der als symbolischer Vater (Gott) die Lenkung der Begierden regelt. Unter dem Verlust des Vaters wird Geld der Gott, der aber nur mütterlich attrahiert; d.h., die verschwiegene Rolle der Mutter wird als (unbewusster) Sozius in die fluide Form der Geldzirkulation verwandelt: Geld produziert inzestuös Geld. Auf diese Weise ist der väterliche Signifikant (das Ding, das dem Geldwert entspricht) dem Geld genauso unterworfen wie der Sohneskörper. Es handelt sich um eine vollkommene Inversion der Verhältnisse zu Ungunsten einer Vatergott-Sohnes-Beziehung im christlichen Sinne und unter Vermeidung der Auflösung einer stabilen Drittenreferenz, die als weiblich-mediale Funktion des Geldes subkutan zirkuliert. Geld verleiht dem Subjekt die Flügel, die es von der generationssexuellen Schuld entbinden: Es gibt nur noch Geld und mütterlichen Rohstoff. Die Umwandlung in Produkte durch Arbeit wird vollständig in die Unterwelt verbannt. Das Resultat ist ein abgeleiteter Sohn-Tochter-*Geschwisterinzest.* Der Ödipuskomplex lautet hier: den Vater töten, um als Sohn mit der Schwester als Hure des Geldes durch die Welt zu wandern. Nicht Transzendierung findet statt, sondern Verdrängung. Der gegenreformatorische Barock (ich polarisiere die konfessionelle Dogmatik) hat leichtes Spiel, die Geldangelegenheiten wieder in die heterosexuelle erotische Beziehung zu bringen: Im Fest, in der Verausgabung, im Prunk der Kirchen ist der Sohn im Vater entschuldet – und die Mutter wird Opferleiche. Diese Verausgabung ist ein Lob Gottes. Bezahlt wird die Zeche nach dem Jüngsten Tag.

Das kapitalistische Geld vermittelt sich im Kapitalisten nicht als Aneignung (und Verausgabung) von Dingen, sondern als störungsfreier Tauschakt, als quantitatives Zahlenspiel. Damit ist die Programmatik der

[245] Rupert E. Davies: *The Problem of Authority in the Continental Reformers.* Epworth Press 1946, S. 98, zitiert nach: Erik H. Erikson: *Der junge Mann Luther. Eine psychoanalytische und historische Studie.* Frankfurt a. M. 1975, S. 104.

Untersuchung Webers auch psychoanalytisch umrissen, jedoch immer noch nicht die Frage geklärt, warum asketische Präferenz sich durchsetzt – jene Frage, die von Adam Smith als Lenkung der „unsichtbaren Hand" in der Wirtschaftsgeschichte geistert.[246] Ist es die Angst vor dem Ende des Begehrens, die Angst davor, aus der Selbstbeschwindelung erwachen zu müssen?

Unerachtet der Tatsache, dass Weber eine philosophisch orientierte Soziologie erst aufbauen wird und die Konfessionsspaltungen in ihren Anfängen (den mosaischen Gesetzen wider des Tanzes um das Goldene Kalb) schon „asketisch" infiziert sind – auch durch Luthers Kampf gegen den Ablasshandel –, könnte mit „*Geist* des Kapitalismus" auch etwas anderes gemeint sein: nämlich, dass sich der Kapitalismus hinter dem Rücken seiner Akteure seiner Entschlüsselung entzieht. Denn wegen der Fluidität der kapitalistischen Dynamik sind die Einschnitte im Geldverkehr nicht mehr kenntlich. Das Geld ist flüssig geworden, es gerinnt zur nackten Zahl. Aber muss man nicht auch sagen, dass der Kapitalist von Berufs wegen zur Tochterhure seiner Unternehmungen degradiert ist, indem er sich Tag und Nacht für die Seinen aufopfert? Der Ort der göttlichen Geldvermehrung kann aus dem Paradoxon, das Marx für die Simultaneität von realem Besitz und virtueller Vergemeinschaftung im Tausch feststellt, nur schwer abgeleitet werden. Wer feststellt, dass das Geld sich vermehren sollte, da der Arbeiter über seine Bedürfnisse hinaus ausgebeutet wird – oder sich ausbeuten lässt, weil er seine Bedürfnisse nicht kennt –, unterstellt dem Arbeiter einen asozialen, masochistischen Genuss an seiner Selbstausbeutung und dem Kapitalisten ein Vergnügen daran, die Institutionalisierung der Vergemeinschaftung der Arbeiter durch die Diversifikation der Ware in eine soziale Wertbestimmung umzuwandeln. Dabei leidet der Kapitalist am meisten, indem er sich jeglichen Vergnügens enthält und im stummen Gebet einer freudlosen Existenz vegetiert. Den Besitz kann man sich sinnlich aneignen, die im Tausch sich vollziehende Wertegemeinschaft, die im abstrakten Geld haust, nicht. Deswegen eignet sich der Kapitalismus zu einer Quasireligion. Dass man von Gott prädestiniert ist, lässt sich nur ideologisch bzw. theologisch beglaubigen. Genau dies durchschaut Marx, indem er das „Opium" der Religionen aus den Wirtschaftsbeziehungen von der Kirche ins Kaufhaus

246 Adam Smith: *Untersuchungen über Wesen und Ursachen des Reichtums der Völker.* Bd. 1, Hg. Erich W. Streissler, Düsseldorf 1999, S. 16: „Absichtliche Gesellschaftseingriffe sind häufig zielverfehlend." Streissler betont in seinem Vorwort, die Spezifik dieser von Smith nur einmal gebrauchten Metapher. Diese meint, dass es im Verhältnis von Eigennutz und Gemeinnutz zu „unintendierten" ökonomischen Effekten kommen kann, insbesondere dann, wenn Konkurrenzsituationen im Markt auftreten.

umdirigiert. Die Funktion des Vaters ist allemal die, die Geltung der Gesetze, d.h. der Einschnitte wider die Fluidität von Geld und Vergnügen zu zügeln, was uns erneut dazu führt, dass es das Bestreben eines jeden sein muss, die transzendente und transzendierende Vaterposition – Gott – einzunehmen, um selber körperenthoben, fliegend, fluide sogleich mit der Mutter koalieren zu können. Wo bleibt der Störenfried, wo bleibt das asoziale Genießen?

Der erste Argumentationsschritt Webers legt die Überlegung nahe, „ob nicht der ganze Gegensatz zwischen Weltfremdheit, Askese und kirchlicher Frömmigkeit auf der einen Seite, Beteiligung am kapitalistischen Erwerbsleben auf der anderen Seite geradezu in eine innere *Verwandtschaft* umzukehren sei."[247] Die Idee besteht darin, dass ein Ende der nutzlosen Verausgabung von Kapital durch direkte Reinvestition den Kapitalkreislauf *lebendig hält, während der individuelle Körper in fast depressiver Weise sich dieser Lebendigkeit enthält* und dafür den Kollektivkörper ernährt. Der berühmte Brief Franklins, aus dem Weber in diesem Zusammenhang zitiert, dass „das Geld Geld erzeugt"[248] – es „Sprößlinge" zeugt (die sexuellen und analen Konnotationen sind in diesem Zusammenhang fast schon peinlich schamlos), wenn man es nicht „im Wirtshaus" verschwendet und „für sein Vergnügen"[249] opfert –, ist als Spitze dieser Gesinnung eines moralisch untermauerten Kapitalismus gemeint, der von nun an eine waffenförmige Aggressivität unter Maßgabe eines Produktivitätsfortschritts an den Tag legt – Aggressivität die stets den Mantel idealistischer, wenn nicht fanatischer Reinheit kultiviert. Denn so etwas wie Verlust oder Opfer soll im Geschäftsleben (in Produktion und Produkt) gar nicht mehr vorkommen – und wenn doch, das ist die Pointe, hat Gott seine strafende Hand im Spiel. Die Gesinnung wie der Körper des Kapitalisten (in dem Gott wohnt) müssen rein, schuldlos sein.

> Vor allem ist das „summum bonum" dieser „Ethik": der Erwerb von Geld und immer mehr Geld, unter strengster Vermeidung alles unbefangenen Genießens, so gänzlich aller eudämonistischen oder gar hedonistischen Gesichtspunkte entkleidet, so rein als Selbstzweck gedacht, daß es als etwas gegenüber dem „Glück" oder dem „Nutzen" des einzelnen Individuums jedenfalls gänzlich Transzendentes und schlechthin Irrationales erscheint.[250]

[247] Weber: *Die protestantische Ethik*, S. 32.

[248] Schlusspassus von Benjamin Franklin: *Necessary hints to those that would be rich* (geschrieben 1736), zitiert nach: Weber: *Die protestantische Ethik*, S. 38. Die übrigen Zitate Franklins entnimmt Weber aus: *Advice to young tradesman* (1748), *Works ed Sparks* Vol II p. 87.

[249] Weber: *Die protestantische Ethik*, S. 37f.

[250] Ebd., S. 41.

Es handelt sich, so Weber in einer Anmerkung und Replik auf Franz Brentano, um eine „irrationale Rationalisierung“, eine Teufelsaustreibung zur Stilisierung einer jungfräulichen Empfängnis. Unerachtet, dass Weber keine genaue Abgrenzung zwischen Vergnügen, Glück und Genuss macht, ist die Ausschaltung individualisierter Lust zu Gunsten der reinen-unreinen Analfunktion des Geldes ein inzestuöser Autonomisierungsversuch narzisstischer Prägung. Denn es ist trotz allem immer *mein* Geld, das da in Umlauf gebracht wird. Die notwendige Kreditierung ist eine ganz andere Sache, nämlich eine Vertrauenssicherung, die aus der Reinheit der Ethik wie aus der „zeugungskräftigen und fruchtbaren Natur“ des Geldes abgeleitet wird. Geld wird der Mutterkörper, der Rohstoff der Produktion – und Geld ist nichts anderes als Vertrauen in die Kraft der Kollektivierung, eines reinen Wertes, der im Tausch als Gewinn erscheint. Der Unterbau der spezifischen Form des Kapitalismus fundiert sich demnach in der Programmatik der Trennung von Opfer und Gabe, derart, *dass das Selbstopfer Voraussetzung für den Gabencharakter der Existenz ist.* Dies muss aber rückversichert werden in der Prädestination, der göttlichen Fremdbestimmung desjenigen, der den wirtschaftlichen Erfolg hat. Der, der ihn *nicht* hat, ist im religiösen Sinne unrein. Jetzt gilt es zwei Arten des Selbstopfers zu unterscheiden: das des Asketen und das des sich verausgabenden Verschwenders. Nur ersteres kann gottgewollt sein, da es von gesellschaftlichem Nutzen ist, also die Geldvermehrung durch die *Heiligung von Arbeit* protegiert. Die ganze Konstruktion ist theologisch und wissenschaftlich zirkulär immunisiert, sie ist, wenn man so will, „vergeistigt“, transzendiert. Zwischen beiden Typen des Diskurses knüpft sich ein Möbiusband.

Damit stellt sich die Frage, ob nicht umgekehrt die frühkapitalistische Konzeption eher den Calvinismus hervorgebracht hat. Dieser gut begründete Einwand ist verschiedentlich vorgebracht worden. Weber hat seine Hypothese selbst als nicht endgültig angesehen und hat stets betont, dass es kein Grundverhältnis in der Bestimmung des „Geistes des Kapitalismus“ gibt, sondern verschiedene Faktoren in wechselndem Spiel sind, und zwar gerade weil es weder einen reinen Kapitalisten noch einen reinen Protestanten gibt. Wirtschaftsproblematiken, die immer von Erwartungen getrieben sind, lassen sich nicht ontologisieren. Für die Prädestinationslehre etwa bietet sich auch eine Untersuchung der katholischen Häretik im Zuge des Jansenismus an, der sich von der calvinistischen Prägung nur dem Grade nach unterscheidet und deswegen als inneres Schisma von der katholischen Gegenreformation mundtot gemacht wird. Einen rein konfessionellen

Kapitalismus kann es schon auf der Grundlage seiner Universalität gar nicht geben. Allerdings schafft es dieser Kapitalismus auch nicht vollständig, die Schuld in Arbeit kursieren zu lassen. Andersherum kann die Frage Nietzsches an Aktualität gewinnen, welchen Geistes es bedurfte, um den christlichen Gott so zu instrumentalisieren. Es bedurfte, so Nietzsche, einer Umwertung der Sklavenmentalität in das Gesetz der Liebe, der Universalität menschlichen Vertrauens und menschlicher Wertbildung.[251]

Eine Folge der Proliferation der Ethik der Gnade reiner Gesinnung ist die folgenschwere Ausblendung der Arbeit jener, die nicht von der göttlichen Auslese profitieren und sich als schändlich ansehen müssen. Arbeit, genauer: entkörperlichte Dienstleistung, wird im Calvinismus wie im lutherschen Ruf, dem der Beruf folgt, geheiligt – bis in den Geist eines (preußischen) Pflichtbewusstseins hinein. Der Kapitalist erweist sich als Lohndrücker, denn er weiß um die unreine Denkungsart des Proleten – sonst wäre er kein Prolet. Der Calvinist weiß, dass „das Volk nur arbeitet, weil und solange es arm ist."[252] Damit theologisiert er die Sozialgeschichte, um deren Offenlegung es Weber zu tun ist. Und, was schlimmer wirkt: *Er genießt nicht den Moment der Rückkehr in die Gesellschaft,* er vereinsamt. Die Prädestinationslehre („Gnadenwahl"[253]) ist der narzisstische Pflock, um den sich die kapitalistische Ethik dreht. Obwohl sie das Transzendenzgeheimnis wahrt, muss sie als *reine* Lehre öffentlich inszeniert werden, nämlich als christliche Armut einer geschichts- und narrationslosen Welt, in der – bis hin zu Adolf Loos –, selbst das „Ornament ein Verbrechen ist."[254] Der Kapitalist aber opfert sich in seiner ihn erfüllenden Arbeit auf. Es ist „vor allem aber die unendlich viel intensivere Arbeitsleistung, welche nunmehr von dem Unternehmer gefordert wird und die mit bequemem Lebensgenuß unvereinbar ist."[255] „Außer der irrationalen Empfindung guter ‚Berufserfüllung'", zeigt sich der nar-

[251] So Nietzsches durchgehende Argumentation in *Zur Genealogie der Moral,* in: Friedrich Nietzsche: *Sämtliche Werke. Kritische Studienausgabe,* Bd. 5, Hg. Giorgio Colli, Mazzino Montinari, München 1980.

[252] Weber: *Die protestantische Ethik,* S. 49.

[253] Ebd., S. 82.

[254] Vgl. Michael Müller: *Die Verdrängung des Ornaments. Zum Verhältnis von Architektur und Lebenspraxis.* Frankfurt a. M. 1977, S. 84ff. Das Ornament wird nicht nur bei Loos, sondern auch etwa bei Muthesius als eine „Überfütterung" in Folge der Umwandlung von Handarbeit in industrielle Produktion angesehen. Im Jugendstil dagegen ist en letzter Versuch einer Versöhnung von Kunst, Handwerk und Design zu beobachten. Man sieht in der Ambivalenz der Argumentation, wie Genuss und Abwehr des Ornaments den Affekterfüllungscharakter von Illusionen fördern.

[255] Weber: *Die protestantische Ethik,* S. 57.

zisstische Mehrwert im „Genuss der Macht" und der „Entgegennahme von äußeren Zeichen der gesellschaftlichen Achtung, die er genießt."[256] Dieser soziale Wert, auf den vor allem der bourgeoise Kapitalist des 19. Jhs. spekuliert, bedeutet, die Visitenkarte der Redlichkeit und des Vertrauens jederzeit kreditierend ins Spiel bringen zu können. Der „Beruf als Aufgabe"[257] mit der religiösen Konnotation des „Rufs", der „Berufung", der Prädestination, ist dann später ein Ersatz für die fehlende Legitimation, die das Bürgertum dem aristokratischen Erbadel schuldet und in dessen Blick der Kaufmann immer noch den Odem des Schacherers, Wucherers und Schwindlers trägt.

Tatsächlich wird der calvinistisch Dogmatisierte seine Berufung nicht im Sinne einer „Stellung" verstehen, sondern als Ausweis seiner legitimen Handlungskompetenz. Der Kapitalist ist aus diesem Grunde daran interessiert, dass die Geschäfte stetig laufen, dass es nicht zur Kapitalstockung kommt – zu dem, was später „Besitzbürgertum" heißen wird. Weber zitiert aus der „Westminster confession" des Jahres 1647:

> Es gefällt Gott alle die welche er bestimmt hat zum Leben, und nur sie, zu der von ihm festgesetzten und passenden Zeit durch sein Wort und seinen Geist wirksam zu berufen [...] indem er hinwegnimmt ihr steinernes Herz und ihnen gibt ein fleischernes Herz, indem er ihren Willen erneuert und durch seine allmächtige Kraft für das, was gut ist, entscheidet ...[258]

Auffällig an dieser Passage ist die unbestimmte Bestimmung des Zeitmoments der Berufung: Wann gefällt es Gott? Denn der Erfolg im Beruf ist kein Lottogewinn und auch keine Offenbarung, er stellt sich ein (oder nicht). Er findet vor allem den, der retroaktiv darauf verweist, dass er Erfolg gehabt hat, weswegen ein Überschuss erst danach frei und sozial gestiftet werden darf. Im Fluss der Zeit (wie des Geldes) lässt sich Erfolg dann nicht messen, wenn man mit Geld *ziellos* und *selbstlos* immer mehr Geld verdient. Tatsächlich sind die Handlungen fremdgesteuert und das Freiheitsmotiv, das im Genuss kulminiert, wird verfemt als „Macht Satans".[259] Im frühen calvinistischen Kapitalismus ist das Abenteurertum – die Schatzsuche wie die Verschwendung des Schatzes – eine Handlung gegen den göttlichen Plan. Auf dem Karussell dieser standfesten Ökonomie ist Gott der Sozius, auf dem der Calvinist reitet. „Nicht Gott ist um der Menschen, sondern die

[256] Ebd., S. 59.
[257] Ebd., S. 65.
[258] Ebd., S. 84.
[259] Ebd.

Menschen sind um Gottes willen da."[260] Das macht, so Weber, den Calvinisten auch zu einem unbeschwert schuldlosen Menschen, der durch das „Gnadengeschenk"[261] der Prädestination umfassender erlöst ist als der Katholik durch das quasipsychoanalytische Beichtsakrament oder den Ablass. Der Calvinist hat in Gott einen zuverlässigen Sozius gewonnen. Er reist auf dem Karussell im schützenden Blick des allsehenden Auges.

Die unhinterfragbare, unfreie Vater-Sohn-Symbiose der Prädestination hat ihr ökonomisches Gegenbild im Seelenleben. Darauf läuft bei Weber der *Geist* des Kapitalismus hinaus: „In ihrer pathetischen Unmenschlichkeit mußte diese Lehre nun für die Stimmung einer Generation, die sich ihrer grandiosen Konsequenz ergab, vor allem eine Folge haben: ein Gefühl einer unerhörten inneren *Vereinsamung des einzelnen Individuums."*[262] Gott sieht, aber er spricht nicht, *der Dritte fehlt.* Der Moment der Offenbarung einer Erwählung kann nur am Effekt der Kapitalisierung respektive am beruflichen Erfolg abgelesen werden, ja, man muss es mit der Nachdrücklichkeit Batailles sagen: *errechnet* werden. „Die *Zeichen* der Erwählung"[263] fehlen. Die „Buchführung"[264] ersetzt gewissermaßen die Bibel. „Die Heiligkeit des Lebens konnte so fast den Charakter eines Geschäftsbetriebes annehmen."[265] Auch hier ist augenfällig, dass die sinnliche Komponente sich auf die abstrakte Zählbarkeit eines Scheinerfolges reduziert, die in der Karikatur des Bonzen mit dickem Bauch und Zigarre sehr viel später etwas heimlich Sinnenfreudiges erhält. Aber den wahren Gentleman der frühen Epoche des Calvinismus, muss man sich den nicht als verhärmt und vertrocknet vorstellen? Geld ja – aber zu welchem Ziel? Hier setzt die kapitalistische Ethik ein. Der Gegensatz der Kapitalistengestalten in den Filmen *Metropolis* und *Citizen Kane* verdeutlicht sehr genau die Entwicklung, die der Calvinismus vom 17. bis zum 20. Jh. durchmacht. Kapital, Medien und Politik verbünden sich. Nicht mehr die Askese, sondern die Verschwendung ist das Signum des Konsumkapitalismus. Eine Transzendierung der Schuld stellt sich kaum ein, da zwischen Arbeit und Kapitel die Verbindung unter-

[260] Ebd., S. 86.

[261] Ebd., S. 85.

[262] Ebd., S. 87. Dass im katholischen Jansenismus das gleiche Problem auftritt, zeigt, dass es sich um ein systemisches, nicht konfessionelles Problem handelt: „Diese tiefe innere Vereinsamung des einzelnen ist ganz ebenso auch bei den Jansenisten von Port Royal eingetreten, welche Prädestinatianer waren." S. 202, Anm. 107.

[263] Ebd., S. 97.

[264] Ebd., S. 106.

[265] Ebd., S. 107.

brochen ist. Die guten Werke des Calvinisten sind der öffentlichen Darstellung des eigenen Erfolgs gewidmet, nicht der Knüpfung sozialer Bande. Genau in dieser Nische setzt sich die Freizeitindustrie fest und innerhalb ihrer Gestaltung ein vager Moment von Genuss, der dem Bedürfnisangebot entfliehen darf. Gerade in *Metropolis* wird gezeigt, wie sich katholische Ästhetik (Marien- und Maschinenkult) als „gewerkschaftliche" Vereinigung einer revoltierenden Gruppe gegen den Kapitalisten durchsetzt. Und es ist wieder der Sohn, der gegen den Vater agitiert.

„Die absolut negative Stellung des Puritanismus zu allen sinnlich-gefühlsmäßigen Elementen in der Kultur und Religiosität [...] und damit zur grundsätzlichen Abwendung von aller Sinnenkultur überhaupt"[266] führt zu einer Stockung der inneren, seelischen Ökonomie. Es fehlt die Dimension des Genießens wider den merkantilen *Geist*. Die Gegenreformation bleibt siegreich: In den „kostenlosen" Mediengaben wird der Sinnenkult fetischisiert, aber nur in der Weise, wie er vorher als Wunsch produziert worden ist. Die Subversion dieser leeren Erfüllung, die im Ich als Dritteninstanz sich reflektieren und stabilisieren können soll, bleibt der fromme Wunsch einer infantilen Gesellschaft, die den Herrn im eigenen Haus nur spielen darf.

Ödipal unvollendet fehlt die Dimension der Ablösung von der Übertragung auf den Vater, Gott. Das Über-Ich, der Zensor der Sinnlichkeit, hat sich an die Stelle des Ichs gesetzt. Das *Subjekt* soll im *System* aufgehen. Weber rügt in diesem Zusammenhang den lutherisch verkündeten „Fortfall kirchlich-*sakramentalen* Heils"[267], der im entscheidenden Gegensatz zu einem fest- und sakramentfreudigen Katholizismus steht. Dieses „Mittel zum periodischen ‚Abreagieren' des affektbetonten Schuldbewußtseins wurde beseitigt."[268] So betrachtet – in der idealen Kontrastierung von katholischer Beichte und calvinistischer Stiftung – führt die Absperrung des asozialen Elements des Genießens gerade zu einer Erstarrung der Gesellschaft; in eine melancholische, ewig gleiche Ökonomisierung im engsten Sinne und letztlich entweder zur Ausbeutung wie im 19. Jh. oder zur Konsumgesellschaft, in der jedes Individuum dazu verdammt ist, sich in seinen immer wiederkehrenden Konsumaktionen zu wiederholen und der immer gleichen Wunschproduktion anzubiedern. Der Bourgeois fürchtet nichts so sehr wie die Revolution der Verhältnisse, und er ahnt in seiner modernen Gottlosigkeit, dass Konfessionen nur die historische Ausprägung eines je ökonomi-

[266] Ebd., S. 88.
[267] Ebd.
[268] Ebd., S. 98.

sierten Umgangs mit der endlichen Opfersubstanz des Körpers sind. „Die Ablehnung der sakramentalen Magie als Heilsweg"[269] leitet fast bruchlos den Übergang zur psychoanalytischen Therapeutik ein, die an Stelle des Priesters den Glauben der Autorität verkauft und sich als neuer Vermittler anbietet. Das „mittelalterliche" Elend dagegen befreit sich im 19. Jh. vor allem durch den Sport und in den Ressorts der Freizeitvergnügungen, die der Arbeiterschaft vom Adel und vom Bürgertum geliefert werden. Der Film wird zur „Couch des Armen".[270] Während Joseph II. den Prater eröffnet und dabei auch ein Karussell zu Belustigung freigibt, werden in jeder größeren deutschen Gemeinde die fahrenden Schauspieler und Schausteller von den Bretterbuden in die steinernen Stadttheater verbannt. Was individueller Genuss war, wird schnell zur Bildungsinstitution. Das ist für Theater und Schule gleichermaßen wie für den Sportplatz zu konstatieren, aus dem Turnvater Jahn ein paramilitärisches Übungsgelände macht. Leicht lässt sich diese Tendenz an den Ab-, aber auch den Entgrenzungen ablesen, die unter den Vokabeln „Disziplin" und „Aufmerksamkeit" wieder duellhaft fungieren.

Nicht nur in religiöser, auch in historischer Rücksicht warnt Weber davor, seine Hypothesen ohne weitere empirische Belege zu beglaubigen. Er fordert, die jeweiligen Produktions- und Sozialbedingungen in die Bestimmung des „Geistes" des Kapitalismus miteinzubeziehen. Wir haben das in der Mikroanalyse des Genießens versucht.

Welche Rolle eine allmählich aufgeweichte Prädestination in den Wandlungen des Puritanismus spielt, führt Weber bündig an: *„Methodisch* wurde der emotionelle Akt der Bekehrung herbeigeführt. Und, nachdem er erzielt war, fand nicht ein frommes Genießen der Gemeinschaft mit Gott nach Art des gefühlsmäßigen Pietismus Zinzendorfs statt, sondern alsbald wurde das erweckte Gefühl in die Bahn rationalen Vollkommenheitsstrebens geleitet."[271] Sobald die Zahlenkolonnen zu Zeichen und diese zu Symbolen des Erfolgs werden, wird die Erwählung „methodisch" veräußerlicht werden und in öffentlichen Handlungen und diskreten Gesten Gestalt gewinnen, als konkurrenzierendes Duell des Prestiges der Konsumgesellschaft. Das spätere Protzentum, das man dem Kapitalisten unterstellt, ist nicht mehr calvinistischer Geist. Dagegen wartet die Melancholie bis ins 19. Jh. geduldig und gottergeben wie in dem Stich von Dürer auf ihre Befreiung von der

[269] Ebd., Fußnote 110, S. 202.

[270] Félix Guattari: *Mikro-Politik des Wunsches.* Berlin 1977, S. 82-99.

[271] Weber: *Die protestantische Ethik,* S. 124.

rätselhaft-rationalen Zahlenmagie. Die Verwirrung einer *irrationalen Rationalität* erzeugt immer auch ein „schweigendes Harren". „Zweck dieses schweigenden Harrens ist die Überwindung des Triebhaften und Irrationalen, der Leidenschaften und Subjektivitäten des ‚natürlichen' Menschen."[272] Auch deshalb wird das Ornament als künstliche Natur in der Moderne abgelehnt. Die performative Verwandlung der Arbeit der Erzählung geht nicht verloren, sie wandert als Repräsentation in die Mediengeschichten.

In dem Maße, wie sich der zahlenfixierte, unsinnliche Kapitalismus ausbreitet, wird zumindest im Bürgertum die Abspaltung der Lust an der Frau vollzogen. Während die Männer den Geschäften nachgehen, verharrt die Frau im Haus und bemüht sich, ihren Symptomhaushalt durch allerlei szenische Dekoration des Heims – biedermeierlich (und auch selbst) korsettverschnürt – in Bewegung zu halten. Es ist nicht nur Freud, sondern zeitgleich auch Weber, der in dieser zwischen Manie und Depression zerrissenen Situation „hysterische Zustände"[273] prophezeit und „Entschuldung" proklamiert. Weber sieht in den Auswirkungen des ökonomischen Rationalismus weder ein genuin religiöses noch ein geschlechtsspezifisches Sozialproblem, sondern ein strukturelles.

Im Ganzen gilt, dass das Begehren seiner Erfüllung widerstreben muss, um lebendig zu bleiben. Lust will, so Nietzsche, Ewigkeit, endet aber, so Kierkegaard, in Verzweiflung. Weber konstatiert einen moralischen Gegensatz von „Ausruhen auf dem Besitz" und „Handeln", Handel.[274] Dabei wurde doch das einzige Moment des stummen, passiven Genießens in Baudrillards *Konsumgesellschaft* in der *Verweigerung des Tauschs* gesehen. Das Dilemma lässt sich im Zuge einer Drittenvermittlung nur durch eine ausgewogene Rhythmisierung der Verhältnisse von Ruhe und Bewegung beziehungsweise von Bewegung in Ruhe evaluieren. Die Hoffnungsmetapher des Kapitalismus ist folglich die eines *steuerbaren* Kreislaufs, einer *Ökologie.*

Die Kritik Webers ist eine der Unterscheidung. Es gilt, rückwärts den Geist des Kapitalismus – und alles Schmerzliche, was mit ihm verdammt wird – in ein sozialökonomisches Licht zu stellen, in dem die notwendige Verbundenheit der speziellen Ökonomie mit der allgemeinen Ökonomie erkannt und auf einen basalen Narzissmus zurückgeführt wird. Die Abwehr gegen „das *unbefangene Genießen* des Daseins und dessen, was es an Freuden

[272] Ebd., S. 129.
[273] Ebd.
[274] Ebd., S. 137.

zu bieten hat"[275] ist auch eine Abwehr gegen die rechnende Zeit in einer Affirmation des Daseins als Vergegenwärtigung. „Wenn die Puritaner die Verfügung des Königs, daß am Sonntag gewisse volkstümliche Vergnügungen außerhalb der Kirchenzeit gesetzlich erlaubt sein sollen"[276], bekämpfen, dann wird im Gegenzug vom König die für die Arbeit notwendige sportliche Konditionierung des Körpers angemahnt. Das „unbefangene Genießen" verfängt sich in den sozialen Machtpositionen und wandert schließlich ins *subjektlose System*. Die Macht der Konsumgesellschaft konsolidiert sich unentwegt in den „Genussmitteln" und verlagert die Klassenschranken in die individuelle Triebkontrolle und das sich selbst kontrollierende Prestige. „Der *triebhafte* Lebensgenuß, der von der Berufsarbeit wie von der Frömmigkeit gleichermaßen abzieht, war eben als solcher der Feind rationaler Askese, mochte er sich als ‚seigneurialer' Sport oder als Tanzboden und Kneipenbesuch des gemeinen Mannes darstellen."[277]

Was Weber als „triebhaft" bezeichnet, kann als direkter Angriff auf die im „Seelenleben" befangene Metapsychologie Freuds verstanden werden – und als aufschlussreiche Vorarbeit zu dem, was eine Psychoanalyse der Dinge respektive der Schuldakkumulation einfordert. Die Ökonomien greifen ineinander und die Symptome der Psychopathologien lassen sich nicht mehr als „triebhaft"-geschichtslose Erscheinungen[278] deuten und dem Subjekt unterstellen – da es struktural gesehen kein Subjekt, sondern nur eine möbiusartige allgemeine Ökonomie gibt. Die geschlechtsdifferente Genese lässt sich kaum besser beobachten als in der Klientel des Wiener Bürgertums, in das auch Freud aufsteigt. Dass der Genuss „nichts kosten"[279] darf, um geheiligt zu sein, ist in der Konsumgesellschaft immer noch weit verbreitet. Die Werbung, nach der Bedürfnisse künstlich erschaffen werden, und das Produktdesign in seinen Funktionsinszenierungen gaukeln wie die „sozialen Medien" vor, dass die Ökonomie in eine gute, ästhetische und in eine böse, ethische zerfällt. Der Tanz um das Goldene Kalb endet nicht im sozialen Dialog. Moses braucht einen zweiten Satz Gesetzestafeln, sehr differenzierte Gebrauchsvorschriften und einen dichten Warenkatalog heiliger Gegenstände, um die Inszenierungskünste seines weltgewandten Bruders

275 Ebd., S. 146.

276 Ebd.

277 Ebd., S. 146f.

278 Zur kulturellen und sozialen Pathoplastizität von Psychosomatik vgl. Edward Shorter: *Moderne Leiden. Zur Geschichte der psychosomatischen Krankheiten*. Reinbek 1994.

279 Weber: *Die protestantische Ethik*, S. 149.

Aaron zu überbieten. Denn das vom Himmel fallende Gesetz hat keinerlei Legitimation – auch wenn es in Stein gemeißelt ist –, sofern es sich nicht praktisch in sichtbaren Zeichen und Handlungen äußert. Die Umlenkung der Verausgabung vom Tanz auf die Produktion beginnt drittenvermittelt in einem Schacher (Exodus 32, 9-14), den Moses mit Gott treibt. Den Abtrünnigen, die sich im Tanz ihrer Freiheit erfreuten, wird durch die Leviten der Garaus gemacht. Die Bibel spricht von 3000 Toten, die unter den Schwertern sterben. Gott fordert seine Opfer.

Der Tod ist nicht immer das Ende des theologisch-ökonomischen Interessensausgleichs. Es gilt, ganz konkret zu sehen, wie die sadistisch verausgabende und die masochistisch asketische Haltung in der Dualität von Ich und anderem verwoben sind und auf welchem Terrain der jeweils kritische Übergang stattfindet. Denn letztlich ist die Selbstbewusstwerdung, die dem Genießen entspricht, auch ein narzisstisches Manöver. Weber gibt nebenbei nur einen Wink. Er fordert die Stellung eines „Beobachters" als Dritten – eine Stellung, die er selbst einnimmt und die, in Schrift verwandelt, die Ambivalenz von Handlung und Beobachtung offeriert. Das allsehende Auge ist sozialphilosophische Kritik geworden. Auch dies ist eine Seitwärtsbewegung, die aus dem Zirkel des Karussells herausführen soll. Zu welcher Seite, das hat Weber in einer gut gemachten Choreografie mit leichter Hand in seiner Arbeit vorgeben.

8. TRANSZENDIERUNG DURCH INSZENIERUNG: DER ÄSTHETISCHE RAUM DER ALLGEMEINEN ÖKONOMIE

Nach den Ausführungen von Weber können die sublimierenden „Triebpositionen“ für die „kapitalistische“ Tauschwirtschaft historisch, ökonomisch und sozial umgedeutet werden. Der performative Vollzug der Transzendierung von Schuld und Gabe in Genießen ist vorgeblich im unsichtbaren Übergang des Tauschmoments zwischen der äußeren und der psychischen Ökonomie verborgen. Die Grundlage seiner Labilität liegt im asymmetrisch narzisstischen Spiegelverhältnis. Strukturell werden die Ausweichmanöver des Blicks *ästhetisch* gesteuert und im *ethischen* Wert drittenrelevant festgelegt – soweit das *dynamische* Schema.

Was im Fest sich verausgabt, im Karussell kreist und im Tausch zirkuliert, muss allererst erarbeitet werden, d.h., es verlangt ein individuelles Körperopfer zur Gabe an die Gemeinschaft. Es gilt, dieser Verschuldung individuell, narzisstisch, ödipal zu entkommen. Das Spiel der Entfernung von den Eltern und der Rückkehr der Kinder nach vollbrachtem Rundlauf ist sehr leicht am Karussellgeschehen zu beobachten. Der Krisispunkt, zugleich aber auch der konstruktive Aspekt, ergibt sich durch den Schwindel, der ein Genießen bewirkt, in dem Arbeit in Lust verwandelt wird. Die Verausgabung, die Aufhebung des Schuldkörpers, muss demzufolge gesellschaftlich gewährt werden, zugleich aber gewissen Spielregeln gehorchen.

Die archaischen Spiele des *Rundlaufs* sind berauschendes Ritual; der Tanz, die Dionysien. Alle diese Formen verschmelzen auch die Individuen zu einer Gemeinschaft über das ihnen Transzendente. Die Gemeinschaft festigt und organisiert sich in ihren Rundbauten: das Theater, das Stadion, das Forum – soweit das *topologische* Schema.

Argumentieren wir weiter mit dem *ökonomischen* Schema. Die Hinweise Freuds im Aufsatz DAS ÖKONOMISCHE PROBLEM DES MASOCHISMUS (1924) zur Bestimmung der „Lust der Askese“, einer Form des Masochismus, sind in der Frage der Bestimmung des Energiehaushaltes fruchtbar, da Freud den Mechanismus der Selbstdurchstreichung wie den des Genießens (im Witz etwa) als Lockerung vom sozialen Band und den Schuldverstrickungen ansieht. Abstrakt gesehen, geht es um *Gedächtnisbildung und -abwehr.* Freud organisiert die Ökonomie nicht wie Marx zwischen denjenigen, die arbeiten, und denjenigen, die genießen, sondern lagert die Zirkulation der Schuld in das Subjekt als passive Aktivität und aktive Passivität ein, sodass Arbeit Genuss und Genuss Arbeit sein kann und allein „Stauungen" dieser Zirkulation zu pathologischen Konflikten führen, z.B. die von Weber diagnostizierte Einsamkeit des Calvinisten.

Freud schreibt, noch innerhalb seiner Auslegung von Trieb (Dauer) und Reiz (Aktualität) verbleibend:

> Es scheint, daß wir Zunahme und Abnahme der Reizgrößen direkt in der Reihe der Spannungsgefühle empfinden, und es ist nicht zu bezweifeln, daß es lustvolle Spannungen und unlustige Entspannungen gibt. [...] Wir wären viel weiter in der Psychologie, wenn wir anzugeben wüßten, welches dieser qualitative Charakter ist. Vielleicht ist es der Rhythmus, der zeitliche Ablauf in den Veränderungen, Steigerungen und Senkungen der Reizquantität; wir wissen es nicht.[280]

Das Phänomen, das Freud anspricht, ist analog zur Karussellbewegung zu denken. Nicht die Geschwindigkeit ist ausschlaggebend (sofern die Bewegung linear ist), sondern die Beschleunigung, d.h. der *Wechsel* der Tempi respektive der von Kalenderkultur und Astronomie gesteuerte Wechsel der Arbeits- und Ruhephasen. Die „Unruhe", die „Störungen", also der steuerbare „Verlust als Gewinn", ist ein Anzeichen für das, was Freud den „primären Masochismus" nennt, der durch eine innere Uhr geregelt ist. Spätestens seit Einführung nächtlicher Beleuchtung weiß man, wie dieser Rhythmus zu manipulieren ist – Natur schlägt in Kultur um. Die Akte der Verausgabung erweisen sich als Orientierungsmarken im Umgang mit einer als gleitend gedachten ökonomischen Unruhe, dem Rhythmus der jeweiligen historischen Zeitauffassung angepasst. Die äußerste Form legitimer Verausgabung ist der Schlaf; sein Übergangsmoment (das der Wunscherfüllung) ist nach Freud der Traum.

Für die Äquilibristik des Störungspotentials setzt Freud notorisch ein „Realitätsprinzip" dem „Lustprinzip" gegenüber und erklärt die psychischen Störungen aus der Disharmonie beider Prinzipien.[281] „Wenn Schmerz und

[280] Sigmund Freud: *Das ökonomische Problem des Masochismus.* In: Ders.: *Das Ich und das Es,* S. 209-218, hier S. 210. Vgl. die ausführliche Interpretation des Problems der Zeitlichkeit, von „Periodizität" bzw. Pulsation in Bezug auf diese Stelle Freuds: Laplanche: *Die unvollendete kopernikanische Revolution,* S. 71ff.

[281] Vor allem, parallel zum Masochismusaufsatz, in Sigmund Freud: *Der Realitätsverlust bei*

Unlust nicht mehr Warnungen, sondern Ziele sein können, ist das Lustprinzip lahmgelegt, der Wächter unseres Seelenlebens gleichsam narkotisiert."[282] Goffman hat den Umschwung für die karussellfahrenden Kinder belegt. Während ganz kleine Kinder ängstlich und unlustig auf die große forttreibende Maschine reagieren, agitieren die größeren Kinder lustvoll ihr Rollenspiel und ihre passagere Selbstauflösung im Schwindelgefühl, und sie fordert lauthals eine stärkere Beschleunigung und eine höhere Geschwindigkeit. Die sadistische Maschine erzeugt einen masochistischen Effekt, der wiederum in narzisstische Jubilatorik umschlägt.

Freuds Vermutung, die Rhythmisierung von Lust und Unlust, und nicht die Quantität der Energien hätte mit der inneren Dynamik zu tun, lässt sich präzisieren, da weder die Verausgabung noch die Produktion (Arbeit) außerhalb ihrer wechselseitigen Bedingtheit überdauern können. Todesprinzip, Lustprinzip und Realitätsprinzip arbeiten ineinander und im zeitlichen Wechsel – wie Schlaf, Freizeit und Arbeit – mit der Unruhe behaftet, dass der Tod die Ressource Zeit begrenzt, während die beiden anderen Prinzipien unendliche ökonomische Zirkulationen repräsentieren.

> Keine dieser drei Prinzipien wird eigentlich vom anderen außer Kraft gesetzt, sie wissen sich in der Regel miteinander zu vertragen, wenngleich es gelegentlich zu Konflikten führen muß, daß von einer Seite die quantitative Herabminderung der Reizbelastung, von der anderen ein qualitativer Charakter derselben, und endlich ein zeitlicher Aufschub der Reizabfuhr und ein zeitweiliges Gewährenlassen der Unlustspannungen zum Ziel gesetzt ist.[283]

Die Naturalisierung dieser Positionen ergibt sich aus der *„Fechnerschen Tendenz zur Stabilität"*.[284] In der Praxis, so hat Marx gefordert, reguliert sich das Schema im Achtstundentag von Arbeit, Freizeit, Schlaf. Im Masochismus selbst korreliert ein Verhältnis von „Schuldgefühl" und „Strafbedürfnis"[285] derart, dass die Selbstbestrafung den Effekt hat, die Schuld gegenüber dem anderen zu mindern – über den Umweg des großen Anderen, zugunsten des Ichs. Das Zahlungsmittel ist der eigene Körper als Andersheit. Das heißt, dass sich gerade in der Askese der Körper als egologischer Eigenwert

Neurose und Psychose (1924). In: Ders.: *Schriften zur Krankheitslehre der Psychoanalyse.* Frankfurt a. M. 1991, S. 271-280.

282 Freud: *Das ökonomische Problem des Masochismus,* S. 209.

283 Ebd., S. 210.

284 Ebd., S. 209. Freud bezieht sich auf das Fechnersche (später Weber-Fechnersche) Gesetz, nachdem eine lineare Zunahme der Reize, die vom Subjekt empfunden werden, einem logarithmischen Zuwachs der objektiv messbaren Reizquantität entspricht.

285 Ebd., S. 215.

erweist, in dem Schuld transzendiert wird, wo sie sonst durch Verausgabung (öffentlich) vernichtet respektive zu höheren Zielen – Sakralisierung des Opfers – verwandelt wird. Im asketischen Schmerz fühlt man sich Gottes Sohn näher, in der Verausgabung wähnt man sich selbst an Gottes Stelle.

Wenn wir nicht die Metapher der Frequenz- und Amplitudenmodulation einer Trägerwelle (AM – FM) für das vitale Geschehen strapazieren wollen, so finden wir in der *Genesis* eine passende Erzählung. Im Brüderpaar Moses–Aaron finden wir die mythisierte Umsetzung des Übergangs von asketischem Gesetz und verführerischer Verausgabung: „Der Sadismus des Über-Ichs und der Masochismus des Ichs ergänzen einander und vereinigen sich zur Hervorrufung derselben Folgen.“[286] Die hebräische Gemeinschaft konstituiert sich unter der asketischen Strenge des göttlichen Gesetzes als eine, die nach dem ägyptischen Exil die kriegerische Rückeroberung ihrer Heimat plant.

In Freuds letzter großer Arbeit zur Metapsychologie fällt auf, dass die Triebtheorie fast gänzlich umgewandelt ist in eine Praxis situativer Steuerung, wie sie Sartre in der KRITIK DER DIALEKTISCHEN VERNUNFT auf gesellschaftlicher und in seinen „Flaubert-Studien“ auf intimer Ebene durchführt. Im Folgenden untersucht Freud jedoch nur die ethische Seite der ökonomischen Brücke, nicht jedoch die ästhetische. Es kann sich in der asketischen Selbstbestrafung immer nur dann um einen Genuss handeln, wenn sie sich gegen sich selbst als einen anderen richtet, also gegen das innere Gesetz (oder die Trägheit des Körpers), und in diesem masochistischen Fall gegen das Gesetz der Rhythmik. Der ästhetische Drang zeigt aber, dass die psychische Disposition *für den anderen darstellbar* sein muss. Das Opfer muss als solches öffentlich sein, da man zwischen Masochismus und Sadismus sonst nicht mehr unterscheiden könnte. So sehen wir heute in einem Fest oder dem Potlatsch stets eine unzulässige Verschwendung und nicht den zeitkreditierenden oder transzendierenden Mehrwert eines Opfers. Der Masochismus drückt sich deswegen in der „nichtöffentlichen“ Askese als Selbstbestrafung aus, dessen ästhetische Darstellung allenfalls der Säulenheilige ist; ihm hat Buñuel einen wundervollen Film gewidmet.[287] Weithin sichtbar auf

[286] Ebd., S. 218.

[287] Luis Buñuel: *Simon in der Wüste* (1965). Buñuel, ein guter Kenner der Werke de Sades, hat meisterhaft mit den ambivalenten Gaben und Forderungen der Religion gespielt und seine Form des Surrealismus als Gegenkino zu Hollywood (lange Zeit in Mexiko) realisiert. Buñuel, ein radikaler Leugner der Prädestination, hat seine Haltung mit dem paradoxen Bonmot quittiert: „Ich bin ein Atheist von Gottes Gnaden.“ Luis Buñuel: *Mein letzter Seufzer. Erinnerungen.* Königstein 1983, S. 165.

einer Säule sitzend genießt der Asket seinen vor Gott bevorzugten Platz als dessen sich opfernder Sohn. Anders genießt der Kapitalist des 19. Jhs. das verschwenderische Fest um des Prestiges Willen.

Im Folgenden gilt es mit Bataille zu verstehen, wo in der Verausgabung wie in der Askese tatsächlich der Genuss sich vom inzestuösen Glück, dem Vergnügen, der bloßen Langeweile unterscheidet – möglicherweise im Paradox einer öffentlichen Innerlichkeit, in der Ästhetisierung, die von einem rätselhaften *Schein der Entsubstantialisierung* begleitet wird; sich als „Magie", „Wunder", „Zauberei" auszudrücken vermag und der die digitale Mobilmachung der Medialitäten diensteifrig zuvorkommt. Den scheinbaren Gabencharakter dieser Zuvorkommenheit gilt es als Schuldverpflichtung zu erkennen und entsprechend zu invertieren, den Störenfried zu spielen. Konsumverweigerung scheint da nur die eine Seite der Askese zu sein – Verschwendung, bis hin zum Krieg, die andere.

Freud konzipiert eine Zirkulation, die einem Möbiusband gleicht: Die äußeren Gewaltverhältnisse werden im Inneren des Subjekts gespiegelt und verbinden sich schleifenförmig wieder mit der äußeren Ökonomie. Damit wird aus der Transzendierung als „Sprung des Glaubens", wie ihn die Prädestinationslehre vorgibt, ein Rhythmus, ein Code, der sich selbst kontingentiert. Dieser Code (die Innerlichkeit) wird lesbar gemacht durch Veräußerlichung. Schuld*substanz* ist nicht aus der Welt geschafft, aber sie kursiert mehr oder weniger körperlos in einer *allgemeinen ästhetisierten Ökonomie.* Auf den Trieb hin formuliert: „Wenn man sich über einige Ungenauigkeit hinaussetzen will, kann man sagen, der im Organismus wirkende Todestrieb – der Ursadismus – sei mit dem Masochismus identisch."[288] Diese „ungenaue", vergleichende Identifikation der ökonomischen Sphären, die immer von außen (vom anderen) den Menschen herangetragen werden muß, beschreibt nun Bataille nicht von der offiziellen Propaganda des Mangels, sondern von der Seite der Verausgabung. Seine Kritik gegenüber der späten kulturtheoretischen Auffassung Freuds bleibt im Hintergrund, dagegen erhebt sich eine politische Stimme, die, wie in Benjamins KUNSTWERKAUFSATZ, eine Politisierung der Ästhetik[289] anstrebt und den narzisstischen Unterbau des individu-

[288] Freud: *Das ökonomische Problem des Masochismus,* S. 213.

[289] Walter Benjamin: *Das Kunstwerk im Zeitalter seiner technischen Reproduzierbarkeit* (Zweite Fassung). In: Ders.: *Gesammelte Schriften,* Bd. I. Frankfurt a. M. 1980, S. 471-508, hier S. 508: *„So steht es um die Ästhetisierung der Politik, welche der Faschismus betreibt. Der Kommunismus antwortet ihm mit der Politisierung der Kunst."*

alistischen Scheins protegiert, der mit der ökonomischen Norm nur insofern in Deckung steht, als er „kostenlos“ den Wunsch produziert, um die Überproduktion zu kompensieren.[290] Eine trennende Differenz von außen und innen ist selbstredend beim Möbiusband nicht möglich. Das Möbiusband ist eine Figur mit nur einer Seite.

Batailles zentrale Idee ist es, innerhalb der allgemeinen Ökonomie festzustellen, dass die Realansicht stets versucht, aus der *einen* Figur der Lemniskate (ihrer „Ganzheit“, so Sartre) eine *Dualität* zu konzipieren, die es ermöglicht, die masochistische Verausgabung zu verfemen oder so zu disziplinieren, dass sie in der Freizeitgesellschaft für die äußere Ökonomie (den Konsumkapitalismus, die „Freizeitindustrie“) eine Funktion hat, die sich deutlich von der rationalen Askese der Buchhalter unterscheidet. Es kommt zu einer Figuration wechselseitiger Immunisierung, in der die Übergänge *bewusstlos* bzw. *unbewusst* erfolgen.[291] Man darf der Anschaulichkeit halber auch von „Zellteilung“ sprechen, so Batailles Vergleich mit der Verausgabung der Natur in der Samenproduktion.[292] Die Innenacht, die Lacan ins Spiel bringt, ist eine der Euler'schen Figuren und lässt sich auch als Flächenbeziehung deuten: spiralförmige Fläche, deren eine Teil verdeckt ist.[293] Das kommt der Darstellung einer inneren und äußeren ökonomischen Einheit noch näher, vernachlässigt aber, warum die Ökonomie niemals gänzlich zu sich selbst zurückkehrt. Zirkulation ist im Genießen subversiv, *spiralförmig* vom Tode her geöffnet. Der Tod ist kein Zeitpunkt mehr, sondern ein herausfordernder Begleiter meiner Vitalität.

[290] Georges Bataille, *Die Aufhebung der Ökonomie.* München 1985. Darin die Aufsätze *Kommunismus und Stalinismus,* 1953, S. 237-289 und *Die Ökonomie im Rahmen des Universums,* 1946, S. 289-298. Dazu auch Batailles Bemerkungen zum Marshallplan (S. 208ff) und zur „Kriegsdrohung“ als dem „einzige[n] Mittel, die Welt zu verändern“, S. 226ff.

[291] Lacan hat die Figur der Lemniskate aufgenommen und sie topologisch als *Innenacht* gedeutet, was einer selbstähnlichen Verdopplung (gemäß der Logik der Mandelbrotmenge) entspricht: „Selbstähnlich“ meint eben nicht: identische Verdopplung (im Sinne der industriellen Reproduktion), sondern eine Äquilibristik von Nähe und Distanz, eine Gegenüberstellung. Lacan bezieht sich dabei auf die Stellung des Unbewussten, „das in meiner [Lacans; R.B.] Darstellung als etwas erscheint, das gleichzeitig innen ist im Subjekt, das sich aber allein außen verwirklicht, das heißt im Ort des Andern, wo es allein seinen Status annimmt.“ Lacan: *Die vier Grundbegriffe,* S. 154.

[292] Bataille: *Die Aufhebung der Ökonomie,* S. 52ff.

[293] Lacan: *Die vier Grundbegriffe,* S. 163. Vgl. die Entwicklung des Möbiusbandes aus einer Geraden bei Lacan in: Ders.: *Die Angst,* S. 125. Später (S. 168) nimmt er die Figur des Torus zu Hilfe, um zu zeigen, „dass es Strukturen [gibt], die nicht das Attribut des Lochs beinhalten.“ Die Verengung der Innenacht bzw. des Cross-cup führt nicht zum Punkt, sondern bleibt offen. Die Angst reaktiviert sich aufgrund einer drohenden Verengung auf den Punkt und vermeidet ihn deswegen reaktiv und expansiv in einem „Zittern“.

Die Substitution des Subjekts in der Postmoderne ist gegenwärtig das diskursive Symptom einer Rhythmisierung des Denkens, das vollkommen von seiner Technisierung und Motorisierung, der Zirkulation abhängig ist. Das gibt der Technik eine kosmologische Dimension. Technik – nicht als reine Mathematik, sondern als angewandte Rechenkunst – ist eine ökonomisierte Form mit eigenen Arrondierungen, d.h. mit einer Marge der Versöhnung von Identität und Differenz. Deshalb kann eine metaphorisierende Übersetzung von Technik in den *Mythos* als Ästhetisierung zurückführen. Nach Blumenberg ist die Technik als Metapher der herrschenden Praxis nicht eine der Vor- oder Nachjustierung des Logos, der nackten Wahrheit der Mathematik, sondern realisiert, was im Logos nicht zur Sprache kommen kann, nämlich den Ort deeskalierend vermittelnder Drittenposition. In diesem Sinne ist von der Waffenförmigkeit der Technik auszugehen, obwohl ihr der Schein einer Segnung anhaftet. Alle Technik dient der Eliminierung respektive Befreiung vom Körper. Blumenberg notiert folgende Bewegung, in der Kosmologie und Karussell aufeinander verweisen.

> Das höchste Seiende, jetzt der Weltmittelpunkt, ist unbewegt, eben als Punkt, bewegt aber durch seine Attraktion alles andere Seiende. Indem dieses Seiende sich seines Seins zu versichern tendiert, also „zu sich selbst" zu kommen trachtet, drängt es zur Mitte, so daß ein unaufhaltsamer Kreislauf entsteht, weil die Mitte als Punkt dem körperlichen Element wesenhaft unerreichbar und ideales Ziel – wie der unbewegte Beweger dem Eros der ersten Sphäre – bleibt.[294]

Das Monadische in der Topologie von Erde und Mensch ist augenfällig gegen den Dualismus der Triebtheorie Freuds gerichtet. Freud stellt gegen die zentralistische Falle (das absolute Ich) folgende Überlegung an: Es soll gelten, dass das Vermittlungsschema funktional unendlich ist und sich nicht in „Normalität" oder „Gesundheit" zentriert. „Lust und Unlust können also nicht auf Zunahme oder Abnahme einer Quantität, die wir Reizspannung heißen, bezogen werden."[295] Wir haben mit Weismüller anmerken können, dass der Reiz eine zeitlich und qualitativ variable „Unruhe" (ein Hin und Her) des dauernden Triebes ist. Wir haben feststellen können, dass die Idee

[294] Blumenberg: *Paradigmen zu einer Metaphorologie,* S. 149. Die von Kepler entdeckte Ellipsenbahn der Planeten integriert jene Störungen, die im Kreisideal nur durch unendliche Epizykel zu errechnen war. Kepler realisiert den wissenschaftspraktischen ersten Fall, in dem die Sichtbarmachung der Ellipsenbahn sich nicht von den direkten Beobachtungen her ergibt, sondern allein durch Betrachtung der Datenreihen die Tycho Brahe nach seinem Tod Kepler hinterlassen hat.

[295] Freud: *Das ökonomische Problem des Masochismus,* S. 210.

der Intentionalität, auf das duale Trieb-Reiz Verhältnis angewandt, viele der Schwierigkeiten behebt, die einen positivistischen Dualismus (etwa den psycho-physischen) begleiten.

Die von Freud gesetzte „Rücksicht auf Darstellbarkeit", die als sinnliche Qualität jeden absoluten Idealismus bricht, steht im Fokus. An diesem Punkt setzen Batailles Überlegungen an, denn es gibt zwei „Todpunkte": der des Individuums und der des sozialen Körpers, der Gattung. Da ich den anderen nicht auf dem Feld des Sozialen treffen kann, muss ich ihn entweder in der asketischen Verweigerung oder in der Verausgabung seiner Produkte treffen. In diesem Fall ist die Verausgabung einerseits ein Körperopfer (der Rausch), andererseits eine Produktvernichtung, eine Entwertung von Opferarbeit; schließlich ist sie auch eine Extension des Zentralismus. Der Effekt dieser Überlegung Batailles ist ein Opfertausch, d.h. eine individuelle Rückaneignung in einem „Tod auf Probe" oder, wie Baudrillard mit Lacan sagt, einem „symbolischen Tod."[296]

> Wir können vielleicht hoffen, daß wir einem neuen drohenden Krieg entgehen. Aber zu diesem Zweck müssen wir die überschüssige Produktion kanalisieren, entweder in der vernünftigen Ausdehnung eines unguten industriellen Wachstums oder in unproduktiven Leistungen, in denen eine Energie vergeudet wird, die auf keinen Fall mehr akkumuliert werden kann.[297]

Sartre offeriert das Skifahren als adäquaten Genuss einer gleitenden Abfuhr und stellt es als Metapher dem „Klebrigen"[298] gegenüber. Freizeit gilt als unproduktive Zeitvernichtung. Man denkt sofort an *Citizen Kane,* dessen letztes Wort „Rosebud" jenen kleinen Schlitten bezeichnet, auf welchem Charles Foster Kane, der grandiose Kapitalist, Medienmogul und Beinahe-Politiker seine ganze Macht aufbaut. Dass alle Dinge im „American Way of Life" liquide sind, ist der erste und letzte Wintertraum seiner ewigen Kindheit, dem alle Macht nicht genügt, zurück in die romantisch verbrämte Gemütlichkeit einer winterlichen Schlittenfahrt hinüberzugleiten. Im Gegenteil: Die Dinge bleiben an ihm *kleben.* Deswegen gelingt es dem Reporter nach Kanes Ableben auch nur schwer, eine „Psychoanalyse" der Person „Kane"

[296] Lacan: *Das Begehren und seine Deutung,* S. 407. Lacan bezieht sich erneut auf das Zögern Hamlets und auf die Frage, was es heißt, den Vatergeist symbolisch zu töten, also den realen mit dem phantasmatische Kreislauf zu verbinden. „Womit wir es hier zu tun haben, ist dieser imaginäre Kurzschluss, mitten zwischen oberem Kreislauf und unterem Kreislauf, in dem das Begehren sich mit dem verbindet und sich nach dem richtet, was gegenüber ist, nämlich dem Phantasma." (S. 423).

[297] Bataille: *Die Aufhebung der Ökonomie,* S. 50.

[298] Sartre: *Das Sein und das Nichts,* S. 759f.

durchzuführen – anders als den „Flaubert-Studien" Sartres. Als der Reporter das Leben von Kane anhand von Augenzeugen durchstöbert, stößt er immer wieder auf Spuren seiner Verdinglichung, die abgestoßen, vergeudet und verworfen werden, um in seinem Schloss Xanadu in einem gigantischen Bunker verstaut zu werden. Dort werden die Dinge, diese Schuldfallen, nach Kanes Tod in riesigen Öfen der Vernichtung zugeführt – so auch der kleine Schlitten mit dem Namen *Rosebud.* Der Genuss ist keine Frage der Macht, sondern der Selbstbemächtigung respektive der Selbstopferung.

Es gilt nun mit Bataille nachzuzeichnen, dass erstens das Genießen als Transzendierungsform notwendig zur Ökonomie dazugehört und es sich zweitens entfaltet vor dem Hintergrund seiner Wertung durch Dritte (Beobachter, Besucher, Sozius, Komplizen), welche die Rückkehr ins „Realitätsprinzip" anmahnen, um den Ausflug in die Absence zu bestaunen. Das Prestige oder die Souveränität, die sich als Wert gegenüber dem anderen bildet, ist nichts weniger als der Spiegel einer unbefriedigten Autonomie, deren Genuss sich im Gesetz und dessen Überschreitung manifestiert – Gabe gegen Gabe. Deswegen sind die Werte stets instabil, einer unentwegten Herausforderung ausgesetzt. „Es handelt sich letztlich darum, aus dem Verbot und der Überschreitung, die einander widersprechen, ein komplementäres Paar zu machen. [...] Die menschliche Welt ist letztlich nur eine Zwitterform aus Überschreitung und Verbot, so daß das Wort menschlich zu jeder Zeit ein System widersprüchlicher Bewegungen bezeichnet."[299] In diesem Widerspruch liegt das Genießen begründet: Einerseits ist es die autonome Aneignung des Selbst (präreflexiv), andererseits muss es sich in dieser Selbstaneignung überschreiten (reflexiv). Die Überschreitung liegt darin, dass das Selbst seine eigene Negation hervorbringt, d.h. sich bewusst im Schwindel einer Körper- oder Sinnenaufhebung erfährt – entsprechend den zwei Phasen der Eroberung des Karussells. Angleichung an den Sozius – Souveränität über ein hölzernes Pferdchen – und Genuss des sich selbst aufhebenden kleinen Vertigos in der kreiselnden Maschinerie. *Man sieht in dieser Ökonomie, wie der Genuß sich als dem Sein (der absoluten Souveränität) komplementär erweist.* Wie man, um es direkt zu sagen, der Ontologie mit der Psychologie beikommt, werden wir an Lacans Begriff des Genießens im nächsten Kapitel zeigen können, dadurch dass das Sein des Bewusstseins mit dem Bewusstsein des Seins gekreuzt wird. Es geht Bataille wie Lacan (und Sartre) letztlich um die Erfahrung einer Situation, „die mit dem Genuß des Augenblicks, in dem

[299] Georges Bataille: *Die Souveränität.* In: Ders.: *Die psychologische Struktur des Faschismus. Die Souveränität.* München 1978, S. 53f.

das Subjekt sich selbst gegenwärtig wäre", identisch ist.[300] Die Grenze dieser möglichen Erfahrung realisiert sich im engeren Sinne auch gerade in der Kunst, im weitesten Sinne in den Ordnungen des Signifikanten.

Mit der sich sinnlich realisierenden *Verräumlichung* des „Bewusstlosen" ist so etwas wie eine „Metakinetik" der Bewegung der Geschichte in ihrer Aktualisierung zu verstehen, die Blumenberg – wie bereits einführend betont – in einer Abwehr von Metaphysik und Ontologie als „Metaphorologie"[301] bearbeitet und deren Metakinese Derrida mit dem Neologismus „différance"[302] bezeichnet. Die philosophischen Auseinandersetzungen vor mehr als einem halben Jahrhundert kulminieren in Foucaults Dezentrierung des Subjekts und des abendländischen Logozentrismus – mit dem Effekt, dass Wirklichkeit jeweils ausgehandelt werden muss, die Historizität dieses Handels und seine Methodik als Spezifikum einer Technik aber nicht mehr, wie es mit Lyotard heißt, in einer *großen Erzählung* autoritativ als Sinngenese einem Subjekt zuzuordnen sind. Neu ist der Umstand, dass technische Implikate, nämlich Daten, Ziffern, Codes, in die Tauschbeziehungen implementiert werden. Da diese Strukturen der sinnlichen Erkenntnis nicht zugänglich sind, müssen sie eigens inszeniert werden, damit sie nicht weiter als „Bildstörungen" tabuisiert und verfemt werden.

Bataille operiert dreißig Jahre nach Weber mit dem Prinzip der Verausgabung als inszenatorisch darstellbarer Transzendierung von Schuld. Er bewegt sich gänzlich im Feld der Realität. Schuldmasse soll öffentlich im Opfer der Verausgabung vernichtet respektive in einen Sakralraum überführt werden. Die Eingangsthese von Bataille ist befremdlich kurz: „Daß Produktion und Erwerb sekundär sind gegenüber der Verausgabung, tritt am klarsten bei den ökonomischen Einrichtungen der Primitiven zutage, weil der Tausch hier noch als kostspieliger Verlust der abgetretenen Gegenstände empfunden wird: er hat seine Grundlage in einem Verschwendungsprozeß, aus dem sich dann ein Erwerbsprozess entwickelt hat."[303] Grund-

[300] Bataille: *Die Souveränität,* S. 72.

[301] Blumenberg: *Paradigmen zu einer Metaphorologie,* vgl. den Kommentar von Haverkamp, ebd. S. 195ff.

[302] Jacques Derrida: *Randgänge der Philosophie.* Frankfurt a. M. 1976. Darin: *Die différance,* S. 6-37, hier S. 8. Nach Derrida steht die *différance* in Differenz zum de Saussure'schen Zeichen, wobei Derrida festhält: „[D]as Spiel der Differenz als Bedingung der Möglichkeit des Funktionierens eines jeden Zeichens [...], dieses Spiel ist selbst stumm." Struktural ist die *différance* der kursierende leere Platz der „Ökonomie des Todes". (S. 7)

[303] Bataille: *Die Aufhebung der Ökonomie,* S. 16.

lage des ökonomischen Handelns ist die Verausgabung, d.h., wie in der Darstellung von Marcel Mauss über die Ethnologie der Gabe[304] leicht festzustellen ist, die *Kreditierung einer sozialen Zeit.* Man muss hinzudenken, dass der Rohstoff der Güter stets ein Naturprodukt ist, das seinerseits eine Gabe darstellt, sodass die Vorgängigkeit einer Produktion tatsächlich sekundär ist. Es geht um eine Entsubstantialisierung der Schuld in den Raum der sozialen Verbindlichkeit, der „Reziprozität"[305] – *es geht um die expansive Verräumlichung der unerbittlich knappen Zeit,* um das Spiel der *Ästhetisierung.* Gruppen, die vor den Augen anderer ihren Reichtum verausgaben und vernichten, transsubstantiieren ihn als kreditierte Zeit, in der die andere Gruppe mit einer noch größeren Gabe aufzuwarten hat. Im Grunde handelt es sich um eine duellhafte Verzeitlichung des Tauschs, indem der Tausch nicht Besitzaneignung, sondern nur (unerkannte) Vergesellschaftung hervorbringt. Die Beobachtungen des Potlatschs durch Lévi-Strauss und Mauss sind vielfach auf diesen Mechanismus hin untersucht worden; es erübrigt sich, sie zu wiederholen.[306] Der Potlatsch bewirkt den Erwerb gesellschaftlicher Macht, indem er die zukünftige, in Erwartung der Gegengabe kreditierte Zeit der Zukunft (und möglicherweise die Vorweggabe der Natur!) in Disposition nimmt. Das entspricht einer göttlichen Machtfülle und einer Fixierung auf die endliche menschliche Zeitlichkeit, die Bataille (nicht ohne Rücksicht auf Freud) mit einem Bonmot quittiert. *„Der Geschlechtsakt ist in der Zeit, was der Tiger im Raum ist."*[307] Der Übergang von der Zeit in den zentrifugalen Raum ist an einen Mehrwert gekoppelt: „Was mit der Verschwendung angeeignet wird, ist das Prestige, das sie dem Verschwender (ob Individuum oder Gruppe) verleiht und das von diesem wie ein Gut erworben wird und seinen Rang bestimmt."[308] Macht über den Raum heißt eben auch Kolonialisierung der Illusionen des anderen: Introjektion einer verpflichtenden Gegen-

304 Ebd., S. 16ff. Zum Potlatsch vgl. S. 93ff.

305 Luhmann: *Die Gesellschaft der Gesellschaft,* S. 649.

306 Vgl. Sartre: *Saint Genet, Komödiant und Märtyrer.* Sartre hat sich – gestützt auf Mauss – in Bezug auf die asketische Verlusterfahrung und die Funktion des Diebstahls bei Genet mit der negativen Gabe auseinandergesetzt: „Hegel hat uns das Geheimnis der asketischen Moral geliefert: das Überschreiten bewahrt auf, was es negiert." (S. 328) Interessanterweise knüpft Sartre bei Genet die Askese an die Heiligkeit. Sie bewirkt also eine Transzendierung. Bei Flaubert ist die Lösung eine andere: Flauberts Askese mündet nicht in Selbstentschuldung, sondern in unerbittlicher Arbeit. Vgl. Sartre: *Der Idiot der Familie III,* S. 247: „Anders gesagt: *keine Gabe.* Die Sache ist geklärt. Durch *Bekehrung* wird man zum Künstler. Wenn man durch eine lange Folge von Niederlagen gezwungen ist eine *radikale Umkehrung* zu vollziehen."

307 Bataille: *Die Aufhebung der Ökonomie,* S. 38.

308 Ebd., S. 104, im Original kursiv.

gabe, Warenangebote als Versprechen einer zukünftigen Befriedigung, die erst durch sie geweckt wird. Neben der kollektiven Verausgabung, die einer Überproduktion geschuldet ist, ist das individuelle Leben selbst eine Verausgabung. Nur von der eingeschränkten Ökonomie aus gilt die Verausgabung als *anökonomisch.* Sie ist aber nicht *antiökonomisch.*

Das eigentliche Problem, dessen Lösung Bataille anstrebt, ist nicht die Inbesitznahme der zukünftigen Zeit, sondern ihre Verräumlichung in der ästhetisch inszenierten Geste, mit der die Gaben der Vernichtung rituell einer repräsentablen Form zugeführt werden: Die Opfersubstanz muss in striktem Sinne *vom Gebrauch getrennt sein und sich für alle sichtbar in Rauch auflösen. Das Opfer muss sich symbolisieren können.* Warum also nicht gleich, statt der Güter, Illusionen opfern, wie es im Übergang von einer Waren- in eine Mediengesellschaft der Fall ist? Offenbar steht das eine (das Opfern der Güter) für das andere (das Opfern der Illusionen) ein. Medial gesehen, gibt es zwischen der arachischen Gesellschaft und unserer eine *Neubewertung der Opfergabe.* Die Definition der Verausgabung ist dementsprechend auch historisch zirkulär: „So läuft die Verausgabung, obwohl sie eine soziale Funktion ist, unmittelbar auf einen agonalen Akt der Trennung hinaus, der offenkundig antisozial ist."[309] Das ist nicht viel anders als die Definition des Genießens, wie sie Baudrillard formuliert. Der Konsument ist nicht passiv, er verbleibt innerhalb des Kreislaufs der Warenökonomie, er ist „dauernd in Aktion, muss es sein. Sonst würde er Gefahr laufen, sich mit dem zufriedenzugeben, was er hat, und asozial [...] werden."[310] „Nach dieser Hypothese definiert sich der Konsum, so paradox dies klingen mag, als ein Vorgang, der *das Genießen ausschließt.* Seiner sozialen Logik entsprechend ist das Fundament des Konsumsystems die Ausklammerung des Genusses."[311]

Nun gibt es aber Genießen – und zwar genau in dem Maße, als man sich aus der „dauernden Aktion" auszuschließen vermag – physiologisch im Schwindel, in der Ohnmacht, im Schlaf, oder passiv im zufriedenen Medienkonsum. Genuss ist für Adorno nur dann echt, wenn er den Wunschvorgaben der Gesellschaft *zuwiderläuft,* etwa in der Sabotage der Kunst und der Travestie oder in der Kritik der Kunsterfahrung. Der Hinweis auf Kunstrepräsentation verbleibt in einer Dialektik, die – entgegen Adornos späteren Einlassungen – nicht ökonomisch denkt und die von der Universalität des Kapitalismus und dem narzisstischen Prinzip „Es gibt keine Gabe ohne

[309] Ebd., S. 25.

[310] Baudrillard: *Die Konsumgesellschaft,* S. 117.

[311] Ebd., S. 115.

Gegengabe“ ausgeht. Über die Koalition von Kunst und Kommerz braucht in Zeiten mangelnder Künstleraskese keine Diskussion zu erfolgen. Richtig ist – Freud hat das an der Struktur des Witzes exemplifiziert –, dass der „eigentliche“ Genuss dann eintritt, wenn Erwartungen poetisch oder (in Wunder, Zauberei oder Magie) in *unerwarteten* Effekten und Affekten durchbrochen werden und so dem anderen den egologischen Anteil der Schuldanklage entreißen.

Wenn dagegen der Effekt der Vergesellschaftung nach Mauss in der Konstitution von konventionalisierter Erwartung besteht, dann kann diese allein schon aus hermeneutischen Gründen sinnhervorbringend pervertiert werden. Das Genießen gilt es erst einmal auf der Stufe eines *Symptoms*, einer konstitutiven Störung anzuerkennen.

Der Agon ist eine Spielform der Verausgabung, dessen Konkretion historisch für Bataille im „Klassenkampf“ besteht, der „zur grandiosesten Form sozialer Verausgabung“ wird. Aber da sind wir schon in der Drittenstruktur des Kollektivs nach der Vereidigung und in der Evaluierung von illusorischem oder reellem Opfer. Historisch bedeutsamer als der Ritus, der Agon, der Kampf, wird eine andere Form der Verausgabung bewertet, die ihre Transzendierung in einem Raum wählt, der keine Grenze zu haben scheint – in einer, wie Freud sagt, „Illusion“ der Masse, in der der Einzelne „eine oft tiefgreifende Veränderung seiner seelischen Tätigkeit erfährt.“[312] Er wird im Kollektiv selbst zum anderen, um sich gegen andere wiederum auszuschließen und quasisakral zu immunisieren. Dies ist der Beginn der Religion. „Unabhängig von rituellen Formen kam es so zu einem Austausch äußerster Herausforderungen, vor allem seitens der Armen, zu einem *Potlatsch,* bei dem der tatsächliche Abschaum und die unverhüllte moralische Verworfenheit in schrecklicher Größe mit all dem rivalisiert haben, was die Welt als Reichtum, Reinheit oder Glanz enthält; und dieser Art spasmischer Krämpfe wurde ein außergewöhnlicher Ausweg geboten in der religiösen Verzweiflung, die deren hemmungsloser Ausbeutung war.“[313] Bataille konzentriert sich in seiner Analyse dann auf diverse Opferreligionen, schließlich auf die „Sklavenreligion“ des Christentums, d.h. auf die Verausgabung des Lebens Jesu als Opfer einer unendlichen göttlichen Gnade, die heute den Schuldverkehr und den des Genießens so reguliert, dass das Leben als Gabe und nicht als Schuld gedeutet wird. „Das Opfer gibt der heiligen Welt

[312] Freud: *Die Zukunft einer Illusion,* S. 27.

[313] Bataille: *Die Aufhebung der Ökonomie,* S. 27

zurück, was der dienstbare Gebrauch degradiert, profaniert hat."[314] Einen Abdruck dieser These gibt es noch in Baudrillards Eintreten für den poetisch-symbolischen Tausch. Bataille schreibt: „Poesie heißt nämlich nichts anderes als Schöpfung durch Verlust. Ihr Sinn ist also nicht weit entfernt von dem des *Opfers*."[315]

Das Spiel jedoch kann nur konstituiert sein vor dem Hintergrund seiner Endlichkeit: „In recht komplizierter Weise vollzieht sich der Verlust zumeist bei den verschiedenen Wettspielen. Zur Unterhaltung von Lokalitäten, Tieren, Maschinen oder Menschen werden beträchtliche Summen ausgegeben. Es wird möglichst viel Energie aufgewendet, so daß ein Gefühl der Verblüffung entsteht, und das geschieht in jedem Fall mit einer Intensität, die unendlich viel größer ist als bei produktiven Unternehmen."[316] Allerdings ist das Fest – gemeint ist die Unmäßigkeit der antiken Festspiele[317] – weniger kulissen- und illusionsorientiert als heutige Vergnügungsparks; vor allem im antiken Rom ist es auch immer noch Körperopfer.

Die monotheistische Religion bildet grundsätzlich eine andere Kampfformation als der Streit mit und für die Götter im antiken Olympia, den Dionysien oder den Saturnalien Roms. In der Transzendierung durch Inszenierung wird die unendliche Ressource der Ausbeutung des Planeten als Göttergeschenk noch einmal illusorisch, paradiesisch überhöht, indem man sie von den natürlichen Substanzen, die die alten Götter repräsentierten, befreit. Deswegen sind die sozialen Machtpositionen in der Lage, den Tanz um das Goldene Kalb – Gold als Inbegriff transzendierender Substanz – zu unterbinden, außer sie zeigen sich als Rückgabe der Transzendierung, als Geschenk Gottes. Man muss beweisen, dass es tatsächlich göttlicher Wille ist, der dort in der Bibel und hier in der Prädestinationslehre des Kapitalismus wirkt. Deswegen tritt man mit Gott in einen Dialog ein.

> So zieht der riesige Abfall, den die Tätigkeit erzeugt, die menschlichen Absichten – einschließlich derer, die die ökonomischen Operationen betreffen – in das qualitative Spiel der universellen Materie hinein: die Materie kann in der Tat nur definiert werden als die *nicht-logische Differenz*, die für die *Ökonomie* des Universums das ist, was das *Verbrechen* für das Gesetz ist.[318]

[314] Ebd., S. 86.

[315] Ebd., S. 15.

[316] Ebd., S. 13f.

[317] Ausführliche Angaben zur römischen Politik der Verausgabung durch Feste und Spiele finden sich in: Carl W. Webber: *Brot und Spiele. Massenunterhaltung als Politik im antiken Rom.* Hersching 1989.

[318] Bataille: Die Aufhebung der Ökonomie, S. 31.

Die Askese ist eine Reinigung, die misslingt, da sie sich vorher besorgt, wessen sie sich später entledigt.

In seinem letzten großen Text, DER VERFEMTE TEIL, veröffentlicht 1949, versucht Bataille seine Konzeptionen zu bündeln, schiebt eine „Analyse der Angst"[319] auf und betont, dass es ihm nicht darum gehen kann, die allgemeine Ökonomie mit einer Lösung des Problems der sozialen und psychischen Agonien zu verbinden. Methodisch ist konsequent, „daß für die Freiheit des Geistes die Suche nach einer Lösung selbst etwas Überschüssiges und Überflüssiges ist."[320]

Ich übergehe die energetischen und entwicklungsbiologischen Aspekte, die Bataille für die Verausgabung hervorbringt. Es handelt sich im Wesentlichen um den Gegensatz zwischen der Überfülle der Natur und des Lebens, das für die Entwicklung einer Gattung als Verschwendung – „die Entwicklung des Luxus, die Erzeugung immer kostspieliger Lebensformen"[321] – gedeutet wird, vergleichbar mit der Unzahl von Samenkörnen, von denen sich nur eines zu einem Baum entwickelt. Diese darwinistischen Positionen gehen alle nicht von der fundamentalen Beziehung zwischen dem Für-sich und dem An-sich aus. Zu vielfachen Missdeutungen gibt dieser Biologismus Anlass, weil er beispielsweise zu unterschlagen weiß, wie sich etwa die Pariser Luxusindustrie auf der einen Seite (an der Place du Carrousel!) mit einer Kirmes feiert, während sich einige Metrostationen weiter nördlich, im *Quartier de la Goutte d'Or*[322] am *Boulevard Barbès* ärmlich gekleidete Männer in einer Schlange um ein Nachtasyl bewerben. Zu meiner Verwunderung wirkten diese Männer allesamt fröhlicher als jene Personen, die sich ihre Nase an den Schaufenstern der *Place Vendôme* plattdrücken, in denen Schweizer Uhren zu einem beliebig hohen Preis angeboten werden, deren Zeitanzeige an Genauigkeit von kleinen Plastikuhren zu einem Preis von wenigen Euros überboten wird. Hier regiert nicht der Logos. Aber darauf kommt es nicht an: Die geistigen, illusionären Werte zählen umso mehr, als sie in der Produktion nur den Wert von Simulationen ausmachen – nicht eingerechnet die Handwerks*kunst,* die in diesen Werken voller „Unruhen"

[319] Ebd., S. 40.

[320] Ebd.

[321] Ebd., S. 59.

[322] Der Name des Viertels, der auf den „goldenen Tropfen" verweist, führt zurück ins 15. Jahrhundert, als das Aushängeschild eines Cabarets (!) mit einem weißen Wein warb, der an jenem Ort produziert wurde.

stecken. Der produktive Luxus muss von der Verausgabung in der gleichen Weise unterschieden werden wie das Glück, das von den Werbeplakaten lächelt: vom Genuss.

Bataille unterscheidet drei Arten des „Luxus in der Natur“, die jeweils den narzisstischen Spielarten des Vampirismus gegenüber dem anderen entsprechen, wie sie Heinz mit Sartre herausgearbeitet hat: „[d]as gegenseitige Sichauffressen, der Tod und die geschlechtliche Fortpflanzung.“[323] Alle drei Spielarten spekulieren mit der Seinsfülle, müssen aber das Opfer der Zeit, d.h. die gedachte Entfernung zum Tod in Kauf nehmen. Die Abwehrformationen der Angst sind Manifestationen der drohenden Körperaufzehrung zur Kontraktion der Mitte (dem Tod). Die Angst signalisiert die bewusstlose Einsicht, dass die Verausgabung letztlich keinen Ausweg aus der *allgemeinen* Ökonomie erlaubt. Der Kontraktion erwehren sich die Fliehkräfte der Angst: „Angst kommt auf, wenn der Geängstigte nicht selbst vom Gefühl eines Überschwangs ergriffen ist.“[324]

In dieser Situation erlaubt sich Bataille, von einer existentiellen Analyse der Zeit auf eine *historische* Analyse der „allgemeinen Ökonomie“[325] zurückzukehren. Der Weg vom Geburtstrauma über die rituelle Gewalt der Selbstbeschränkung bis zu dem auf den anderen übergreifenden Sadismus der Kriege soll nachgezeichnet werden.

„Das Opfer gibt der heiligen Welt zurück, was der dienstbare Gebrauch degradiert, profaniert hat. Der dienstbare Gebrauch hat ein Ding (ein Objekt) aus dem gemacht, was zutiefst von der gleichen Art ist wie das Subjekt, was sich mit dem Subjekt in einer Beziehung intimer Partizipation befindet“.[326] Hier steht Bataille der narzissmustheoretischen Darstellung seines Freundes Sartre nahe, indem er das Opfer nicht profaniert, sondern in gewisser Weise durch Heiligung „existentialisiert“. Es gibt keine weitere genealogische Ableitung der Schuld-Opfer-Problematik als die narzisstische Abhängigkeit vom anderen, und keine weitere Lösung als die Replik auf Dritte. Der historisch bedeutsame Ausweg von Religion, in die hinein das Subjekt flieht, hängt mit der oben bestimmten Selbstaneignung der Legitimation zusammen und ist ebenfalls narzisstisch fundiert. „Das *Subjekt* verläßt seinen eigenen Bereich und unterwirft sich den *Objekten* der realen Ordnung,

[323] Bataille: *Die Aufhebung der Ökonomie,* S. 59.

[324] Ebd., S. 66.

[325] Ebd., S. 69.

[326] Ebd., S. 86.

sobald es sich um die Zukunft kümmert."[327] Die narzisstische Spaltung hebt sich darin auf, Ganzheit zu sein, und das heißt, zu sein wie Gott. Bataille merkt an: „Ich insistiere auf einer Grundtatsache: die Trennung der Wesen ist auf die reale Ordnung begrenzt. Nur, wenn ich der *Dinglichkeit* verhaftet bleibe, ist die Trennung *real.* Sie ist in der Tat real, aber was real ist, ist *äußerlich. In ihrer Intimität* sind alle Menschen eins."[328] In ihrem *Prestige* suchen sie sich zu unterscheiden. „Das Resultat [...] ist der *Rang.* In gewisser Hinsicht ist er das Gegenteil eines Dinges: was ihn begründet, ist geheiligt"[329], weil durch Opfer abgerungen.

Auf der horizontalen Ebene vollzieht sich die Rangverteilung auf der „Place du Carrousel" im Festumzug Ludwig XIV. Jeder der Teilnehmer des Adels musste zu seiner Rangerhöhung sich mit prächtigen Kostümen, Kutschen, Dienerschaft bis zur völligen Verausgabung an dem Umzug und den Reiterwettkämpfen beteiligen, um in die Nähe und den Machtbereich des Königs zu gelangen und von dessen Prestige zu profitieren, das dieser wiederum nur dem verschwenderischen Reichtum des Adels (und seines unglücklich verschwenderischen Finanzministers Fouquet) verdankte. Öffentlicher kann man den Zusammenhang zwischen Prestige und Verausgabung nicht zelebrieren. Die *Sakralität des Prestiges* wird sinnbildlich in der barocken Architektur des Treppenhauses: Je höher man steht, umso aufmerksamer wird man vom König mit Privilegien bedacht – wenigstens theoretisch. Es ist aber ein Charakteristikum der hierarchischen Privilegierung, dass der König zuweilen sich die Freiheit nimmt, willkürlich über die Rangfolge zu bestimmen. Ohne Kontingenz keine Freiheit und keine strukturale Variabilität. Es bedarf nur eines aufmerksamen Beobachters, um das gleiche Spiel diesmal in der Topologie der Zirkulation beim Karussell zu beobachten. Sobald eine neue Runde eingeläutet wird, stürzen sich die Kinder auf die attraktivsten Gefährte, um im Glanz des Sozius ihre Runden zu drehen. Das „schneller, epizyklischer und höher" erhält seine Antwort dann von der Technisierung der Fahrgeschäfte, die immer aggressivere Rangkämpfe verlangen und das Prestige denen vergibt, die auf der Achterbahn nicht ohnmächtig werden.

Auf die Darstellung solcher metaphorologischer Spielereien lässt sich Bataille nicht ein, obgleich er sich intensiv mit den Gewaltformen verschiedener (religiöser) Gesellschaften beschäftigt, in der die Egalität

327 Ebd., S. 89.

328 Ebd.

329 Ebd., S. 106.

mit dem Rang konkurriert, bevor er sich dann den Thesen Webers, dem Calvinismus und dem „dynamischen Wachstum des [sich akkumulierenden] Produktionsapparats“[330] widmet. Was ist gegenüber den Ausführungen Webers neu?

An Baudrillard gemahnt noch die Idee vom asozialen „Müßiggang“, der auf diese Weise „den Überschuß an verfügbaren Ressourcen“ vernichtet.[331] Vielleicht ist Benjamins Flaneur die öffentliche Erscheinung dieses Genießenden. Man denkt unbewusst auch an Proust, Joyce oder Heine, die es sich mehr oder weniger in der Gruft ihrer Schrift bequem gemacht haben. Ihrem Verfahren ist nicht zu raten: Der Überschuss schmilzt allzu schnell dahin. Gottgefällige Werke dagegen lohnen sich überraschenderweise mehr, stellt der Calvinismus fest, dessen Buch immer schon geschrieben ist und der beileibe die Matratzengruft nicht mit dem asketischen Büro vertauschen will. „Diese religiöse Bestimmung der Ökonomie ist nicht überraschend, sie macht sogar die Religion erst aus. Die Religion ist das Gefallen, das eine Gesellschaft am Gebrauch der überschüssigen Reichtümer findet.“[332] Der Akzent Batailles liegt auf der Religion, nicht auf der Konfession, die Weber detailliert zu kontrastieren empfiehlt. Es gibt aber auch nicht *den* Protestantismus – zumal er auch nicht aller Orten auf goldene Kelche und pompöse Riten verzichtet. Man muss unterscheiden zwischen der universalen mittelalterlichen Konfession, dem Katholizismus, der in der Renaissance aufbrechenden „Religion“ asketischer Buchführung unter der gottesäquivalenten „Zahl“ und dem „Geld“, und schließlich der Spaltung in die Leitmedien Geld (Kapitalismus) und Logos (Wissenschaft) usw. Die illusionäre Kraft dieser zunehmend imaginierend operierenden *Medialisierung des Dritten* ist nicht nur einer institutionellen Ästhetisierung geschuldet (der Kirche, der Börse, der Universität), sondern auch einer Tendenz systemisch-institutioneller Abschließung und ihrer verausgabenden Bürokratie. Diese Entwicklung wird von Bataille in zwei Sätzen zusammengefasst:

> Religiöse Tätigkeiten – Opfer, Feste, luxuriöse Ausstattung – absorbieren die überschüssige Energie einer Gesellschaft, aber dem, dessen primärer Sinn es ist, die Verkettung der wirksamen Handlungen zu durchbrechen, mißt man gewöhnlich eine sekundäre Wirksamkeit bei. Das führt zu einem großen Unbehagen – einem Gefühl von Irrtum und Betrug –, von dem die religiöse Sphäre erfüllt ist.[333]

[330] Ebd., S. 150.
[331] Ebd., S. 153.
[332] Ebd., S. 154.
[333] Ebd.

Irrtum und Betrug sind in diesem Falle im deutschen Wort „Schwindel“ homonym. Beide Schwindelbedeutungen emanzipieren sich: im Fall des Vertigo vom Bewusstsein und vom Sein mit anderen, im Fall des Schwindelbetrugs vom Gesetz. Die Resakralisierung der Dinge wandert in den Fetisch des Besitzes. Im Gegensatz zur Kritik Luthers an der Verschwendung der Kirche legt Calvin es, so Bataille, auf eine *Preisgabe der Inszenierungen* selbst an. Und die wichtigste dieser Inszenierungen ist eben das Leben als Rollenspiel, als Theater der Freiheit der menschlichen Selbstvermittlung. An dieser Stelle wird Bataille präziser als Weber: Er leitet nämlich die „Autonomisierung der Produktion“ im Spätkapitalismus von der Trennung Leben vs. Arbeiten ab. Autonomisierung zum Schein heißt dann, bis in die Nachkonsumgesellschaft hinein, die Institutionalisierung der Freizeitgesellschaft und der „Gesellschaft des Spektakels“ in einem bruchlosen Möbiusband. Ist es aber nicht auch schon im Potlatsch der Schein – das Prestige –, der verausgabt wird, die immaterialisierte Schuld? Gibt es nur eine Gabe: die Zeit?[334]

Man sehe sich nur einmal die ästhetische Armut der höheren Büroetagen an, die in noch armseligeren Hochhäusern firmieren. „Der Fetischcharakter der Ware durch Marx“[335] schlägt um in die Asepsis der Zeichenverhältnisse, die für den an körperlicher Bedürfnisbefriedigung notwendig interessierten Arbeiter des 19. Jhs. noch nicht in die Reichweite gestellt ist, wie sie die Romantik vom Bildungsaufstieg in der Konsumgesellschaft zu fordert pflegt. Während das Büro spartanisch ist, ist die Kirmes dionysisch barock. Lacan etwa argumentiert: „Die Verhältnisse von Werten sind zunächst einmal als signifikante Verhältnisse gegeben, und die ganze Subjektivität, unter Umständen die der Fetischisierung, schreibt sich dann ins Innere dieser signifikanten Dialektik ein.“[336] Folgerichtig orientiert sich der Protestant an dem, was der Signifikant (der Bibel) hergibt. Die Fetischisierung der Bibeltexte ist ein hysterisches Zeugnis dafür, dass Waren und Werte in ein Tauschverhältnis geraten und die Bibel als dogmatisierter Schiedsrichter in Sachen Moral fungieren soll. „Die wahre Heiligkeit der guten Werke lag für den Calvinisten in der Preisgabe der Heiligkeit – im Verzicht auf

334 Ist es nicht die infolge der digitalen Mobilmachung expandierte Gegenwärtigkeit, in die hinein die Mittel der Verausgabung fließen? Gilt es heute, nach der Postmoderne, die Zeit davor zu bewahren, in eine reine Präsenz zu zerfließen, die ein sich distanzierend beobachtendes Subjekt obsolet macht ? Vgl. Jean-François Lyotard et al.: *Immaterialität und Postmoderne.* Berlin 1985, S. 50: „Eine Moderne, die sich um die Beherrschung des Raumes drehte, geht damit allmählich über in eine Postmoderne, die von der Beherrschung der Zeit besessen ist.“

335 Lacan: *Das Begehren und seine Deutung,* S. 406.

336 Ebd., S. 406f.

jedes Leben, das in dieser Welt eine Aura von Glanz hätte haben können. Die Heiligung Gottes war so an die Entheiligung des menschlichen Lebens gebunden.“[337]

Seit hundertfünfzig Jahren zeigt sich diese Armut im Verlust des Ornaments von Adolf Loos bis zum Bauhaus und in der gesamten zeitgenössischen Architektur. Das Schlagwort vom „Ornament als Verbrechen“ steht als Symptom für Vergeudung; geopfert aber wird Heimat als Sinnform der eigenen Geschichte.[338] In einem touristischen Freizeitareal wie der Pariser Innenstadt (es erübrigt sich, ins Disneyland zu fahren) begegnet man diesen Nischen von romantisierter Heimat auf Spielplätzen, in den Gärten und auf den Zwickeln kleiner öffentlicher Plätze, wo mit ungeheurer ästhetischer Aufladung selbstbewusst ein ornamentiertes Karussell kreist. Oder man begegnet Naturromantik in den Simulaken des Jugendstils, die der *Belle Époque* huldigen, dem Verlust der Moderne sich widersetzen und wenn schon nicht die großen Erzählungen, so dann doch die kleinen Geschichten großer Brasserien wiedererwecken, die in der Glasarchitektur der Bürotürme von *La Défense* ausgeschlossen bleiben.[339] Heimat wird zur Privatsache und die entsprechenden Nischen zu inszenierten Simulakren. Die „Welt einer Aura von Glanz“ gastiert nur noch nostalgisch. Alles, was *neu* ist, hat kein Prestige, ist nicht durch die Heiligkeit einer rückwärtsgewandten Geschichte aufgeladen, einer Geschichte, die sich dadurch erlöst hat, dass sie überdauern durfte. In Paris wie im Disneyland muss alles bezahlt werden. Hier ist kein echter Überfluss, sondern der Moder kolonialer Ausbeutung. So weit gehen die Dispositionen in Paris, dass man für den Besuch von Museen und Veranstaltungen bestimmte *time slots* buchen muss, um Einlass zu bekommen. Auch die Verausgabung hat einen festen Preis. Frei*zeit* ist nicht mehr frei. Kein Flaneur des alten Paris ließe sich auf diesen Inzest von Zeit und Geld ein. Und dennoch: Man genießt – vor allem dort, wo kein Simulakrum hinreicht: beim Essen und Trinken, und im Körpergefühl einer Zeitreise, die im ökonomischen Kalkül ihren Sozius hat.

Wir sind in die Mühle der melancholischen Kritik geraten. Gibt es einen Ausweg zwischen der richtigen Lösung vermittelnder „Vernunft“ und

337 Bataille: *Die Aufhebung der Ökonomie,* S. 159.

338 Raulet: *Natur und Ornament,* S. 77. Raulet geht es „um den Einklang zwischen Ornament, Techne und Poiesis“ im Verhältnis zu den Produktivkräften.

339 Walter Benjamin: *Metaphysisch-geschichtsphilosophische Studien. Erfahrung und Armut.* In: Ders.: *Gesammelte Schriften,* Bd. II., Frankfurt a. M. 1980, S. 213-219, hier S. 217f: „Das haben nun Scheerbart mit seinem Glas und das Bauhaus mit seinem Stahl zuwege gebracht: sie haben Räume geschaffen, in denen es schwer ist, Spuren zu hinterlassen.“

der falschen einer sakralen Erhöhung der Realität, die nicht auf der marxistischen Zirkulation, sondern auf der Erkenntnis der Verschlungenheit einer möbiusartigen Transformation von innerer und äußerer Ökonomie aufbaut? 1949 scheint das, wenigstens aus deutscher Sicht, so Bataille, das Konzept einer „sozialen Marktwirtschaft" zu sein. Doch hier wie dort gilt es nach dem Krieg, zunächst die dringendsten Bedürfnisse zu sichern.

Umso erstaunlicher, dass Bataille sein Vorhaben von 1933 bezüglich einer politischen Vermittlung von Kapitalismus, Marxismus und Religionskritik bruchlos weiterführen kann. In dieser Situation diskutiert er auch den Marshall-Plan.[340]

Wir stoßen auf das Problem der räumlichen und zeitlichen Verkettung innerhalb der beiden Ökonomien. Dieses Problem tritt schon vollständig, ja ursächlich bei Luther in Erscheinung. Es stellt die Frage nach der *legitimen* allgemeinen und individuellen Bemächtigung der *Ökonomie des Geldes und der Technisierung von Zeit* im Ablasshandel.

> Aber das Quidproquo jeder Religion besteht darin, dem Menschen eine widersprüchliche Antwort zu geben: eine *äußerliche Form von Intimität.* Daher können die aufeinanderfolgenden Lösungen das Problem nur vertiefen: niemals wird die Intimität wirklich von äußerlichen Elementen befreit, ohne die sie nicht bezeichnet werden kann.[341]

Die Aufhebung der Entfernung (räumlich-zeitlich) der beiden Ökonomien, die wider die Verfemung und Tabuisierung eine Einheit bilden, soll, nach Bataille, in der Hoffnung auf die „Vollendung des *Selbstbewußtseins*"[342] beruhen – einem leider sehr klassischen, und wie wir zeigen konnten, falschen, cartesianischen Lösungsansatz, der Intersubjektivität verwirft und einer Legitimation durch Gewalt die Bahn bereitet. *Es gibt den anderen,* der ich zudem selbst bin. Die Vollendung des Ödipus bleibt eine Illusion, die vollständig zu realisieren sich selbst dementiert. Es ist wohl zu wenig, wenn Bataille bloß von einer Täuschung spricht: „Wenn das *Selbstbewußtsein* seinem Wesen nach der volle Besitz der Intimität ist, so muß man wieder bedenken, daß jeder Besitz der Intimität auf eine Täuschung hinausläuft."[343] Erfolgversprechender, wenngleich risikoreicher ist der Vorschlag von Bataille, dass die permanente „Kriegsdrohung" das „einzige Mittel" bleibt, „die Welt zu

[340] Bataille: *Die Aufhebung der Ökonomie,* S. 208ff.

[341] Ebd., S. 164.

[342] Ebd., S. 232.

[343] Ebd.

verändern."[344] Aber ist das nicht die Affirmation der Situation von 1914, von 1939 und von heute? Genügt die Sabotage in poetologischer Form? Darin hat ein Surrealismus schon einmal die Kriegsgräuel ummünzen wollen.

Widmen wir uns dem Genießen in Form *renitenter Symptome,* die als objektive Krankheit und Opferkultur aus dem sozialen Raum gedrängt werden. Die anökonomischen Formen erweisen sich mehr und mehr als interessante Spezialitäten einer exaltiert sich öffnenden Inszenierung des hermetischen Zirkels der Warenökonomie.

[344] Ebd., S. 226.

9. Schuld, Opfer, Gabe im Verhältnis von Ästhetik und Ethik

Dieses Kapitel widmet sich den Eskalations- wie Moderationsstufen der inneren und äußeren Vermittlungskrisen, mit denen sich u.a. Bataille vor und nach dem Zweiten Weltkrieg auseinandersetzt. Vom späten Freud und von Sartre sind ähnliche Gedanken zur Übertragung narzisstischer Übergriffigkeiten auf den anderen für die kollektive und politische Ökonomie ausgeführt worden. Vernunftbetonte Philosophie verpflichtet sich zum *Dialog als Lösungsform,* ohne die Legitimität des Dritten, das Argument, die Sprachmächtigkeit, die Vernunft selbst hinreichend anders als hermeneutisch begründen zu können, d.h. eines im Mehrwert des Dialogs erwirtschafteten Sinns, der eine stabile Dauer arrangiert. Bei Bataille fällt der vermutlich durch den Ost-West-Konflikt dramatisierte *dualistische* Ansatz auf sowie der moderierende Anteil der Technik, insbesondere der Waffen- und Medientechnik. Bataille spricht das atomare Patt der Supermächte und die Abschreckung direkt an: Zombiehaft schafft auch der Tod des anderen ein gefährliches Gespenst der Rache. Noch beim frühen Derrida ist zu bemerken, wie zäh die Loslösung einer allein an Wort und Schrift orientierten Vermittlung selbstbewusster Autorschaft intellektuell verarbeitet wird. Bedeutungsvoll ist in dieser Rücksicht – nach dem Krieg – sicher auch Benjamins „Kunstwerkaufsatz“, der sich dezidiert der politischen Macht des Films und der Medienproduktion widmet.[345] Zwischen den Waffen und den Medien bildet sich eine Komplizenschaft mit sado-masochistischer Tendenz.

Für den Bereich der Intimität zitieren wir die Positionen des Genießens bei Lacan, die u.a. Žižek im Übergang zu den krisenmoderierenden Medien (anders als Kittler[346]) auf die narzissmustheoretischen Implikationen

[345] Vgl. Benjamin: *Das Kunstwerk im Zeitalter seiner technischen Reproduzierbarkeit.* In den 1960er Jahren sind es vor allem Baudrillard und Virilio, die weniger argumentativ, aber mit viel Emphase das Verhältnis animativer Medien zum Tod problematisieren. Paul Virilio betont vor allem den Aspekt der Geschwindigkeit, der Beschleunigung und der Aggressivität des „Dauerbeschusses“ durch Medien.

[346] Für Kittler ist ausgemacht, dass der Krieg der Vater aller medientechnischen Revolutionen ist. Eine starke These, die sicher nur angemessen aus der Perspektive der Narzissmustheorie beleuchtet werden kann, d.h. auf das ursprüngliche Schuldverhältnis und der Rückaneignung dessen, was mir aufgrund des anderen mangelt. Offenbar ist nämlich Krieg eine kulturelle

zurückgeführt hat. Die Überforderung des Subjekts, die durch eine Selbststeuerung des kommunikativen Systems als großem Anderen übernommen wird, lässt den Schluss zu, dass die Gesellschaft in ihrer Kommunikation um sich selbst kreist, und zwar jene Unruhe, Störung oder *différance im Subjekt* erzeugend, die den Charakter der *Unwiederholbarkeit* in eine Metaphorik von Fortschritt kleidet. „Was bleibt dann noch als Grund für die Ansprüche an ‚kommunikatives Handeln' *der anderen?* Doch wohl nur die Kommunikation selbst, und das heißt die Gesellschaft"[347], so Luhmanns Verweis auf ein gänzlich neues Transzendentalsubjekt: das System. „Eine Gesellschaft ohne Subjekte wäre nicht mehr eine moderne, sondern eine postmoderne Gesellschaft. Und darum geht heute der Streit"[348] – so resümiert er die struktural vorbereitete Ausgangslage, in der das Subjekt sich nicht mehr durch *seine unmittelbaren* Bedürfnisse gegenüber dem anderen konstituiert.

Einige der Linien, wie der Körper des Systems zu einer sich selbst stabilisierenden Äquilibristik kommen *will*, hat Žižek anhand der semiologisch orientierten Hypothesen von Lacan nachgezeichnet. Er will damit den Weg der metonymischen Verschiebung und der Schuldverdichtung – der Disziplinierung des Genießens von der *Konsumgesellschaft* in eine *Mediengesellschaft* – ebnen. Lacan hat diesen Weg seinerseits mit der Verschiebung der Freud'schen Trieblehre auf die Tauschlogik des struktural organisierten Zeichens gebahnt. Es geht nun nicht mehr um die Logistik der Güter, sondern um die Logistik der Illusionen. Die Banalität der Übereinstimmung von „Besessenheit" und „Besitz" kulminiert im Ausweg der Vernichtung der vergifteten Gaben in Krise und Krieg als den Großpathologien der Gesellschaft. Aber das jesuitische Prinzip, die Wahrheit mit Waffen zu erpressen, funktioniert nicht länger über Gewalt am Körper, sondern durch Desorientierung der Sinne. Nicht Apokalypsen gilt es zu beschwören, sondern Differenzierung zu leisten. Die postmoderne Destruktion des Subjekts, die Deleuze, Derrida, Lyotard und Foucault u.a. angestoßen haben, ersetzt die Wahrheit durch die Dynamik des Diskurses, in dem Vergegenwärtigung zirkulieren soll – auch wenn dieser Diskurs zwischen „Poststrukturalismus" und „Systemtheorie" sicherlich strittig ist und das Verschwinden des Subjekts zunächst eine theoretische Option bleibt. Die Hegel'sche Offerte, dass

Leistung, kein Naturvorgang. Vgl. Friedrich A. Kittler: *Rock Musik – ein Mißbrauch von Heeresgerät.* In: Ders.: *Die Wahrheit der technischen Welt. Essays zur Genealogie der Gegenwart.* Frankfurt a. M. 2013, S. 198-213.

347 Luhmann: *Die Gesellschaft der Gesellschaft,* S. 1032.

348 Ebd., S. 1029.

das Sein der Begriffe ihr Werden ist, erfüllt sich als am Kapitalismus vollstreckte Phobie, dass jeder Stillstand im Tauschverkehr zu meiden sei. Das gilt auch für eine Selbstbehauptung von Subjektivität: Sie taumelt.

Die Krise beginnt mit der Erkenntnis, dass die Opferlogik der Aufgabe selbstbewusster Subjektivität lediglich das wiederbelebt, was im bürgerlichen Zeitalter mit seiner Fixierung auf den Besitz verloren gegangen ist: das Nomadische, das Spielerische und die Option der Rollenwahl. Die Fremdsteuerung einer Prädestinationslehre durch einen würfelnden Gott wird in der Nachpostmoderne durch eine Selbststeuerung der Systeme notiert. Markant und titelgebend als „Furcht und Zittern" hat bereits Kierkegaard das Problem in Absetzung von der Hegel'schen Selbstbewusstseinsbestimmung untersucht. Wir gehen noch einmal auf die Sphäre des Sakralen und die Unterscheidung einer ästhetischen (performativ-mediierten) und einer ethischen (wertfestsetzenden) Sphäre ein. Der Eintritt sollte mit der Opferanalyse, die Kierkegaard am Fall des abrahamitischen Opfers seziert, nicht schwerfallen. Die Diskrepanz zum Kriegs- oder Kriminalfilm wird sofort deutlich, wenn man an die Funktion des Helden denkt, der in den Medien aus dem Selbstopfer stets Gewinn schlägt und der das Märchen verkündet, dass es einen gerechten Tausch gibt.[349] Kierkegaard schreibt dagegen an: „In den Helden *denke* ich mich *hinein,* in Abraham kann ich mich nicht hineindenken."[350] Die Verfemung des Heldenstatus bei Abraham, der auf Gottes Geheiß seinen erstgeborenen Sohn Isaak opfern soll, erscheint völlig verständlich. Wie kann Gott ein solches Opfer seinem treuesten Diener abverlangen? Denn offensichtlich spekuliert jedes Heldenopfer damit, Gewinn einzufahren. Der Held handelt zwanghaft, muss eine Aufgabe erfüllen, ein Rätsel lösen, einen Tod rächen. Die Lösung verwandelt sich in die Prämie des Prestiges, entweder in den Genuss des Sieges oder dem heiligen Gedenken einer Niederlage. Das Opferbegehren Gottes gegenüber Abraham dagegen macht für uns keinen Sinn; es bleibt unverständlich, die Transzendierung wird innerlich verweigert. Gerade dort aber sind wir nicht ganz Subjekte, wo wir auf der Äquivalenz von Opfer und Gabe bestehen. Gott prüft Abraham, indem er das Opfer ohne Gegengabe ultimativ einfordert. Kierkegaards listige Argumentation zielt darauf, gerade den unver-

[349] Vgl. Joseph Campbell: *Der Heros in tausend Gestalten.* Frankfurt a. M. 1999. Nach dieser schematischen „Reise des Helden", die Campell an unterschiedlichsten Mythen verifiziert, sind die meisten der „Hollywood"-Produktionen ausgerichtet.

[350] Sören Kierkegaard: *Furcht und Zittern.* Hamburg 1992, S. 29.

ständlichen, verfemten Teil des „sinnlosen“ und dann auch noch geheimen Opfers verständlich zu machen, und zwar als das, was immer unverständlich bleiben muss, damit die gesamte Sphäre der kulturellen Verschiebung nicht schon an der Erbsünde untergeht: dem narzisstischen Duell zwischen Mann und Frau, zwischen Kain und Abel, zwischen Herausforderung und Verführung. Noch listiger als die Interpretation Kierkegaards wäre es, sie mit der Biografie Calvins zu vergleichen. Die Emanzipation vom Willen des Vaters wird hier nämlich negativ durchgeführt: Es ist der Vater, der den Sohn an seiner statt zum Opfer freigibt. Isaak kann somit als Vorläufer Jesu angesehen werden. Warum verweigert sich Abraham nicht? Wäre es nicht gerecht, den alten Vater an Stelle des Jüngeren als Opfer darzubieten?

Doch Kierkegaard denkt nicht postmodern. Held ist Held nur in der *Öffentlichkeit* und der Glaubende nur gläubig in seiner Vorbehaltlosigkeit. Vertrauen in Werte und Werke geschieht über kollektive Konventionalisierung, nicht aber dort, wo ohne Gegengabe gegeben wird – einfach deswegen, weil sich die Ressourcen sofort verbrauchen würden. Der Sprung des Glaubens, weil er die Wiedergabe als jenseitige Zukunft antizipiert, ist ökonomisch unverständlich. Aber gerade diesen transzendierenden Sprung leistet der Held, der „einfältigste Kopf“, ohne sich dessen bewusst zu werden.

> Ich habe keineswegs den Glauben. Ich bin von Natur aus ein kluger Kopf, und jeder solcher hat stets große Schwierigkeiten, die Bewegung des Glaubens durchzuführen, ohne daß ich doch an und für sich *der Schwierigkeit irgendeinen Wert zubilligen will, die den klugen Kopf dadurch, daß er sie überwindet, weiterbrächte als bis zu dem Punkte, zu dem der simpelste und einfältigste Mensch leichter hinkommt.*[351]

Wir tun es, aber wir wissen es nicht – so lautet die Formel jeglicher Opferverschiebung –, wir wissen nicht, was es uns einbringt. Aber je mehr wir es zu wissen glauben, umso stärker kondensiert der Sprung in die Zukunft in einer technisch abgesicherten Brückenkonstruktion normativer Gegenwärtigkeit. Zukunft wird in Gegenwart absorbiert und reduziert den Seinsmangel.

Der Plot in Abrahams Opfernaivität ist simpel, für unsere Tauschlogik aber irrational: Gott fordert Abraham auf, seinen Sohn Isaak als Brandopfer zu geben.[352] Kierkegaard zitiert frei aus den biblischen Geschehnissen:

> Wie zu einem Fest, so eilte er [Abraham], und früh am Morgen war er auf der verabredeten Stelle, auf dem Berg Morija. Er sagte nichts zu Sara, nichts zu Elieser, wie hätten sie ihn auch

[351] Ebd., S. 28.

[352] Genesis 22. „Glaubensprobe“. In: *Die Heilige Schrift des Alten und des Neuen Testaments.* Hg. V. Kamp, M. Stenzel, J. Kürzinger, Aschaffenburg 1970.

verstehen können, hatte nicht die Versuchung durch ihr Wesen ihm das Versprechen der Verschwiegenheit abgenommen? „Er machte das Brennholz klein, er band Isaak, er entzündete das Feuer, er zog das Messer.“[353]

Die Spannung steigt in diesem Plot des Opfer*festes*. Der lautlose Held ist ein Psychopath, der seinen Sohn im Imperativ einer Gottesstimme zu verbrennen droht. Zeichen des Wahntraums ist eine mit nicht konventionellem Sinn zu begleichende Handlung. Jeder Kriminalfall aber verlangt genau dies. Die Stellung des Täters und die Sühnung des Opfers ist das sinngebende Narrativ zwischen Tat und Täter. Das ist der Grundzug der Heldengeschichte: die Motiviertheit der Tat, die Sühne, die Strafe, der Sieg des Gesetzes über das Individuum.

Nun geht es Kierkegaard um die sublimierte Selbstansicht der aktiven Passivität des Zuschauers respektive des Symptoms der Verdrängung „selbstentfremdeter“ hermeneutischer Reflexe, wie sie die Identifikation eines Medienereignisses – auch das der Bibel – leistet. Zur Vermittlung und Moderation des Opfers spricht nämlich der Herr nun nicht mehr selbst, sondern er sendet einen Engel, einen transzendierenden, geschlechtslosen Geist. In der Bibel heißt es weiter: „Da rief ihm der Engel des Herrn vom Himmel her zu und sprach: ‚Abraham! Abraham!‘ Der antwortete: ‚Hier bin ich!‘ Jener sprach: ‚Strecke deine Hand nicht nach dem Knaben aus! Tue ihm nichts an: denn jetzt erkenne ich, daß du ein gottesfürchtiger Mann bist und selbst deinen einzigen Sohn mir nicht vorenthalten hast.‘“[354]

Bemerkenswert ist nicht nur die jetzt eintretende mediale Vermitteltheit – während Gott zuvor direkt zu Abraham gesprochen hat erscheint nun ein Engel –, sondern auch die Ansicht, dass die Einfalt des Glaubens mit der des Mediengläubigen korreliert. Abraham findet einen „Widder im Gestrüpp“ und opfert diesen an Sohnes statt. Möglich, dass der sich im Gestrüpp verfangene Widder eine Gabe, ein Zeichen des Herrn ist. Vorstellbar ist diese Auslegung unter der Voraussetzung, *dass die Naivität des Glaubens konstitutiv ist für die Verschiebung der Opfersubstanz* – die, so Freud, in Zukunft nicht mehr auf der Ebene des Glaubens, sondern auf der des Logos stattfindet, die medientechnisch körperlos und engelsgleich regiert. Wir sind eben auch naive Gläubige gegenüber der Technik, deren Gebrauch deshalb ambivalent bewertet werden kann. „Welch ungeheures Paradox der Glaube ist, ein Paradox, das einen Mord in eine heilige und Gott wohlgefällige Handlung zu

353 Kierkegaard: *Furcht und Zittern,* S. 21; Genesis 22.9ff.

354 Genesis 22.11,12.

verwandeln vermag […], dessen sich kein Denken bemächtigen kann, weil der Glaube gerade da beginnt, wo das Denken aufhört.“[355]

Das Paradox spielt sich bei Kierkegaard *zwischen dem Ethischen und dem Ästhetischen* ab. Das *Ethische* ist allgemein, öffentlich, konventionell und folgt der normativen Vernunft. Damit diese Autorität gilt, bedarf es der Inszenierung einer transzendentalen Macht der Gerechtigkeit. Die Gesetze kommen zwar von Gott oder vom Staat, aber wir wissen, dass sie das Ergebnis eines Tauschs sind, den wir zur Hälfte durchschauen und zur anderen Hälfte glauben müssen. Vor allem müssen die Gesetze öffentlich, also kommunizierbar sein, d.h., sie bedürfen der medialen Verbreitung, um sich selbst zu autorisieren – das markiert die *ästhetische* Seite. Das Ästhetische ist subjektiv, sichtbar, sprechend, kann sich vermitteln. Es zeigt sich das, was *man* zu tun oder zu unterlassen hat. Was die Sichtbarkeit des Opfers ausmacht, seine Disponibilität, so gilt für den biblischen Zusammenhang: Abraham spricht nicht, er kann sich nicht verständlich machen, er ist der Wahnsinnige. Aber das Opfer ist ein Zeichen, der Rauch steigt zum Himmel, das Feuer erhellt und erwärmt, Ethik geht im Opfer in Ästhetik über: Aus dem Dickicht präsentiert sich der Widder als herrliches Geschenk. „Das Interessante ist […] eine Grenzkategorie, ein Grenzbereich zwischen Ästhetik und Ethik.“[356] Auf Seiten der Ästhetik gerinnt die Grenze zum Symbol, auf der Seite der Ethik zum Symptom, der Zwangshandlung, das stumme Genießen, die Privation. Fügt man beides zusammen, ergibt sich die Ambivalenz des Zeichens, das nicht durch sich, sondern durch seine Stellung in der Struktur seinen Wert erhält. In dieser Beziehung erkennen wir das Verhältnis von Medium und Variation wieder. „Die Ästhetik kümmert sich nämlich nicht groß um die Zeit, ob es nun Spaß ist oder Ernst, sie vergeht für sie gleich schnell.“[357] Die Ethik aber, so die Theaterlogik, die Kierkegaard bemüht[358], soll das Dauernde, die „ursprüngliche Freiheit“ respektive den „psychischen Stil“, die Einschnitte markieren. Ästhetik reüssiert dort, wo Zeit im Spiel sich der Logik der Knappheit entzieht. „Die Ästhetik forderte also Verborgenheit und belohnte sie. Die Ethik forderte Offenbarung und strafte die

355 Kierkegaard: *Furcht und Zittern,* S. 49. Umgekehrt ist die Frage zu stellen, ob der unter so merkwürdigen Umständen geborene Isaak nicht eine Gabe Gottes ist, die dieser legitim zurückfordern darf. Das wäre natürlich nur einem bösen Gott zu unterstellen. Stattdessen aber verwandelt sich der Sohn in ein Legat des Glaubens. Und dieser transzendierende Tausch ist legitim, wenn bedacht wird, dass im Christentum Gott seinen einzigen Sohn gibt und nimmt.

356 Ebd., S. 76.

357 Ebd., S. 79.

358 Sören Kierkegaard: *Die Krise.* In: Ders.: *Die Wiederholung. Die Krise,* S. 85-106.

Verborgenheit"[359], so substituiert Kierkegaard das invertierte asketisch-protestantische Verhältnis zur Ästhetik, in der der *Gläubige ein von Gott geformtes Medium* ist. Im Paradox Kierkegaards imponiert eine puritanische Sicht auf die Welt, in der der inszenatorische Genuss aus theologischen Gründen verworfen werden muss, und zwar gerade zur Übernahme der Schuldsubstanz in die Innerlichkeit des privaten Glaubens, denn ein *öffentliches* Opfer, dessen Abraham sich verweigert, würde den Kreislauf der Schuld – Gabe gegen Gabe – unendlich und *unerlöst* zirkulieren lassen; deswegen die Strenge der Grenzziehung zwischen den Sphären der sich kapitalistisch organisierenden Arbeit, und der sich im öffentlichen Spektakel verausgabenden Freizeit. Glaube und Vertrauen sind ein Mirakel, in dem die Substanzen sich auflösen und ineinander übergehen können.

Wenn „die Subjektivität inkommensurabel ist für die Wirklichkeit"[360], muss man beide Sphären einander annähern – sollen sie sich im Widerstreit erhalten. Die von Kierkegaard diagnostizierte Unterstellung eines „Wahnsinns", der (in der Naivität Abrahams) nicht sprechen kann (Kierkegaards Hauptargument für eine fehlende *Erkenntnismöglichkeit* im Paradoxon des Glaubens), wird in einem widerborstigen „und dennoch!" der Zwangshandlung eines Sohnesopfer (sprich: dem *Opfer von Zukunft*) formuliert. Das Grundsymptom Abrahams ist das Moment der Isolation vom Allgemeinen („Furcht"), die Absperrung des ökonomischen Kreislaufs, die Sprachlosigkeit, die sich in einem „Zittern" der Ambivalenz wird halten müssen. Aber das, was man nicht sagen kann, um Wittgenstein beim Wort zu nehmen, das ist die Sagbarkeit selbst, weil sie ein bewusstloses Phänomen der Tauschkonventionalisierung von Gesellschaft ist; nicht gesellschaftliche Produktion, sondern Produktion als Gesellschaft. Man muss es demnach anders sagen, metaphorisieren, poetisieren. Wenn wir wissen wollen, was am anderen das Genießen auszeichnet (oder die Opferangst), wird uns ein Foto der karussellfahrenden Kinder wenig Begriffliches bieten. Man muss die Frage stellen, warum die Kinder an den „Gewinn durch Verlust" als Formel der Transzendierung ihres Selbst in ein Ich glauben – warum sie das Schwindelopfer nicht scheuen und dennoch dem Gewinn ihres Selbstvertrauens zu vertrauen beginnen.

359 Kierkegaard: *Furcht und Zittern,* S. 81.

360 Ebd., S. 105.

10. DIE AMBIVALENZ DER ÜBERSCHREITUNG DES GENIESSENS

Bataille hat in seiner Darstellung des asketischen und des verausgabenden Genießens auf eine Analyse der Angst verzichtet.[361] Bei Lacan wie bei Kierkegaard spielt das Symptom der Angst dagegen eine Schlüsselrolle in der Abwehr wie der Stabilisierung der Überschreitung. Angst ist die Ahnung der Verfallenheit an die Endlichkeit wider die unendliche Zirkulation. *Angst ist die drohende Erhaltung der Störung gegen ihr Ende.* Sie ist die Bewegung, das simulative „Zittern", so Kierkegaard, der vitalistischen Dynamik. Ihre extreme Form ist die Melancholie, der paradoxe Versuch, die Störung *nicht* zu stören und in einer passiven Haltung zu verharren, während der Zwangsneurotiker wie der Traumatiker davon besessen ist, die Störung unentwegt zu provozieren. Den Pathologien ist gemeinsam, dass sie sich an einer Oszillation abarbeiten, die ihre Positivität in einer staunenswerten Äquilibristik hat. Man kann die Tauschfrequenzen zwar zählen, aber ihre Qualität entgeht uns. Psychopathologien sind Provokation einer affektiven Einsicht, dass die orientierende Dimension des gegenwärtigen Raum- und Zeitbildes mich begleitet, um in den kurzen Momenten des Genießens zu annoncieren, dass die asozial subversive Störung sich als Bannung von Angst erweist. Man darf hier von einer Angstlust sprechen, in der Weise, wie der Asket von einer Todeslust überfallen wird, deren List in einer Todesmimikry besteht. „Die Angst ist die Möglichkeit der Freiheit, nur diese Angst ist durch den Glauben absolut bildend, indem sie alle Endlichkeiten verzehrt, alle Täuschungen aufdeckt."[362] Bei Lacan heißt es bündiger: „Die Angst ist das, was nicht täuscht."[363] Eine Orientierung gegen den exzentrischen Schwindel und die Unruhe der Angst realisiert sich als Bindung an kulturelle Vernunft, dem Über-Ich, den Signifikanten, einerseits. Andererseits: Angst ist die drohende *Auslöschung des anderen Anderen,* der sich selbst erhaltenden Stö-

361 Bataille: *Die Aufhebung der Ökonomie,* S. 40.

362 Sören Kierkegaard: *Der Begriff Angst.* Hamburg 1991, S. 141.

363 Vgl. die ausführliche Interpretation dieses Satzes wider die Schwindelproblematik in Bohn: *Das Karussell,* S. 381ff. Ausgehend von Lacan: *Die Angst,* S. 197, dort das Kapitel „Die Angst zwischen Geniessen und Begehren", S. 197ff. „Die Angst wird durch das Aus-dem-Spiel-Nehmen des Instruments im Genießen hervorgerufen." Ebd. S. 210.

rung der Ökonomie der Intersubjektivität. Die Unmöglichkeit der Lösung des Rätsels des *anderen im Anderen,* die Kontingenz der Signifikanten, ist zugleich die Rettung. Insofern hat das Genießen die Funktion, die Erlösung aufzuschieben, die als unendliche Dauer angestrebt und zugleich verworfen wird. Die Ambivalenz der Angst – in den Polaritäten von Verzicht (Störungsfreiheit) und Verausgabung (Störungsprovokation) – lässt sich auf den Karussellmaschinen eindringlich beobachten. Wir haben mit Goffman von der Angst der ganz jungen Kinder auf dem Karussell und vom Übermut der älteren berichtet.

Machen wir den Sprung von der Theologie Kierkegaards in die Psychoanalyse Lacan'scher Prägung und konzentrieren wir uns wieder auf die Schlüsselstelle in der Transzendierung des Opfers, auf das masochistisch-sadistische Genießen. Unverhüllt definiert Lacan wie Baudrillard und Bataille das *Genießen als asoziale Handlung,* die sich den ethischen Konventionen und den allgemeinen Gesetzen der Ökonomisierung der Lüste widersetzt. „So kommen wir zu der Formel, daß, um zu diesem Genuß zu gelangen, eine Übertretung notwendig ist und daß das *Gesetz* genau dazu dient."[364] Die Ambivalenz ist im Genuss vermittelt: *Die disziplinierenden Gesetze dienen der Freiheit.* Damit Genuss sich erhalten kann, werden Regeln, Orte und Zeiten bestimmt, durch deren Einrichtung es erlaubt ist, ausgewählte Konventionen zu übertreten. Positiv gesagt: Wenn sich die Konventionen (Regeln, Gesetze) nicht überschreiten lassen können, sterben sie (diktatorisch) ab, ihre hermeneutische Geltung im Rechtsstaat ist der Willkür bzw. der Dogmatik ausgesetzt. Kultivierter Genuss bekommt somit eine für die Gesellschaft *evolutive* Funktion.

[364] Jacques Lacan: *Die Ethik der Psychoanalyse. Das Seminar Buch VII (1959-60),* Weinheim 1996, S. 215. Cremonini hat auf die prinzipielle Funktion des Genießens als Störung/Unterbrechung/Tausch eines phantasmatischen Ideals hingewiesen – Funktion, die trotz aller Unterschiede bei Sartre wie bei Lacan in gleicher Weise motiviert ist, nämlich, den Ort des „Selbst" zu bestimmen. Offensichtlich ist dieser Ort im Unbewussten/Präreflexiven angesiedelt, phänomenal wird er jedoch nur im reflexiven Differential als Verhältnis von Ich und Über-Ich (dem Ich-Anderen oder „Gewissen"). „Im Gegensatz zu Sartre, der das Genießen als die ursprünglichste Seinsdimension des Für-sich, das heißt letztlich als ‚Selbstgenuss', versteht, ist für Lacan das ‚Genießen' (im Sinne dieses vollen ‚Selbstgenusses') der Preis, den das Subjekt entrichtet, um es/sich als ‚untersagtes' (inter-dit) auf dem Feld des Anderen, und das heißt als Phantasma, wiederzugewinnen. Das Genießen im Sinne Lacans ist daher wesentlich (Vorstellung vom) Genießen des Anderen. Allein das Genießen des Anderen garantiert – das ist die wesentliche Lehre der Kastration [Endlichkeit; R.B.] –, dass es Genießen gibt, und die einfachste Möglichkeit, zu diesem Genießen in Verbindung zu treten ist, es als ein (abgetrenntes, geopfertes) Stück vom eigenen Körper zu denken." Cremonini: *Die Durchquerung des Cogito,* S. 263f.

Eine bezeichnende Form legaler Übertretung ist dabei die Irritation, Täuschung und Blendung der Sinne, die im Zuge der Immaterialisierung der Kirmesmaschinen heute mediengesteuert erfolgt und die List pädagogisierender Anpassung erfordert. Darüber habe ich in *Das Karussell* ausgiebig gehandelt. Auf den Punkt gebracht: Man muss die Zaubertricks durchschauen können, um auf der anderen Seite die evolutiven Manöver zu würdigen. Klossowski drückt den Sachverhalt so aus:

> Ökonomisch besehen läßt sich der sogenannte erotische Genuß von vornherein nicht mit dem Genuß eines x-beliebigen Gutes gleichsetzen. Nur in dem Maße, wo er sich auf ein Objekt bezieht, das heißt: auf das lebendige Objekt (den Körper), wird oder kann der Genuß dieses Objekts, soweit besitzbar, wie der eines Gutes geschätzt werden: ein Gebrauchsobjekt; was die Worte de Sades auf eine sehr einfache und sehr doppelsinnige Weise ausdrücken: *das Eigentumsrecht auf den Genuß.*[365]

Es gibt in der Freizeitgesellschaft eine Regel, die sozial *verpflichtet,* Regeln zu überschreiten: auf der Kirmes, in der Zeit des Karnevals, in den Schwindel- und Zaubershows, der religiösen Ekstase oder dem Alkoholgenuss. Adornos wie Baudrillards Ansatz, dass das authentische Genießen eben nicht in der Sphäre der Kulturindustrie, die die Wünsche mit den Erfüllungen vorproduziert, geschehen kann, lassen die Vermutung aufkommen, dass die Eigenwertigkeit des Genießens (sich selbst als sein eigenes Begehren hervorzubringen) im Symptom eines *Wahns* geschehen kann, der beispielsweise in der Heiligung von Künstler und Genies zum Ausdruck kommt und Opferangst negiert. Sie, die Geheiligten, überschreiten, um neue Regeln zu protegieren – gleich, ob man hier auf Galilei, Einstein oder Picasso verweist –; zugleich müssen sich die Rezipienten selbst überschreiten, um sich den neuen Regeln anzupassen. Anders formuliert, *das Genießen ist ein Symptom* – und damit als Sabotage von Vergnügen, Glück und Wunscherfüllung in der Konsumgesellschaft unterschieden. Mit Baudrillard können wir fragen: Was ist authentisch am Genuss? Mit Kierkegaard und dem Kierkegaard-Kenner Adorno können wir antworten: das Eigene, das asozial Individuelle, die Differenz zur Konventionalität des Gesetzes, nicht aber die Illusion einer „Eigentlichkeit".

Abrahamitisch gesagt, liegt der Genuss in der Hermeneutik des Gesetzes selbst, das nicht mehr in Stein gemeißelt werden kann, sondern Sinndivergenzen erträgt. Betrügt der Genuss sich um sich selbst, wenn er auf dem Karussell diszipliniert wird? Offensichtlich ist eine Unterscheidung

[365] Klossowski: *Die lebende Münze,* S. 24f.

zwischen Genuss und Befriedigung (Glück, Vergnügen etc.) angebracht, die zwischen dem äußeren Gesetz, das die Konventionen der Gesellschaft reglementiert, und dem inneren Gesetz, das sich als *schuldlos* gegenüber einem Über-Ich enthemmt, vorzunehmen. Denn die *Ermöglichung* des Genießens transzendiert und enteignet zugleich den anderen wie den Anderen. Und man kann eben auch – jesuitisch – das Gesetz genießen, da es die Angst vor der Übertretung bannt; aber ein solches Gesetz gibt sich nicht mehr einer sinngenetischen Hermeneutik hin, es ist Disziplin.

Das asoziale Element des Genießens wird vorbeugend nicht auf der ethischen, sondern auf der ästhetischen Seite angesiedelt. *Der Genuss darf nicht an eine Gabe, sondern er muss an ein „Wunder" eine Übererfüllung der Erwartung, einen besonderen Effekt gekoppelt sein, um die fruchtbare Sabotage am Gesetz zu vollziehen. Zugleich ist der Genuss eine Grenzüberschreitung, in der ich mein eigenes Gesetz werde.*

> Die Übertretung auf den Genuß hin geschieht allein, indem sie sich auf das entgegengesetzte Prinzip stützt, auf die Formen des Gesetzes. Wenn die Wege zum Genuß etwas an sich haben, das sich totläuft, das die Neigung hat, nicht praktikabel zu sein, dann ist das Verbot das, was ihm, wenn ich so sagen kann, als Allwegvehikel, als Raupenfahrzeug dient, aus diesen Schleifen herauszukommen, die den im Kreis drehenden Menschen immer wieder auf das Geleise einer kurzen und auf der Stelle tretenden Befriedigung zurückbringen.[366]

Lacan hat bei der Anwendung der Metapher eines *im Gleis fahrenden Karus-*

[366] Lacan: *Die Ethik der Psychoanalyse,* S. 215. Die Verkettung von Genuss und Gesetz ist bei Lacan von der gleichen Logik wie die der ontologischen Differenz, infolgedessen Lacan oft Ideen Sartres aufnimmt und sie „nach Freud" psychoanalytisch umgießt, was insgesamt zwischen Sartre, Freud und Lacan einen – allerdings sehr fruchtbaren – Diskurs der Verkennung produziert, in der die jeweiligen aktualisierten Lektüren in die Theoriearchitektur eingebaut werden (Kojéve, Hegel, Freud, Saussure, Lévi-Strauss, Mauss). In Anbetracht dieser terminologischen Schwierigkeiten säubert Cremonini die Beziehung zwischen dem Zug *zum Sein hin* und der *Latenz des Genießens* als Modus der Unerfüllbarkeit wie folgt, um den Unterschied zwischen einer ontologisch orientierten Philosophie und einer am Begehren orientierten der Psychoanalyse nachvollziehbar zu machen: „Um die Effizienz und Angemessenheit von Lacans ‚ontologischem Gottesbeweis' nachvollziehen zu können, müssen wir eine Reihe von Begriffen klären, die in diese Konstruktion eingehen: der Begriff der *Kastration,* gewissermaßen der Angelpunkt der gesamten psychoanalytischen Realitätskonstruktion, der Begriff des *Genießens,* der innerhalb der psychoanalytischen Ontologie, sofern man von einer solchen Sprechen kann, den philosophischen Begriff des Seins ablöst, und das ‚objet petit *a*', welches dem Begehren einen Anhaltspunkt im Sein garantiert, insofern es unaussprechliches Signifikat aller Signifikate, das ‚sich' des im Signifikanten ‚entfremdeten' Subjekts repräsentiert." Cremonini: *Die Durchquerung des Cogito,* S. 128. Ich meine, viele dieser sich im 20. Jh. divergierend gebrauchten Begriffe (Kastration: die Tatsache des Mangels-an-Sein …) ließen sich lösen, wenn man mit dem von Freud zumindest angedachten, allerdings dann monadisch aufzulösenden „Todestrieb" argumentiert, der in seiner Substanz allein den Aufenthalt einer Gegenwärtigkeit in der Unverfügbarkeit von Vergangenheit (Signifikans) und Zukunft (das Imaginäre) meint und sich im Genießen ausdrückt.

sells das Paradoxon bedacht: Ein *Weg vom Genuss weg* vollzieht sich als „totlaufend“ entweder über die unendliche Gerade oder über delirierende Beschleunigung. „Totlaufen“ kann heißen, „die Fahrt neutralisieren“, „die vitale Störung abschalten“. Doch nur passiv befriedigt aus dem Karussell auszusteigen, wird kaum das Ziel der Kinder sein. Die Bedingung für die Selbsterkenntnis ist nicht die Überwindung der Angst, des Affekts des Schwindels, des gestörten Gleichgewichtssinns, sondern die *Steuerbarkeit,* die alsbald die *Rückkehr in Normalität* erlaubt. Das heißt aber auch, dass ich mich in der Karussellfahrt selbst überschreiten kann, mich gewinne, indem ich mich – analog dem Traum – für einen unscheinbaren Moment verliere. Das psychische System „Karussellfahrt“ bleibt in beständiger Unruhe – gleich dem Radfahrer, der stets treten muss, um nicht umzukippen.

Das Genießen widersetzt sich nicht auf Dauer dem Gesetz, es erhält sich affektiv in der Distanz zu ihm. In dieser Hinsicht erzeugt Winnicotts Übergangsobjekt durch Verlust Gewinn. Erst das *Objekt des Verlustes* (ähnlich dem Fort-Da-Spiel Freuds[367]) realisiert die Marge des Gewinns von Macht und Selbstbemächtigung, die *auf Dauer* sich einstellt. Primär handelt es sich um einen *Gedächtnisbildungsvorgang,* der Ichbildung erst ermöglicht, d.h. mich zwischen Vergangenheit und Zukunft situiert. Die Formel „Gewinn durch Verlust“ – Erinnerung und Vergessen – figuriert Lacan in der Dimension der Schleife der Innenacht. Denn mit dem Tausch kommt der reziproke Kredit, mit dem Kredit die Zeit, mit der Zeit die Erinnerung und mit der Erinnerung die Möglichkeit ihrer Fiktionalisierung. Was im Potlatsch soziale Zeit ausweitet (zwischen Gabe und Gegengabe mag ein Jahr liegen), das ist im merkantilen Tausch auf den Moment einer Bewusstlosigkeit (Ware gegen Geld) zusammengeschrumpft. Zur Entzerrung dieser Bewusstlosigkeit sind Reproduktions- und Repräsentationsmedien gefragt.

Die Ganzheit des Menschen entgeht im Moment des Genießens seiner Zerstückelung in funktionale Sinnen-, Organ- und Muskelfunktionen. Aber die Überschreitung wird sich eines Tages rächen: „Wer immer es unternimmt, sich dem Moralgesetz zu unterwerfen, sieht sich immer kleinlicher und grausamer werdenden Forderungen seines Überichs konfrontiert.“[368] Was die Formel „Gewinn durch Verlust“ betrifft, so hat Winnicott sie konstruktiv für die Entwicklung des Objekts veranschlagt: „Es wird allgemein davon ausgegangen, daß der Mensch auf das Realitätsprinzip mit Ärger und

367 Freud: *Jenseits des Lustprinzips,* in: Ders.: *Das Ich und das Es,* S. 126f.

368 Lacan: *Die Ethik der Psychoanalyse,* S. 214.

Destruktion reagiert. Meine These besagt aber, daß Destruktion ihre Rolle bei der Entstehung der Realität spielt, indem sie das Objekt außerhalb des Selbst ansiedelt. Damit dies geschehen kann, sind günstige Voraussetzungen erforderlich."[369] Winnicott konstatiert einen „intermediären Raum", in dem die Vermittlungen zwischen dem Individuum und dem Kollektiv ausgekämpft werden. Eine solcher agonaler Raum wird von ihm benannt: „Wo sind wir, wenn wir tun, was wir doch so oft in unserem Leben tun: zum Beispiel, wenn wir genießen? Ist das Konzept der Sublimation wirklich ausreichend?"[370] Lacan hat diese Frage ebenfalls gestellt: „Auf was für ein Ziel geht der Genuß, wenn er auf die Überschreitung angewiesen ist, um dahin zu kommen?"[371] Die Aufhebung des Gesetzes kann es nicht sein, oder nur so sein, wie es im Spiel, in den Ressorts der Freizeitgesellschaft, erlaubt ist. Im Spiel wie in den Medien ist so gut wie alles möglich, sogar eine Reise in die Zukunft, wo die Gesetze der Physik überschritten werden. Denken wir an die Fiktionen eines Jules Verne oder H. G. Wells und an die Darstellungen des Karussells, die die Kinder in imaginäre Welten und die Erwachsenen in geschönte Erinnerungen entführen. Wenn das Ziel die Ästhetisierung der Ethik sein soll, kann die Transposition nur in der Sichtbarmachung des Spiels erfolgen. Jedes Kleinkind testet das im Haushalt seiner Wünsche. Handfester haben die Revolutionäre der 68er Bewegung das Konzept formuliert: „Die Phantasie an die Macht!" war der Slogan, der das Duell der Mächte brechen sollte. Die Phantasie soll das sein, was durch das Gesetz nicht eingesperrt werden kann, die befreite Erinnerung, die befreite Traumatisierung.

Um die Transposition des Genießens wider den Sadismus des Gesetzes, der als vom anderen kommend wahrgenommen wird, zu verstehen, müssen wir wieder auf die von Sartre ausgeführte Narzissmustheorie zurückgehen, die „Identifizierung mit dem anderen" und dem Widerstand einer sich realisierenden Ich-Position. „Wovor weichen wir zurück?"[372], fragt Lacan weiter im Hinblick auf die unethische Wende des Subjekts. Und wo eröffnet sich der Raum, in den hinein der Sog des Genießens sich ergießen kann? Es muss ein gesetzloser, diffuser, atmosphärischer Raum sein. Spielerisch offen und dennoch wieder mit individuellen, nicht konventionalisierten Grenzen bedacht, die es erlauben, dass das Genießen nicht sofort

[369] Winnicott: *Vom Spiel zur Kreativität,* S. 106.

[370] Ebd., S. 123.

[371] Lacan: *Die Ethik der Psychoanalyse,* S. 236.

[372] Ebd.,

in den Überschwang einer Angst dekomprimiert. Das Genießen ist immer auch ein Grenzgang der tödlichen Nähe zum anderen in Wahn und Rausch. „Wir weichen davor zurück, gegen das Bild des anderen zu freveln, weil es das Bild ist, nach dem wir uns als Ich geformt haben. Hier liegt die Überzeugungskraft des Altruismus.“[373] Der Raum ist ein Spielraum, der im Spiel erst seine Regeln findet.[374]

Der Genuss ist Erlösung vom anderen, aber in der Form eigener Andersheit. Deswegen die ästhetische und inszenatorische Verwandlung im Spiel: der Ritt auf den Fabelwesen des Karussells. Die erste Form des Genießens ist die Überschreitung des fundamentalen Gebots *„Du sollst deinen Nächsten lieben wie dich selbst.“*[375]

Die allgemeine Ökonomie – Kirche, Karussell, Kaufhaus – enthüllt sich als Erfüllung des Satzes *„Gott machte den Menschen nach seinem Ebenbild.* Die religiöse Tradition erweist sich hier einmal mehr als listiger in der Anzeige der Wahrheit, als es die Orientierung der psychologischen Philosophie vermutet.“[376] Anders intoniert: Der Mensch erschafft Gott als Phantasiegebilde, muss ihm dann in der Vermittlung Gesetzesmacht zugestehen und sich mit der List einer Technik begnügen, die Sünde in der Beichte zu transzendieren, d.h. sie zu symbolisieren, sie sagbar zu machen.

Die Bilder, und gerade die schönen Bilder des Heilsversprechens sind, so Lacan, „hohl“. Sie konstituieren eine „Leere“ in der anwesenden Abwesenheit Gottes. Erfüllt wird sie durch ein System von Illusionen. Der Katholizismus des Barocks propagiert den Grundsatz der *Leere durch symbolische Fülle,* der Protestantismus bis zur Moderne von Adolf Loos geht den umgekehrten Weg. Das Genießen ist kein „ursprünglicher Trieb“, es hat kein Ziel, es ist ein Übergang, eine unabdingbare Phase im Übergang zum Ich. Das Genießen ist in sich das ambivalente Ereignis, die Störung narzisstischer Spiegelstarre, d.h. die listige Inversion des Begehrens, zu sein wie Gott.

An dieser Bewertung von Ästhetik (ihrer ethischen Übergriffigkeit), an der das Bild sich als „trügerischer“ Übergang erweist, bricht Lacan seine Konzeption des einfachen Genießens, die er aus dem Gegensatz von Ethik

373 Ebd.

374 Vgl. Roger Caillois: *Die Spiele und die Menschen. Maske und Rausch.* Berlin 2017. Die Unterscheidung der Spielarten in *Agon, Alea, Mimicry* und *Ilinx* (S. 33) hat sich trotz vieler Überschneidungen als sinnvoll erwiesen. Das ist an den Differenzierungen der Kirmesattraktionen bei Szabo *(Rausch und Rummel)* und Dering *(Volksbelustigungen)* gut ablesbar.

375 Lacan: *Die Ethik der Psychoanalyse,* S. 237.

376 Ebd.

und Ästhetik entwickelt, ab. Er wendet sich dem perversen Genießen bei de Sade zu, um den „Raum“ der „Grenzüberschreitung“ zu ermessen, der uns vom „Nächsten“ trennt.[377] Der Blick zum Nächsten und die Unterstellung seiner sadistischen Grausamkeit ist die Spiegelübertragung meiner eigenen Gewaltentwicklung, die im absoluten Ich kulminiert. Der asoziale Masochismus des Genießens ist die Verausgabung meiner selbst im Kampf mit dem anderen. Lacan: „Freud schreibt, dass das Genießen im Grunde masochistisch ist.“[378] Das Schwindel- und Betrugsprogramm dient der asymmetrischen Verfehlung meiner selbst im Bild des anderen, das ich selbst in mir abwehre. Im 19. Jh., so Lacan emphatisch, phantasieren sich durch die rasche Entwicklung der Reproduktionsindustrie, der Schwindelmaschinen und Bildgebungsverfahren Abwehrstrategien eigener (kolonialer) Bösartigkeiten.

> Die panische Trunkenheit, die heilige Orgie, die Flagellanten des Attiskultes, die Bacchanten in der Tragödie des Euripides, kurz der ganze Dionysismus, der eine untergegangene Geschichte ist, auf die man sich, im Versuch sie wiederzubeleben, seit dem XIX. Jahrhundert bezieht, über Hegel, Kierkegaard oder Nietzsche hinaus, die Überreste, die uns vielleicht noch bleiben von der Dimension des Großen Pan in einer apologhaften, utopischen, apokalyptischen Dimension, die bei Kierkegaard und nicht weniger tatsächlich bei Nietzsche verurteilt wird – um das geht es nicht, wenn ich Ihnen von der Selbigkeit des anderen und meiner spreche.[379]

Es geht um den Kult des neuen Gottes der maschinisierten Technik als Andersartigkeit des anderen, um den „Gedanken zu einer Technik, den sexuellen Genuß als nicht sublimierten“[380] vollziehen zu können. Lacan zitiert Freud aus *Das Unbehagen in der Kultur*: Es gibt „kein gemeinsames Maß [...] zwischen der Befriedigung“ sexueller Art und den „sublimierten Trieben“, die dem Subjekt „vom Kulturzustand aufgenötigt werden.“[381] Es gibt nur *eine* Form des Genießens, und die sieht Lacan im Zusammenhang mit dem Todestrieb, mit der Vermeidung des (anorganischen) Stillstands: Der Genuss muss unentwegt diese leere Zirkulation zentripetal oder zentrifugal stören. Deswegen heftet sich das Genießen an die Fliehkräfte – an die Partialobjekte – wie das Kind an den Sozius, um die Rissigkeit des Seins zu erproben, eine Art Mimesis an den Tod (und retour) zu erfahren. Sartre hat diese Situation beschrieben: Die Höhenangst verpflichtet den Phobiker (oder den

377 Ebd., S. 239.

378 Lacan: *Von einem Anderen zum anderen,* S. 133.

379 Lacan: *Die Ethik der Psychoanalyse,* S. 240.

380 Ebd.

381 Ebd., S. 241.

Zwangskranken), bis an eine Grenze zu gehen, um zu prüfen, ob die Angst sich als verlässlicher Abgrund des Genießens einstellt. Das pathologische Genießen versichert sich des orientierenden Gesetzes, d.h. des „Selbst" – dessen, was bleibt, wenn alle Gegenständlichkeit in den Abgrund fährt.

Die Emphase Lacans ist ein Beleg für die grundlegende Funktion, die dem solipsistischen Genießen in der Ohnmacht der philosophischen Diskurse seit Kants und Wittgensteins Grenzziehungen zukommt. Man darf nicht übersehen, in welcher Weise Lacan insgesamt die Triebdynamik Freuds destruiert, um deren Polarisierung (etwa in der Benennung von Trieb und Drang) auf eine einzige dynamische Struktur zu reduzieren, die mit dem unglücklichen Namen „Todestrieb" doch eher das Distanzverhältnis zum anderen bezeichnen sollte: *einer Karussellbewegung, in der eine Bewegung zentripetale und zentrifugale Fliehkräfte entfesselt: zum Totpunkt hin, vom Totpunkt weg und in ständiger vitalistischer Unruhe.* Es gilt in der Psychoanalyse Lacans, wider den Dualismus, die angemessene Rhythmik, den Reigen[382] dieser Bewegung wiederherzustellen. Kultur beginnt mit der wechselseitigen Repräsentation, die den anderen zur freien ästhetischen Disposition als Bild und im Namen stellt. Diese Spiegelungen werden medial differenzierter, gebrochener, barocker, seit man sie als wissenschaftliche oder zirzensische Simulakren einsetzt.[383]

Die inflatorische Bildgebung als dominierende Universalität innerhalb einer Totalisierung macht die Grenzbestimmung unscharf. Wo genau Disneyland aufhört und das touristische Arrangement des Vergnügens in Paris beginnt, ist nicht festzustellen. Lacan kann das zum Zeitpunkt der Formulierung seines Seminars über Ethik 1959/60 vielleicht schon vor seiner Haustür in der ruhigen Rue du Lille beobachten. Wenige Meter weiter laufen in den Kinos die Filme, die Hollywood der „Stadt der Liebe" seinem pietistisch kastrierten Vergnügen entgegenstellt: Gene Kelly und Leslie Caron in EIN AMERIKANER IN PARIS (1951) und Fred Astaire und Audrey Hepburn in

382 Vgl. Bohn: *Das Karussell,* S. 196ff. Ich habe diese Rhythmisierung an Max Ophüls Film *Der Reigen* (1950) interpretiert.

383 Die „Metaphysik" beginnt bei den Sammlungen eines Athanasius Kircher zum ersten Mal, sich nicht nur mit Ähnlichkeit, sondern auch mit der Gleichheit zu beschäftigen, d.h. mit dem Übergang von Reproduktion zu Repräsentation. Vor allem die Konjunktur der allenthalben im 18. Jh. auftretenden Automaten festigen die Vorstellungen, über den anderen verfügen zu können, indem man ihn erschafft. E.T.A. Hoffmann hat in seiner Literatur *(Der Sandmann, Die Automate* etc.) die Wiedergänger dieses *Willens zur Macht* und ihr Risiko bis hin zu Shelleys *Frankenstein* mit der Idee, wie Phantasieproduktion (Literatur) entsteht, in Verbindung gebracht.

FUNNY FACE (1957)[384] sind nur die Spitzenprodukte der Darstellung eines für amerikanische Augen sorglos armen Genießens, von prekären Bilderkonsumenten, die sich ein Bild machen wollen von der Stadt des Luxus, der Liebe und des Genießens – Inszenierungswelten, die seit Ludwig XIV. strategisch geformte Programme sind, um die verbotene Leere zu füllen. In dieser Situation hat Sartre, wenige Kilometer von der *Rue de Lille* entfernt, gerade die KRITIK DER DIALEKTISCHEN VERNUNFT herausgegeben, der Lacan ein großes Lob zu Teil werden lässt. Denn die „Kritik" enthält „bis in ihre letzte Bestimmung"[385] hinein, was philosophisch über das Ich-anderen-Verhältnis unter der Voraussetzung eines irreduziblen Seinsmangels zu sagen ist.

Hollywood weiß, wo die Romantik ihre Grenzen hat: im Ehevertrag. Es zeigt sich darin einverstanden, die Eroberungen des Genießens der „Entstehung von Macht"[386] unterzuordnen. Macht ist dann am wirkungsvollsten, wenn sie nicht ausgeübt wird, sondern sich verkleidet: als Gabe des Genusses. Das gilt für den barocken Adel, der seine Gunst vergibt, wie für den modernen Sozialstaat, und am meisten noch für die Kultur- und Medienindustrie, einem besonders auf Verausgabung angelegten Bereich innerhalb der politischen Ressorts.

Beinahe zehn Jahre nach der Ethikvorlesung – im Herbst nach den Unruhen von 1968 – sieht sich Lacan genötigt, in einem Seminar mit dem Titel VON EINEM ANDEREN ZUM ANDEREN noch einmal auf die Funktion des Genießens einzugehen. Seine Aktualisierung versteht sich als Ergänzung auf

384 Eine Erfolgsgeschichte, die in Variationen durchgespielt wird: ein Maler (Kelly) respektive Fotograf (Astaire) macht sich ein Bild, trifft auf das Abbild der Jugend und fetischisiert dieses Bild, umrahmt von einer Stadt der Genüsse, in der die oft prekären ökonomischen Verhältnisse ihr ästhetisches Kapital eher preisgeben als ihr pekuniäres. Letzteres holt sich Hollywood an der Kinokasse.

385 Lacan, *Die Ethik der Psychoanalyse,* S. 273. Deutlicher bezieht Luhmann sich auf die Verlagerung der Liebe ins Imaginäre, welche die juridische Praxis der Ehe ihrer Funktion beraubt. Der Genuss des Aufschubs kommt in den repräsentativen Mediengeschichten eine wichtige Funktion zu. „Aber wie kommt es zur Imagination, wie schafft sie [die Liebe; R.B.] sich Raum, und vor allem: wie schafft sie sich Zeit? Die Antwort liegt, wie wir genauer zeigen werden, in der Zentrierung auf die letzte Gunst – in ihrem Aufschub. Die Idealfigur wird durch die Temporalisierung der Liebessemantik abgelöst." Niklas Luhmann: *Liebe als Passion. Zur Codierung von Intimität.* Frankfurt a. M. 1995, S. 62. Der Genuss der „Minne" ergibt sich als Abwehr ihres Endes, weswegen sie gegen ihren Status zu dauern vermag. „Liebe dauert nur kurze Zeit, und ihr Ende kompensiert das Fehlen jeder anderen Grenze. Das Wesen der Liebe, der Exzeß, ist der Grund für ihr Ende. […] Als Medium dieser Dauer dient das Wort." (S. 89) „Dies sind nicht Argumente gegen die Institution der Ehe […], sondern Argumente für die Ausdifferenzierung der Liebe, und der Angelpunkt der Differenz ist das Zeitproblem: die Dauer." (S. 96)

386 Ebd., S. 276.

eine Wende des Widerstandes in der Ökonomisierung des Genießens – des Übergangs von der Revolte zur Hippiebewegung, von der Ermächtigung des Konsums zur *Phantasie* als „Sabotage des Schicksals".[387] Konsumverweigerung, Ökologisierung beherrscht nun einen eher passiven Widerstand. Wenn Lacan 1968 auf die teilweise demolierten Straßen rund um die Sorbonne tritt, sieht er, dass der Aufstand wider die Macht bei den Studenten nicht das Ende der Macht, sondern bloß eine neue Macht hätte bedeuten müssen. Aus einer genießerischen Ruhe verwandelt sich eine eher gefühlte Maxime – „die Phantasie an die Macht" – in ein „Blumenfest". Die Politik wird ästhetisch. Dies nennt Lacan das „Mehrgenießen" – dem sich freilich die Arbeiter von Renault, Dassault etc. nicht anschließen wollten. Lacan definiert:

> Neu ist, dass es einen Diskurs gibt, der das, diesen Verzicht, darlegt und der darin erscheinen lässt, was ich die Funktion des *Mehrgenießens* nennen werde. Darin besteht das Wesen des analytischen Diskurses. Diese Funktion tritt durch das Geschehen des Diskurses in Erscheinung. Sie demonstriert im Verzicht auf das Genießen einen Effekt des Diskurses selbst. […] Nachzuweisen, wie das Mehrgenießen am Aussagen hängt, dass es durch den Diskurs hervorgebracht wird und wie ein Effekt in Erscheinung tritt, dürfte zweifellos einen hinreichend ausgearbeiteten Diskurs erfordern.[388]

Lacan besteht darauf, dass – anders als in der Askese des Calvinisten bei Weber – der Verzicht im Mehrgenießen durchgearbeitet werden muss. Denn es handelt sich bei Lacan – wie bei den studentischen Revolutionären – um Läuterung durch Erkenntnis, indem man den Marsch auf der Straße mit dem Marsch durch die Institutionen tauscht, indem man also ein imaginäres Projekt verwirklicht. Der Verzicht auf die alten Machtstrukturen, der vom Körper auf die Ideologien umschwenkt, die diesen Diskurs antreiben, und der eine Art Dialogisierung der Revolution bedeutet, paart das bourgeoise Glück mit dem Genuss der subversiven Revolte. Kurz gesagt, handelt es sich darum, das Leben als eine Kette voller Gaben zu begreifen, die sich offenbaren, ohne dass man sich ihrer erst bemächtigen muss.[389] Das heißt,

[387] Vgl. Ulrich Sonnemann: *Negative Anthropologie. Vorstudien zur Sabotage des Schicksals.* Frankfurt a. M. 1981. Sartre nimmt diesen Slogan nicht als spontane Erkenntnis in der Revolte, sondern als grundlegende Einsicht in die Revolte der 68er selbst: „Das heißt, sie verlangten alles: die Freiheit. Sie forderten nicht die Macht und versuchten gar nicht, die Macht zu ergreifen denn für sie – wie heute für uns – ging es darum, die die Machtausübung ermöglichende Gesellschaftsstruktur selbst zu beseitigen." Jean-Paul Sartre: *Selbstporträt mit siebzig Jahren. Interview mit Michel Contat* (1975). In: Ders.: GW Bd. 2. Reinbek 1986, S. 202-276, hier S. 242.

[388] Lacan: *Von einem Anderen zum anderen,* S. 17.

[389] Sartre hat in unveröffentlichten Texten zur Moralphilosophie versucht, den aggressiven Schuldcharakter der Intersubjektivität in eine Position des Wertes der Gabe umzuwandeln

die Vorgaben der Wunschindustrie werden nicht mehr angenommen, sofern sie über die unmittelbaren Bedürfnisse hinausreichen.

Zunächst fällt auf, dass wir anscheinend in der Argumentation auf den Ort des calvinistischen Verzichts zurückfallen, der schon bei Epikur anklingt: *Das Genießen erhält sich umso stärker, als es die Erfüllung aufschiebt, also sein eigenes Gesetz überschreitet.* Es gibt im Aufschub so etwas wie ein Versprechen, einen Advent, der zur Erlösung führen wird, wenn die richtige Zeit gekommen ist. Wichtiger als dieser Aspekt der Verzögerung und der freiwilligen Gabe einer guten Natur, die nicht auf einen Schlag gibt, was sie hat, sondern das Fest mit Nebenhandlungen anreichert, ist im *Mehrgenießen der Effekt des Unerwarteten, zufälligen* das der Ausdruck „Phantasie" mit sich führt. Der Aufschub muss sich im Diskurs als *Projekt,* oder, wie Sartre sagt, als *Entwurf* erfüllen. Man muss jedoch nicht mehr auf ein *göttliches Zeichen* warten, wie in der Prädestination: Die Welt gibt sich diesseits – und oft marxistisch verbrämt – zu erkennen. Was passiert, wenn ich mich allmählich in den Zustand eines leichten Schwindels, eines Rauschs versetze durch Effekte, die nicht zu erwarten waren? Was ist, wenn die Zauberei, die Magie und der Organon ästhetischer Kreativität mir Welten offeriert, die die Logik des Diskurses zur Fiktionalität hin überschreiten? Das Unerwartete soll geschehen, die Transzendenz wandert in die Immanenz. Da ist auch ein Anteil antichristlich-romantischer Ironie am Werk. Aber ist diese Erkenntnis nicht nur ein Taschenspielertrick – eine Ablenkung der Medien, die zu verdammen der Intellektuelle ein wenig genauer nachzuprüfen hat? Lacan wenigstens zieht Joyce und Shakespeare heran, um eine Kultur des Mehrgenießens, der Abwehr, gegen den spießigen Genuss des affektiven Vergnügens abzugrenzen, das sich an einem zerplatzenden Feuerwerk ergötzt. Lacan also spricht wie Sartre vom Genuss der alltäglichen Erkenntnis – von dem, was sich gibt, was „gehabt" werden kann.

Im Hinblick auf die Positionierung Lacans, das Genießen als Effekt des Diskurses zu betrachten, mahnt Žižek an, die populären Medien nicht zu verfemen, sondern ihre sozialisierende, aber auch innovative Kraft bezüglich ihrer Metaphorisierung in Rechnung zu stellen. Medien sind Metaphorisierungen[390], durch die das Ethische zur ästhetischen Legitimation findet.

oder doch zumindest gleichwertig zu behandeln: „Es gibt keinen anderen Seinsgrund als Geben. Und nicht nur das Werk ist Gabe. Der Charakter ist Gabe; das ICH ist die vereinende Rubrik unserer Großzügigkeit. Selbst der Egoismus ist eine verirrte Gabe." Sartre: *Entwürfe für eine Moralphilosophie,* S. 233.

[390] Žižek: *Liebe Dein Symptom wie Dich selbst,* S. 7.

Žižek formuliert anlässlich der vielzitierten Interpretation von Poes *Der entwendete Brief* durch Lacan:

> Man sollte aber hier nicht vergessen, daß bei Lacan das Reale par excellence das Genießen ist: die Grenze, an die die symbolische Ordnung stößt, ist nicht nur der Tod, sondern auch der Genuss als ein nicht symbolisierbares Trauma. „Der Brief erreicht seinen Bestimmungsort" würde also letztendlich bedeuten: Das Subjekt kann sich im Signifikanten nie vom Makel des Genießens freimachen, der an ihm haftet, mit dem es befleckt ist; entsagt man dem Genießen, so hat diese Geste selbst unweigerlich einen Mehr-Genuß zur Folge, den Lacan als *a* (Objekt klein a) bezeichnet."[391]

Wir haben diese Entsagung (im Wortsinne) bei Abraham bemerkt: Abraham kann nicht sprechen. Wortlos ist er bereit, seinen Sohn zu opfern, um die Anerkennung Gottes zu genießen: Gewinn durch Verlust. Bei Abraham und historisch im Abgesang der Revolte von 1968 zeigen sich die beiden Seiten einer Grenze zum Tod: *die Unruhe des Genießens als Verausgabung und die Ruhe des Mehr-Genießens als Askese.* Nun geht es nicht mehr darum, die kleinen „Absencen" zu genießen, sondern im Gegenteil das übervolle Genießen der Imagination in reale Bahnen zu lenken. Die gesamte ökologische Bewegung bezieht von dieser Volte der Macht ihre Legitimation.

Klein *a* (das Reale) zeigt sich nicht in dem populären Bild, das wir vom Genießer haben, sondern als *Verpflichtung* eines auf sich selbst zurückgebogenen Gebots und in dem Gedenken des Mutteropfers, sprich: der Ausbeutung der Rohstoffe.

Doch erscheint bei Lacan und in den Medienbeispielen, die Žižek analysiert, gerade das Symptom im Zirkel der inneren Ökonomie, also dort, wo das Genießen im äußeren Zirkel als Mehr-Genießen oder „asketisches Genießen" bestimmt wird. Die Wunschproduktion wird pathologisch im Symptom durchbrochen. Das Symptom stellt eine Verweigerung des Genießens dar, das (masochistisch) als höherer Genuss – Sabotage am Schicksal – empfunden wird. Es ist das Subjekt, das genießt, und es ist im Genießen zugleich nicht ganz es selbst. Diese Bestimmung erarbeitet Lacan aus psychoanalytischer Sicht in mehr oder weniger expliziter Nähe zum philosophiehistorischen Weg, den wir von Luther, Calvin, Kierkegaard, Sartre über Weber, Freud und Mauss bis Bataille nachzuzeichnen versuchten. Das Symptom ist die Wahrheit des Genießens, der „Störenfried". Vermutlich kombiniert Lacan aus der Verbindung mit den strukturalen und existentialistischen Argumenten seiner Epoche diese Konzeption, die dann bei Žižek

391 Ebd., S. 39.

auf die technischen Massenmedien hin entfaltet wird. Zudem gelangt die *positive Deutung des Symptoms* als Ausweis eines *authentischen Eigenwerts* über die narzissmustheoretischen Implikationen (existentialistische Psychoanalyse plus Spiegelstadium) an die Oberfläche des Lacan'schen Diskurses – und zwar durch eine historische Strömung, die spätmarxistisch sich vom Bedürfniszwang (der Nachkriegsgesellschaft) befreit und in eine Gesellschaft der reellen und der medialen Verausgabung übergeht. Jetzt kann man Arbeit genauso wie Freizeit inflatorisch genießen (die Hippie-Bewegung ist der damalige Ausdruck); das erstere weniger, das letztere mehr – was tendenziell die Sperre zwischen dem allgemeinen und dem individuellen Tod zu Gunsten der Abwehr des letzteren dissoziiert: Weil man geboren wurde, hat man den Tod schon überwunden. Doch die Ökologisierung der Ökonomie hat eine Schwachstelle. Als Symptom einer Verweigerung arbeitet sie gerade darauf hin, die Ausbeutung der Ressourcen und ihre Zirkulation weiter, nämlich technisch, zu optimieren. Dies jedoch zeigt, dass das Symptom zwar Widerstand ist, aber eben immer nur im Hinblick auf ein *anderes* Genießen – oder, wenn man anders will, basierend auf dem Wunsch, den Opfereinsatz zu erhöhen, das Karussell zu beschleunigen, um im Verschwinden das narzisstische Erscheinen zu feiern.

Doch gehen wir direkt auf die Ableitungen des Mehr-Genießens zunächst bei Lacan ein, bevor wir sie mit Žižek auf der Ebene der populären Medienangebote verifizieren. Es geht nun nicht mehr darum, auf eine Lösung der Sperre in der Moderation des Vampirismus von Ich und anderem hinzuwirken. Sartre selbst hat in seinem Text ENTWÜRFE FÜR EINE MORALPHILOSOPHIE zeigen wollen, dass Intersubjektivität zwei elliptische Zentren hat: die narzisstische und die altruistische.

Lacan definiert zehn Jahre nach den Ausführungen in seiner *Ethik* ein spezifisches Genießen in Abhängigkeit vom aktuellen Erscheinen des Begriffs „Diskurs“, der die kommunikativen Funktionen der Zeit nicht mehr subjektzentriert auffasst, was vor Foucault Blumenberg „*metaphorologische Verschiebung*“ genannt hat. „Das Mehrgenießen ist die Funktion des Verzichts auf das Genießen unter dem Effekt des Diskurses. Es ist das, was dem Objekt a seinen Platz gewährt. Insofern der Markt welches Objekt der menschlichen Arbeit auch immer als Ware definiert, trägt das Objekt etwas vom Mehrwert in sich.“[392] Dieser Mehrwert ist das Phantasma oder, wie es bei Marx heißt, der Fetisch, dass der Tausch unschuldig, bewusstlos

[392] Lacan: *Von einem Anderen zum anderen,* S. 19.

vonstatten geht, insofern er die Vergesellschaftung erzwingt. Die bewusste Erkenntnis der Diskursivität-für-sich (der systemischen Selbstreflexion der Kommunikations- oder Tauschdynamik) ist durch das Faktum angezeigt, „dass ein Signifikant sich nicht sich selbst repräsentieren kann." Er muss dieses über die verschobene „Wiederholung" tun. Infolgedessen ist das Mehr-Genießen, wie der Diskurs, nicht finalisierbar und nicht zentrierbar. Er ist, wie das Karussell, den zentripetalen und zentrifugalen Fliehkräften ausgesetzt[393]: so, wie das kleine Kind die Silben Pa-Pa oder Ma-Ma wiederholt, um mit der ersten Silbe eine Setzung zu machen, die in der zweiten Silbe ihre Kontingenz verliert. Es brabbelt nicht einfach sinnlos „Pa", es setzt einen intentionalen Akt: „Pa-Pa". Der Laut wird zur Aussage. Sofern ich den Diskurs in seine Effekte zerlege, erscheint ein Mangel, und das ist der Mangel, der im Diskurs das Mehrgenießen hervorruft, das durch die Wiederholung diszipliniert wird. Die Absence (dass es sich „nur" um Zeichen handelt) bringt zugleich die Welt der Imagination hervor, die der Kontingenz der Realität einen Sinn gibt. Die Wiederholung lässt sich – wie die Beschleunigung auf den Kirmesgeräten – nur dann als *Genuss* auffassen, wenn sie sich selbst ständig im Kreiseln und in der Beschleunigung der Fahrgeschäfte variiert, also die unerwarteten Effekte disponiert, die von anderswoher zu kommen scheinen: Störungen einer idealisierten Realität.

Dieses Spiel zweiter Ordnung (die Bewegung der Affekte innerhalb der Bewegung der Maschinen) wird von den avancierteren Karussellmaschinen in ihrer epizyklischen Steuerbarkeit simuliert. Deshalb setzt es sich innerhalb der Bauart älterer Karussellgeräte durch, neben dem Ringestechen auch eine vertikale Bewegung der Pferdchen zu ermöglichen, die eine bloß kreisförmige Wiederholung disturbieren. Das Karussell als pädagogische Trainingsmaschine ist dabei nur ein Simulakrum dessen, was es heißt, mit dem anderen zu kooperieren. Klossowski spricht die Funktion des Simulakrums an: „Das Simulakrum in diesem Sinn ist jedoch nicht die Katharsis, welche nur eine Ablenkung der Kräfte ist, denn es reproduziert die Realität des Phantasmas auf der Spielebene als *Inszenierung* der aggressiven Realität."[394] So sind alle die Disneyfiguren selbst nur Simulakren der Disneyfilme, die ihre Reinszenierung in einer Freizeitparkstrategie haben, die mehr als zweihundert Jahre alt ist. Die Inszenierungen in den Gärten von Versailles könnte man als Vorform dieser Maschinisierungssimulationen

[393] Ebd., S. 21.

[394] Klossowski: *Die lebende Münze*, S. 29.

bezeichnen. Hier ist noch ein Moment von Artifizialität im Ingenium des Ingenieurs kenntlich: die Seltenheit. Das kreisende Ballett des Königs und seiner Höflinge steht für dieses avatare Puppenspiel ein. Seine Überlegenheit gewinnt Versailles durch seinen politischen Hintergrund: Die Bannung des Adels und die Wunder der Maschineneffekte (Marly) verbieten es jedem Diplomaten, gegen einen Herrscher Krieg zu führen, der mit Blicken und Täuschungen, mit Schwindel und Zauberei ingenieursmäßig auf diese Weise spielen kann – der die Macht hat, das Fließen der imaginären Ströme zu lenken. Dieser Schein, sofern er die Gewalt diszipliniert, wird schnell ubiquitär; er verbreitet sich im gegenreformatorischen Barock.

Dem Phantasma der Autonomie des Individuums setzt Lacan die unendliche, niemals auf ein Original oder auf die Authentizität eines Begriffs reduzierbare Kinetik entgegen. Die Methodik dieser Subjektdezentrierung bietet Lacan die Möglichkeit, genauer auf das Mehr-Genießen in der Realität einzugehen. Die Ableitung ist von langer Hand vorbereitet. Ich verkürze sie auf die Funktion der Wissbegierde, von der behauptet wird, es sei mein Ich, das sich im Wissen stabilisiert. Dahinter steht das Phantasma der *Identität, der absoluten Wiederholung.* „Das Wissen, im Äußersten ist es das, was wir den Preis nennen. Der Preis verkörpert sich manchmal im Geld, aber das Wissen auch, es ist Geld wert, und das mehr und mehr. Das sollte uns Klarheit verschaffen. Dieser Preis ist der Preis von was? Es ist klar – es ist der Preis des Verzichts auf das Genießen.“[395] Lacan sagt – mit Klossowski gesprochen, „daß es dem Genuß nichts entgegengesetzteres gibt als das, was kostenlos ist.“[396] Der Preis der Ökonomie des Karussells wird doppelt entrichtet: Es ist die kleine elterliche Münze, die dem Eigner der Maschine gegeben wird, und es ist der Schwindel, der Orientierungsverlust, mit dem die Neujustierung der Körpererfahrung bezahlt wird.

Žižek formuliert umgekehrt, auf das Subjekt bezogen: „Der Zugang zum Wissen wird also mit einem Verlust des Genießens bezahlt – das Genießen ist in seiner Blödsinnigkeit nur aufgrund eines Nicht-Wissens möglich.“[397] Es ist leicht einzusehen: Die Identitätshermetik des Wissens schließt die Lücke des Realen, die der Strukturalist als Ort der Leere, der möglichen hermeneutischen Verschiebung[398] ins Spiel bringt, damit die

[395] Lacan: *Von einem Anderen zum anderen,* S. 43.

[396] Klossowski: *Die lebende Münze,* S. 81.

[397] Žižek: *Liebe Dein Symptom wie Dich selbst,* S. 17.

[398] Vgl. Gilles Deleuze: *Woran erkennt man den Strukturalismus?* Berlin 1992, S. 44f: „Eben in diesem Sinne bildet die Verschiebung, und allgemeiner die Austauschformen, kein von außen

Dinge sich in Bewegung halten können. Wissen als Besitzform ist mit Erkenntnis nicht vereinbar.

Was sich dem Wissen entgegenstellt, das ist, nach Lacan – so Žižek – das Symptom, das jenseits der Zeichen eine Selbstreflexion auf die Identität des Wissens formuliert, nicht aber als Identisches, sondern pathologisch Verschobenes. Das Symptom ist die Weise, „in der sich das Subjekt sein Genießen organisiert."[399] Als Nichtwissen (seiner Herkunft und Zukunft) verweigert es sich einer Logik der Identität und der Identifizierung. Diese muss vielmehr nachträglich konstituiert werden. Das Symptom wartet nicht nur auf seine zukünftige Rückkehr in den Kreis der Signifikanten, sondern es wartet, so Žižek, retroaktiv auf die Konstitution seiner Vergangenheit: Diese individuelle Vergangenheit wird erst im psychoanalytischen Prozess erschaffen. Sartre konzipiert ebenfalls die Nachträglichkeit des Sinns in seiner progressiv-regressiven Hermeneutik. Žižek verwendet den Begriff der „retroaktiven Performativität". Mit ihm bezeichnet er die Umschrift einer nachträglichen Repräsentation vergangener Gegenwart respektive die Unmöglichkeit, die Geschichte am Ort ihrer selbst einzuholen. Vergangenheit wird nachträglich gemacht; das Symptom bekommt nachträglich seinen Sinnort zugewiesen. Als ökonomische Mikrostruktur dient vergleichend die Dynamik des Witzes, der immer eine Destruktion der „Vorgeschichte" durch eine unerwartete Pointe erreicht und einen aktuellen Affekt des Lachens auslöst. Das Symptom ist der „Kern des Genießens, der als Überschuß weiterbesteht."[400] Es ist eine unfassbare, paradoxe Gabe.

Es kann gewusst werden, dass der Tausch das Wissen als störungsfreien Besitz und die Vergesellschaftung als Nicht-Gewusstes hervorbringt. Der strukturale Signifikant wendet sich stets gegen seinen performativen Ausdruck und besetzt die Lücke, auf die er sich gründet, reißt aber hinter sich durch seine Versetzung die Lücke wieder auf. „Vom Wissen her erkennt man schließlich, dass das Genießen angeordnet wird und sich als gesucht und pervers etablieren kann. Das ist nicht neu, aber wird erst von der Homogenisierung der Wissensweisen auf dem Markt her sichtbar."[401] Der Schausteller weiß sehr wohl um die Animation und die Platzierung,

hinzugefügtes Merkmal, sondern die grundlegende Eigenschaft, die es ermöglicht, die Struktur als Ordnung der Orte unter wechselnden Verhältnissen zu definieren." Vgl. auch Žižek: *Liebe Dein Symptom wie Dich selbst,* S. 53f.

399 Žižek: *Liebe Dein Symptom wie Dich selbst,* S. 20.

400 Ebd.

401 Lacan: *Von einem Anderen zum anderen,* S. 45.

die Geschwindigkeit und den Preis seiner Karussellmaschine, die er szenografisch auf dem Markt platziert: Durch Ausruf, Musik, Fürsorglichkeit und Hilfe bei der Disponierung der Kinder wird die Show angeregt. Aber zugleich weiß er nicht, dass er das Wissen (die normative Technik) nutzt, um dieses Wissen selbst zu destabilisieren.

Wenn es, nach Lacan, ein begründeter Vorwurf ist, dass die Psychoanalyse sich zu wenig um die „soziale Struktur“ gekümmert hat, so ist es jetzt darum zu tun, die Geltung des Subjekts aus der sozialen Ökonomie herzuleiten. „Die Produktionsmittel, das heißt das, womit man Dinge anfertigt, die das *Mehrgenießen täuschen, und die, weit davon entfernt, hoffen zu können, das Feld des Genießens auszufüllen, selbst nicht in der Lage sind, dem zu genügen, was auf Grund des Anderen davon verloren gegangen ist.“*[402] „Die Produktionsmittel [werden] nicht in den Dienst der Lust“ gestellt.[403] Lacan referiert kurz auf das Werk von Bataille, das in diesem Dilemma sich einer Moral der Verausgabung widmet und das er, Lacan, für „unbedingt lesenswert“ hält.[404] Lesenswert ist bei Bataille vor allem die Markierung der Mechanismen der Verausgabung respektive der Ambivalenz des Genusses im Dienst des Sakralen und Rituellen. „Die Mechanismen des Unbewussten definieren eine minimale logische Struktur, die ich seit langer Zeit unter den Ausdrücken Differenz und Wiederholung resümiert habe.“[405] Die Identität ist die Inzestschranke der Produktion.

Das neue Wunder der digitalen Produktionen besitzt nicht die Kraft, sich selbst zu metaphorisieren, da es die „Deckung“ der „Eins oder der Null in der Logik“[406] als Inzest der Identität feiert. Ende des Genießens in einer polaren Logik, die das „vom Genießen entleerte […] Terrain“ freigibt. Auf ein Buch von Deleuze[407] bezugnehmend, bewundert Lacan dessen „Strenge und Richtigkeit als verschieden von und als abgeglichen mit all dem […], was das moderne Denken der Logiker von dem abzugrenzen gestattet, was die Ereignisse, die Inszenierung und das Ganze mit der Existenz der Sprache verbundene Karussell genannt wird. Da, im Anderen, ist das Unbewusste strukturiert wie/als eine Sprache.“[408]

[402] Ebd., S. 119f.
[403] Ebd., S. 128.
[404] Ebd.
[405] Ebd., S. 234.
[406] Ebd., S. 265.
[407] Lacan bezieht sich auf Deleuze: *Die Wiederholung.*
[408] Lacan: *Von einem Anderen zum anderen,* S. 267f.

Lacan bringt auf den Punkt, was die Abstraktion der Mathematik *nicht* leistet, was in den ideenlos drehenden Stahlbügeln, die sich „Karussell" nennen dürfen, eliminiert worden ist aufgrund eines „Weniger-Genießens" in der reinigenden Ökologie des Wissens. Die Mathematik spricht das Vorwort des Todes: Für das Leben muss man bezahlen. Warum sollte es kostenlos gegeben sein? Welcher Moral soll man folgen: der Phantasieproduktion oder der Wunschproduktion? Die Sauberkeitsfanatiker von Loos bis Bauhaus, die Befreiung vom Ornament, das ökologische *Wissen* des zirkulären Inzests eines *perpetuum mobile,* welches nun die Sonne und den Wind als Rohstoff entdeckt, darf man einen neuen Calvinismus nennen, der die *bewusstlose* hemmungslose Verausgabung erneut herausfordert. Die neue Prädestination ist das Beherrschen göttlicher Algorithmen und ihrer Verwandlung in reelle Technik, um sich der Steuerung des Mehr- oder Weniger-Genießens zu bemächtigen. Daraus spricht der Geiz, den Körper ins Spiel zu bringen, und die Angst vor dem enthemmten Genuss. Wie schwebend löst sich der Widerstand vorgeblich im Diskurs auf. Doch nur im *Verzicht aufs Absolute, in der Erdung aufs Episodische* erscheint die Technik des Karussells genussvoll. Die Seele des Karussells ist nicht ihre primitive Maschinität, sondern ihre aus der Zeit fallende Differenz in der Erscheinung. Das wissen die Kinder und zeigen es im Spiel ihrer Rollen. Die überbordende Gabe seiner inszenatorischen Erscheinung ist der exzentrische Genuss, weswegen sich das Karussell heute noch dreht.

11. Erinnerung an Zukunftsillusionen. Das Karussell zwischen Abwehr und Wiederkehr

Lacan äußert Ende der 1960er Jahre in einer Frage sein Unbehagen über die Vergnügungsindustrie, indem er sich auf das selige Genießen billiger Unterhaltungsliteratur bezieht. Er fragt bewusst naiv: „Warum zum Teufel finden wir gefallen an manchen von den Dingen, die, auf unsere Geldbörse schielend, in der Form von Romanen, Bildern, Dichtungen und Novellen ausgeschüttet werden?"[409] Wir werden sehen, dass die Antwort, die etwa zwanzig Jahre später Žižek in Bezug auf die digitale Ubiquität von flachen Dramen, Mythen, Epen gibt, komplexer ausfällt als die Missbilligung des Scheins vorfabrizierten Zeitvertreibs. Das erste Argument unterstellt diesen „Dingen" eine sublimierende Wirkung, eine Verschiebung der Spiegelsituation, die im Lacan'schen Ausdruck „Schielen" ihren organischen Affekt findet: Das Warenangebot *schielt* auf unser Geld, während wir statt der Ware „Fiktion", eigentlich doch sinnvolle Erfüllung, wenn nicht sogar unvorhergesehenen Genuss wollen *sollen.* Denn diese „Dinge" (Romane, Bilder etc.) liefern eine vorgefertigte Erfüllung der Träume, die uns vorher angedient wurden. – Trotzdem funktioniert die Identifikation mit diesen Gaben des anderen blendend. Alles dreht sich bei diesem „Schund" um ein öffentliches Phänomen der sozialen Bestätigung, d.h. der Neutralisierung des narzisstischen Duells; um Kulturvermittlung; um Begleichung eines phantasmatischen Mangels, der den Vorzug hat, nicht als Mangel der *Materie* aufzutreten. Diese Seite der Befriedung ist keinesfalls asketisch, auch wenn die Medienereignisse oft nur monologisieren. Der Wunsch des Intellektuellen aber ist ein anderer. Dieser kann sich reflexiv nur als asketische Abwehr vor der Kulturindustrie artikulieren, so wie Adorno/Horkheimer es in der *Dialektik der Aufklärung* exemplarisch gemacht haben. Warum?

Zunächst das *Schielen* betreffend. Wir haben mit Lacan vermerkt, dass der Vorgang der Sublimierung des Sexuellen in der Kultur keineswegs eine qualitative Minderung des verausgabenden Genießens bewirkt. Folglich darf

[409] Ebd., S. 274.

man den einen Bereich der „Technik" des Genießens nicht durch den anderen (die sexuellen, „authentischen" Techniken) ausspielen. Die in Anspruch genommene Differenz von „hoher" und „niederer" Kultur (respektive Natur) ergibt sich aus dem Phänomen des Schielens, des Quasibeiseitetretens eines Phänomens der Fläche, des Bildes und der „oberflächlichen" Romane. Rudolf Heinz resümiert: *„Alle Bilder schielen, sofern sie flächig sind. Einige aber sind schielender, insofern sie dies basale Bildelement Fläche selbst wiederum verbildlichen."*[410] Von der Seite betrachtet, besteht die intellektuelle Forderung einer genealogischen Erhellung darin, einem Raum Distanz zu schaffen, der die Phänomenalität des Bildes klärt und die Membranfunktion zu den ambivalenten Polen des Genießens durchlässig macht. *„Schielen ist die sanktionierte Anmaßung der Bild-Fläche."*[411] Die Anmaßung geschieht gemäß der narzisstischen Komponente, selbst der Tausch zu sein, also die Erfüllung des Genießens an beiden Polen *zugleich* zu erreichen, was letztlich einen inzestuösen Kollaps zur Folge hat, der sich im besagten intellektuellen Beiseitetreten, in der Kritik des „Schunds" der Kulturindustrie ausdrückt; so, als wolle man die beiden Seiten der Münze zugleich sehen. Meine fotografierende Haltung vor dem Karussell (meine Urszene) referiert bildtechnisch auf diesen Umstand der Flächenanmaßung. Heinz weiter: „Was aber ist daran so attraktiv, daß es die Begehrlichkeit seiner verbotenen Aneignung weckt? Es ist nichts anderes als *das Phantasma des Bildes, elementar der Bild-Fläche selbst* […], der Hegemonie der Medien, des Universaldesign, der Tauschwerthypostase."[412] Letztlich haben wir es mit dem billigen Wunsch zu tun, sich selbst zum Medium zu machen – was auf der intellektuellen Seite dem Verschwinden des Subjekts entspricht. Und darauf schielt wohl Lacan.

Weismüller gibt einen aktuellen Beleg der Heiligsprechung des „Bildes" als schielendem Schund, in welchem die symbolische Struktur mit den Wunschvorgaben scheinbar schuldlos korrespondiert. Das Ideal der Repräsentation, der absoluten Gegenwartsverfügung durch das Bild, kompensiert den Mangel der Materie. In der Aktivierung des Mangels

imponiert mithin zuerst die Anmahnung des Körpers als Opfer; und dieser dergestalt zitierte Opferkörper, das ist notorisch der als schändlich gedachte Mutterrest, der von der lebendigen humanen Existenz unabstreifbare Beweis der Nicht-Absolutheit, Nicht-Vollkommenheit und

[410] Rudolf Heinz: *Schief und Scheel. Propädeutikum zu Bild und Stabismus.* In: Hans Belting, Dietmar Kamper (Hg.): *Der zweite Blick. Bildgeschichte und Bildreflexion.* München 2000, S. 229-240, hier S. 231.

[411] Ebd., S. 233.

[412] Ebd.

Grundlosigkeit des Menschen, den es zu überführen gilt – christliches Basisparadigma: leibliche Aufnahme Mariens in den Himmel (Dogma) – in die zirkulare Ordnung der quasi in die Heiligsprechung hinein heilenden Verdinglichung.[413]

Das Senden und Empfangen der geheiligten, entsubstantialisierten Form, des performativen Gehalts, zeigt sich für Weismüller in den Medien, einschlägig denen der Television, des Fernsehens, des transzendenten Blicks. Der Blick zielt zwar auf die Sendung, schielt aber auf den schuldlosen Zustand von Übertragung (Himmelfahrt), also auf den Inzest, die Vermittlungs- und Seriensucht, das Eingehen in das Fernsehbild selbst. Dessen Apotheose ist biblisch schon immer die Immaterialität Gottes, von dem es folglich kein Bild geben kann, sondern nur wunderliche Wirkungen. Im engeren Sinn geht es philosophietherapeutisch um die Brechung des Inzests, der stets in den Sog des Todestriebes, auf die leere zyklische Fläche Gottes blickt. Reflektierend muss von der Seite auf das Verhältnis von Sendung und Empfang geblickt werden, zum Beispiel auf das Verhältnis der Kinder zum Sozius, zum Rekommandeur, den Eltern und zum Publikum. Der beobachtende Drittenstatus restituiert Tiefe. Wie Heinz anmahnt, gelingt die Medienbrechung erst durch Einsicht in das *„Verhältnis Ton – Bild“*[414], die Sprache oder – beinahe schon rückverwandelt – den Text respektive den Tonfilm. „In der Terminologie philosophischer und pathognostischer Praxis gesagt: Es geht um einen Einschnitt in den Symptomzirkel, eine Brechung der zentripetalen Kräfte subjektivistischer Zuschreibung und affirmativ narzisstischer Anmaßung, um die Übertragungsöffnung subjektiver Nöte auf die objektiven Vorgaben.“[415] Die Ubiquität der medialen Banalitäten und deren intellektualistische Bannung wirft ein bezeichnendes Licht auf die diskurstheoretischen Versäumnisse. In Bezug auf den Körper gibt es hier wie dort nur ein passives Genießen. Die aktive Seite bricht sich an der Hermeneutik kritischer Analytiker. Es stimmt beides: „Jegliches Genießen basiert auf dem Vergessen und der Fehldeutung.“[416] Vergessen ist ein Momentum der Abwehr, wie die Dinge zu sehen seien, während die Fehldeutung eine bewusste hermeneutisch undisziplinierte Metaphorisierung, Ironisierung, Travestie, Sabotage, Perversion der Tausch- und Übertragungssituation ist – je nach Aggressivität des Fehls, mit der eine Sendung entgegen ihrer Inten-

[413] Christoph Weismüller: *Therapie und Television.* In: *Mensch und Welt in Therapie.* Psychoanalyse und Philosophie, Jahrbuch 2022, Hg. Christoph Weismüller, Düsseldorf 2022, S. 19-49, hier S. 23.

[414] Heinz: *Schief und Scheel,* S. 233.

[415] Weismüller: *Therapie und Television,* S. 32.

[416] Ebd., S. 35.

tion empfangen wird. Im besten Sinne hat Kritik ihren Ort als Fehlstellung selbst. Die Immaterialisierung kann demnach nur stets eine unreine sein, so medial sie sich auch absolut gebärdet. „Billig" ist eben nicht „kostenlos". Für die Television haben wir es eher mit der Tabuisierung in einer „technischen Kopie des Traums"[417] zu tun, während in unserer szenischen Miniatur des Karussells die Schwindelphase geradezu die Rückaneignung des Vergessens als Genuss beherrschen will. Die berühmte Anekdote, in der Kant seinen langjährigen Diener namens Gärtner vermisst und mit dem täglichen Ausspruch „Gärtner muss vergessen werden" erinnert, persifliert die Unmöglichkeit des Vergessens in einem Witz, der inhaltlich wie funktional das widersprechende Verhältnis von Wunsch und Erfüllung disponiert – und zwar im Genuss des schielenden Witzes selbst. Die medialen Banalitäten sind Schwindelmaschinen, da sie das Vergessen in der permanenten Wiederholung apathisch werden lassen und in ihrer aggressiven Geschwindigkeit keinen kritischen Einspruch während der Sendung erlauben.

Lacan erwähnt für die Heiligsprechung (liebes)romanhafter (oder televisionärer) Sendung – ebenfalls eine *schiefe* Brechung von Schuld – einen imaginierten Austausch, die höfische Liebe, für die es ausgemacht ist, dass der Ritter niemals wirklich von der Geliebten, die er heiligt, erhört wird; dass man niemals dem Duell der Blicke standhält, sondern im amourösen Agon der Poesie verbleibt. Der Genuss der poetischen Liebe, seitwärts gerichtet, zeigt sich in ihrer vollen Verräumlichung. Je weiter sich der Ritter entfernt, umso plastischer wird das Gefühl der Liebe. Und umso heftiger muss auf dem Schauplatz der Gewalt im Duell um die Gunst der Dame mit dem vollen Einsatz des Körpers gefochten werden. Der einer Sinnlichkeit nicht zugängliche Sog der Distanziertheit konstituiert seine Zirkulation im Ideal einer absoluten Metapher: die des Kreises – und die des Ringes als symbolischer Gabe. In Ritterzeiten gehörte das Ringestechen, das sich auf manchen Karussells bis heute erhalten hat, zum Pflichtprogramm des Turniers – im Bewusstsein der Symbolik einer Rückkehr zur Geliebten nach odysseischer Heldenreise. Dieses Band der Liebe ist möbiusartig, paradox raumgreifend, zweidimensional, unauflöslich. Da die Liebe aber keine Substantialität aufweist, eine reines Phantasma ist, dauert sie ewig.

Hier, im heiligen Bezirk, soll die Schuldfreiheit der Zirkulation gewährt sein: kein Vergessen und keine Verfehlung – und trotzdem Genuss?

417 Ebd.

Nun, der Genuss ist die minimale Verfehlung der Verfehlung als Grenze: Gedächtnisbildung, Poesie und Gesang. „Die Kreisbewegung ist das Äußerst-Erreichbare einer vor dem Hiatus der Transzendenz unerfüllten und unerfüllbaren Liebe, insofern Liebe dem Geliebten gleich werden will, und zugleich die Metapher der Unerfüllbarkeit."[418] Die Ästhetisierung dieser Minnekonstitution in die Unerreichbarkeit der medialen Präsenz hinterlässt einen Globus der Leere um den Ritter, einen Oikos der Transzendenz, der poetisch inszeniert und geistig erfüllt wird – in völliger Entgegensetzung zum späteren Ritterroman, der sich – nach Cervantes – nur noch ironisch von sich distanzieren muss. Kann es aber sein, dass die höfische Liebe genau jene Abwehr in Aussicht stellt, mit der die Idee der Kreuzzüge als Gewalt korrespondiert? „Warum zum Teufel?" also, fragt Lacan. Ist die aggressive Potenz der Medien größer als ihre einschläfernde Traumwirkung? Die Antwort: Es gibt in den Medien einen Aufschub vom Absoluten im Idealisierten, eine narzisstische Brechung der direkten Gewalt. „Der Ort des Anderen als des Genießens entleert ist nicht bloß reiner Platz, ausgebranntes Rund, offener Platz für das Spiel der Rollen, sondern etwas, das von sich aus von der signifikanten Inzidenz strukturiert ist. Dies ist sehr genau das, was darin jenen Mangel, jene Sperre, jene Kluft, jenes Loch einführt, das sich unter dem Titel des Objekt *a* herausheben lässt."[419]

Die Inflation des Realen *(„a")* tritt explosionsartig einen unerwarteten Effekt los: das Aufgehen in der Gegenwart der Waren „Ereignis, Spektakel, Event", „wovon unsere *mass media* nur die Wiederkehr in der Vergegenwärtigung sind."[420] Die Struktur ist die gleiche wie bei der Heiligung. Aber während Heiligung eine Seltenheit ist, tritt die Vergegenwärtigung im Modus einer ununterbrochenen medialen Sendung auf: Sie schließt sogleich den Raum, den sie eröffnet. Ästhetisierung (Bildlichkeit und alle anderen Inszenierungs- und Spielformen) erscheint *an Stelle einer Leere,* die ihre Religion noch nicht gefunden hat – Freud nennt sie *Logos* und setzt darauf, dass sie an Stelle der Theologie Zukunft hat. Indes propagiert Lacan „das Apogäum und das Ende der Theologie"[421] in der Technik als mythischer Ausdruck des Logos. Aber Theologie als Theorie der Inszenierungskunst dort, wo die Leere des Todes sich auftut, hat sich unter dem Logos kaum geändert. Sie transformiert in den mythischen Kreislauf, der Fetischisierung und

418 Blumenberg: *Paradigmen zu einer Metaphorologie,* S. 173f.

419 Lacan: *Von einem Anderen zum anderen,* S. 297.

420 Ebd., S. 328.

421 Ebd., S. 323.

der Heiligung der Warengötter. Der Logos *schielt* wegen seiner ästhetischen Unattraktivität stets auf den Mythos. Die Abhängigkeit zwischen Reproduktion und Repräsentation macht sich deutlich: „Damit etwas fehlt, muss es Gezähltes geben. Sobald es Gezähltes gibt, gibt es auch Auswirkungen des Gezählten auf die Ordnung des Bildes.“[422] Würde ich nur genau hinsehen, ich könnte erkennen, dass das digitale Bild aus Pixeln, letztlich auf Zahlen aufgebaut ist, d.h. auf Disparationen, Einschnitte, Lücken, die mich – hier sind Sartre, Heinz und Lacan einer Meinung – zu verschlingen drohen, mich in das Bild hineinziehen. Ich muss gleichsam schielen, unscharf sehen, um die Täuschung anzuerkennen, die im Teufel der Symbolisierung lauert. Das mediale Ereignis muss in diesem Sinne „billig“ und nicht „erhaben“ sein.

Die Dynamik von Kultur möchte Lacan „im Großen und Ganzen“ im „Drehkreis zwischen einerseits dem Konformismus und andererseits der Perversion“[423] verhandelt sehen.

Wir stehen vor der logistischen Frage, wie und in welchem Zustand die Sendung, die Gabe, das Opfer beim Empfänger ankommt. Die Tauschdoktrin sagt uns – gegen den absoluten Wert der Mathematik –, dass es keinen identischen Tausch geben kann: Niemand tauscht eine Ziege gegen eine identische Ziege, aber es ist unter Umständen gewinnbringend, eine Ziege gegen eine Kuh zu tauschen. Das Märchen von HANS IM GLÜCK ist der negative Beweis dieses Prinzips.[424]

Mit Lacan hat Žižek das Syndrom des Genießens auf jenen Satz von Lacan bezogen, der lautet: „Die Wahrheit entspringt der Verkennung“.[425] Um etwas verkennen zu können, muss es allerdings erst erkannt sein. Das Erkannte ist demnach noch nicht das Wahre – es muss erst vom individuellen Standpunkt gereinigt werden, d.h. als Objekt in die Heiligung aufgehen, um wahr zu sein. Dazu muss die Opfersubstanz „verdampfen“, die die Anerkennung des Erkennens bis zum Wissen hin inzestuös sich aneignet. Im Wissen haben wir jenes inzestuöse *Bild,* in dem die Sendung mit dem Empfang unvermittelt identisch sein soll. Hier ist nicht einmal das Genießen präsent. Es gibt im exakten Wissen weder einen interpretatorischen Spielraum noch eine Fehldeutung. Das Wissen vergisst stets die Geschichte seiner Hervorbringung. Exakte Wissenschaft ist „geschichtslos“. Die Bewegung, die zur Wahrheit kommt und wieder abgezogen wird, macht die Subjektivität

[422] Ebd., S. 350.

[423] Lacan: *Das Begehren und seine Deutung,* S. 628.

[424] Bohn: *Das Karussell,* S. 102-106. Vgl. meine ausführliche Interpretation des Märchens.

[425] Žižek: *Liebe Dein Symptom wie Dich selbst,* S. 11.

des Subjekts, seine Konstitution aus. So ist die Wahrheit der Wissenschaft die stets rudimentär ausgeführte Technik. Žižek resümiert:

> Der Satz von der „Wahrheit, die dem Verkennen entspringt", muß also *wörtlich* verstanden werden: Das Verkennen, das falsche Verstehen, wird *zur Wahrheit selbst dazugerechnet;* es handelt sich nicht um ein verkehrtes Verstehen der wirklichen Reichweite einer an sich bestehenden, im Voraus gegebenen Wahrheit. *Durch diese Verkennung wird vielmehr die Wahrheit erst konstituiert.*[426]

Es ist die Wahrheit der Genese des Ichs über den anderen. Diese aber lässt sich, da das Ich dynamisch ist, nur szenisch erfassen. Das Karussell liefert diese Szene zwischen den Polaritäten der Verkennungen, denen Žižek einen Symptomkreis zuordnet, der in einer subjektiven Zeitlichkeit abläuft: „Der Zwangsneurotiker zögert, schiebt die Tat auf, er wartet auf den richtigen Augenblick und erlebt ihn natürlich nie; die Hysterikerin wirft sich aber in einem Vorauseilen ‚verfrüht' in die Tat und erzeugt so durch deren Mißlingen die Bedingungen für den richtigen Augenblick der Tat."[427] Der richtige Augenblick, in dem Tat und Deutung zusammenfallen, der ohne Fehl der Sendung antwortet, kann nicht dem Wissen unterstellt werden. Das Hinausschieben des asketischen Genießens, das Warten auf ein Zeichen Gottes, das ist das Warten auf den Tod, seine asketisch simulierte Anwesenheit, die in Einsamkeit und Melancholie umschlägt. Wir haben auf das Diktum Sohn-Rethels verwiesen: Die Tauschhandlung ist mit der Reflexion unvereinbar.[428] Sie muss szenifiziert werden. Was in der Television, diesem Geschwisterinzest von Produkt und Produktion, fehlschlägt – was Lacan an diesem teuflischen Genuss illusionierender Romane verärgert –, ist der Umstand, dass der Empfang immer schon in der Sendung dieses billigen Schunds an Signifikantem vermittelt ist, während das himmlische Genießen, das auffliegende Gefühl, sich vom Realitätszwang entfernt. Das „wahre Genießen" enteignet die Wunschvorgaben und verwünscht sie. Als verwunschene wird die Dame des Ritters und der Ritt auf dem Karussell dem Opferkreislauf entnommen und als Gabe rückangeeignet. Das, was der Wahrheit dazugerechnet wird, der Fehl, die Missweisung, ist das, was das Genießen bewirkt. „Man wiederholt nicht, weil man verdrängt, sondern man verdrängt, weil man wiederholt."[429]

[426] Ebd.

[427] Ebd., S. 15.

[428] Ebd., S. 16.

[429] Deleuze: *Differenz und Wiederholung,* S. 140.

Gleich, welche Zukunft man wählt – die der Religion oder die des Logos –, der Seinsmangel scheint in der vorbeugend therapeutischen Rezeptur der Medien kompensiert. So kommt uns das Symptom immer nur als Vergegenwärtigung einer Zukunft, eines Erlösungsversprechens entgegen. Zukunft, das ist die Illusion, die mich davor bewahrt, in der reinen Wahrheit leben zu müssen.

Zwei der Konkretisierungen der Zukunftsillusionen haben wir innerhalb der allgemeinen Ökonomie isolieren können: erstens der Topos der Verdrängung der Gegenwart in die Zukunft gottgefälliger Gerechtigkeit – das Paradies –, und zweitens den der äußersten Komprimierung von Wunsch und Erfüllung im Warenverkehr, also die Einbildung einer Gabe schuld- und opferloser Gottesgeschenke. In beiden Fällen richtet sich Zukunft als zeitlich gedachte auf eine Instanz (die Logistik), die hinter meinem Rücken operiert.[430]

Es stellt sich die Frage, ob Freuds Ansatz im Text DIE ZUKUNFT EINER ILLUSION, in welchem er die Wandlung der sakralen Inszenierungen in solche des profanen Logos untersucht, nicht nur falsch ist hinsichtlich der Mythisierung und Inszenierung der Konsumproduktion, die weiterhin sakrale Züge trägt, sondern auch, *dass Zukunft selbst eine Illusion ist,* die einer je spezifischen Zeitauffassung unterliegt. Wenn man die „Illusion von Zukunft" mit dem Status eines Symptoms belegt, in dem die Imagination einer Zukunft selbst in den Seinsmangel des Menschen eingeschrieben ist, so ist die Unerfüllbarkeit einer gegenwärtig erträumten Zukunft ein Teil des Problems des Erfüllungsversprechens der Konsumgesellschaft. Es ist eben nur der Traum als Traum, der den Wunsch erfüllt. Seine Realisierung wird sich immer als (medialer) Mangel erweisen. Zukunft, so die Propheten der Postmoderne, existiert nicht mehr, da jegliche Erwartung sich in der Ware schon erfüllt hat, die als „neu" scheinbar aus der Zukunft kommt. Heißt das aber, Zukunft in der ewigen Wiederkehr des Gleichen aufzugeben? Lässt sich der Anspruch des Slogans „Die Phantasie an die Macht!" erfüllen, oder ist der Imperativ ihrer Ermächtigung jener ihrer Uneinlösbarkeit?

430 Jules Verne denkt sich nicht frei Zukunftsmaschinen aus, sondern sondiert Techniken, die ihm die Zeitungen melden, baut sie in Gegenwartsgeschichten ein, die dann als zukünftige erscheinen. Die Verne'schen Abenteuer selbst wiederholen stets nur die rückständigen Mythen von Eroberern fremder Welten – im Grunde propagieren sie die Kolonialisierung der Welt durch Technik. Eine Selbstdarstellung der Unmöglichkeit der Antizipation einer Zukunft realisiert sich in einer ganz anderen Literatur, bei Joyce etwa.

Žižek macht folgende Rechnung auf, in der das Genießen den Mehrwert beansprucht, der erkennt, dass das Gleiche in der Zeit allenfalls das Ähnliche ist – es sei denn, es wird durch die perfekte Kopiermaschine der Industrie subsensuell als das Gleiche wahrgenommen. Das Ähnliche ist gemäß Definition das, was – bis hin zur wissenschaftlichen Desavouierung des Analogiedenkens – im Wissen und in der Produktion ausgeschlossen wird. Dieses Faszinosum der unbedingten Gleichheit (ohne Makel, ohne Fehler) pflanzt sich in der Digitalisierung der Dienstleistungen fort. Die Zukunftspenetranz konkurriert stets mit dem Feld des Wissens, weil die Zukunft das ist, was man nicht wissen können soll. Dabei macht man sich nicht mehr sonderlich die Mühe, die Differenzwerte der menschlichen Sinne zu unterlaufen. Die Mikro- wie die Makrowelt sind längst jenseits nichtinstrumenteller Verifizierung angelangt. „Das Nicht-Gewußtsein der Tauschabstraktion", so Žižek mit Marx, Sohn-Rethel und Lacan, „ist also ein konstitutiver Bestandteil der Tauschhandlung selbst. […] Wenn die Tauschabstraktion bewußt wird, ist der Tauschakt selbst nicht mehr möglich."[431] Das Genießen verschiebt sich *syndromisch* in eine Zukunft, in der der Tausch keine Geltung mehr haben soll. Wo aber nicht mehr *per analogiam* getauscht wird, zirkuliert nur die Wiederholung – und hier ist der Tauschakt nicht mehr nur nicht möglich, er ist auch unnötig. Das Nichtwissen als das, was nicht in der Identität der Reproduktion aufgeht, ruft also beständig das Unerwartete, Krisenhafte, eben „Zukunft" auf den Plan – eine Lücke innerhalb der vorherrschenden Ökonomie, die durch das Genießen indiziert wird. *Das Problem Zukunft ist demnach durch und durch ein ökonomisches, kein zeitlogisches.*

Die Aufarbeitung dieses Problems erfolgt bei Sartre, so Žižek, durch die Konventionalisierung einer Geschichtsschreibung, die die Zufälligkeit der Gegenwärtigkeit (ihre Situativität) in eine wahrscheinliche Narration verwandelt und die Krisen der Zukunft vorhersehbar zu machen glaubt. Von therapeutischem Interesse ist die Ableitbarkeit der Zukunft (als Heil) deswegen, weil es in der Psychoanalyse – wie in der historisch versierten Philosophie – um eine *Umdeutung der Vergangenheit* geht.

431 Žižek: *Liebe Dein Symptom wie Dich selbst,* S. 16. Bleiben wir bei dem bäuerlichen Beispiel: Wie ist es möglich, eine Ziege gegen eine Kuh zu tauschen, wenn ich sie nicht mittels einer Drittenäquivalenz (z.B. der Produktion von Milch) ins Verhältnis setze? Und dann müsste ich den Milchmarkt kennen, den Vorzug der Kuhmilch etc. Jedenfalls kann dieser Agon abgekürzt werden, indem ich einen objektiven Wert angebe – das Geld –, der aber bei genauerem Hinsehen so objektiv gar nicht ist. So ist jeder Tausch ein Aufschub und eine Annäherung an die Gerechtigkeit und das Recht, da ihm, dem Tauschmoment, keine Zeit eignet.

> Deshalb legt Lacan den Nachdruck nicht auf das Unvermögen des Ich, seine eigenen Bedingungen zu reflektieren, auf das Ich als Spielzeug fremder, unbewußter Mächte: es geht vielmehr darum, daß das Ich eine solche Reflexion mit einem Verlust seiner eigenen ontologischen Konsistenz bezahlen müßte. In diesem Sinn ist das Wissen, dem sich durch die Psychoanalyse hindurch das Subjekt nähert, unmöglich-real: ein gefährliches Gebiet, wo wir – wenn wir ihm zu nahe kommen – auf einmal gewahr werden, daß wir unsere ontologische Konsistenz verlieren.[432]

Die Kritik Freuds daran, „daß die Menschen sich ungestört durch inneren Zwist der Erwerbung von Gütern und dem Genuß derselben hingeben“[433], propagiert eine Zukunft der ewigen Ausbeutung des anderen, der im Wissen (in der Identitätslogik des Tauschs) nicht in den Blick kommt. Im Gegenteil, der andere als Opfer soll bald in der Lage sein, in der gleichen Zukunft zu leben wie der Ausbeuter. Werden die Gründe in den Religionen für die Ungerechtigkeit noch in der Vergangenheit gesucht (Gottes Wille), so betont schon der Calvinismus in der Prädestinationslehre die gerechte Erwählung durch Handeln in der Gegenwart. Freud führt an dieser Stelle den Logos ein, der auch einen Blick in die Zukunft geben lassen soll, indem man nach dem Satz der Identität und den empirischen Statistiken die Gegenwart in die Zukunft hinein verlängern kann und damit Glauben als Zukunftshoffnung abschafft. „Wenn alle Beweise, die man für die Glaubwürdigkeit der religiösen Lehrsätze vorbringt, aus der Vergangenheit stammen, so liegt es nahe umzuschauen, ob nicht die besser zu beurteilende Gegenwart auch solche Beweise liefern kann.“[434] Richtig ist, dass es heute um eine spezifische Form des areligiösen Glaubens geht, nämlich um die Kreditierung von Vertrauensgaben, um die Induktion illusionärer Identität.

Freuds Analyse ist darauf bedacht, das Zusammenspiel von „historischer Reminiszenz“ und „Zukunft“ als „allgemein menschliche Zwangsneurose“[435] zu qualifizieren, in der die Erwartung der Wunscherfüllung und die Erfüllung sich decken mögen. Das Genießen aber kommt gerade dadurch zum Ausdruck, dass *etwas Unerwartetes geschieht:* der Zaubertrick, der Schwindel, das fliegerische Gefühl, also die Ent-Täuschung der Sinne und des Körpers, die anders gedeckt ist, als man sie sich vom anderen hat vorstellen lassen. Genau das soll *en miniature* geschehen in der Inszenierung eines Spiels, dem Theater, das auch die hundertste Aufführung von HAMLET als

[432] Ebd., S. 17.

[433] Freud: *Die Zukunft einer Illusion,* S. 87.

[434] Ebd., S. 107.

[435] Ebd., S. 122f.

ein gegenwärtiges inkommensurables Erlebnis feiert: den genießenden Ausbruch aus der Verlässlichkeit und dem Zwang des Alltags. Dafür muss das Unerwartete die Erlösungsaussicht permanent widerrufen – muss Zukunft in Präsenz offen bleiben. Vor diesem Hintergrund bleibt jede Therapeutik *unabgeschlossen.*

Es kommt auf das richtige Argument an, wenn man behauptet, dass Bildung von Zukunft immer eine Illusion, ein fingierendes Spiel ist. Wenn man die religiöse Erziehung durch die „Erziehung zur Realität"[436] unter der Maxime des Logos ergänzt, so Freud vorsichtig, würden die Menschheit ein wenig aus ihrem infantilen Verhalten heraustreten. Ist das richtig? Wäre es nicht vielmehr so, dass Wünsche, denen kein Mangel entgegensteht, als erfüllte Zukunft schon besiegeln?

Žižek bringt in dieser Argumentation über den Wert der Illusion eine Einsicht ins Spiel, die – wie oben gesagt – dem Symptom als Wiederkehr des Verdrängten, dem Syndrom „Zukunft", die Rolle zuschreibt, das Genießen zu bewahren und es auf innere Weise der Ökonomie zu entziehen. Damit wird das Symptom zu einem Ding, „das als Wiederkehr des Verdrängten *aus der Zukunft zurückkehrt.*"[437] Wie kann sich der Analytiker darauf einlassen? „Das Symptom stellt eine verstümmelte, verzerrte Spur dar, das Fragment einer Wahrheit, die aber nicht schon im Vorhinein in der Tiefe des Unbewußten auf uns wartet, sondern erst am Ende des psychoanalytischen Prozesses konstruiert sein wird. Der Sinn des Symptoms wird von der Analyse nicht aufgedeckt, sondern konstruiert."[438]

Zukunftsfiktionen, Science-Fiction – ein häufiges Motiv der Kirmesattraktionen –, initiieren in der Hochzeit des Karussellbetriebs unter der Adaption von Jules Vernes Romanen ein Setting, in dem der „Analysand voraussetzt, der Analytiker sei schon im voraus im Besitz eines Wissens."[439] Was für dieses Setting gilt, gilt schematisch für alle fiktionalisierenden Diskursformationen, die deswegen von der *Opfer- auf die Gabenseite* zu wechseln scheinen. „Jeder geschichtliche Bruch, der Auftritt eines neuen Herrensignifikanten, verändert nachträglich den Sinn der gesamten Tradition, rekonstruiert die Narration der Vergangenheit, macht sie auf eine

[436] Freud: *Die Zukunft einer Illusion,* S. 128.
[437] Žižek: *Liebe Dein Symptom wie Dich selbst,* S. 9.
[438] Ebd.
[439] Ebd., S. 10.

andere Art lesbar."[440] In dieser Rücksicht zeigt sich für den Erwachsenen, der nicht in das Karussell eintritt, ein nostalgisches Element der Umdeutung seiner Kindheit und somit auch eine unerwartete Reflexion auf Zukunft. Der Seinsmangel hebt sich gewissermaßen auf, indem er die Zukunft in die Gegenwart absorbiert und die Vergangenheit im Heute aktualisiert.

Für Freud war dieser neue, universell vergegenwärtigende Herrensignifikant der Logos der Wissenschaft. Von seinem, Freuds Blickwinkel aus, ist der verfemte Teil des Individuums von ihm selbst entdeckt worden, als Schattenriss einer Entwicklung, die in der Tat die Geistesgeschichte ein wenig verändert hat. Einerseits wird die Bedeutung der intersubjektiven Konkurrenz in der Präsenz der Übertragung gewürdigt, andererseits wird aus dem Auge verloren, dass, wie Marx annonciert, „die Produkte menschlicher Arbeit die Form von Waren annehmen" und deshalb „die entscheidenden Verhältnisse zwischen Personen die Form von Sachen, von Waren [sind] – an die Stelle der unmittelbaren Verhältnisse zwischen Menschen treten gesellschaftliche Verhältnisse zwischen Sachen."[441] Und was markiert unsere umfassende Gegenwärtigkeit mehr als die Dinge, in und mit denen wir wohnen? Das Angebot einer existenziellen, narzissmustheoretisch ausformulierten Psychoanalyse der Sachen, die den vermittelnden Charakter der Sachen als Dritte mit einzubeziehen hat, scheint immer noch dringlich – nicht nur in der psychoanalytischen Behandlung populärer Medienproduktionen, die Žižek beispielgebend durchführt, wobei die Medienproduktionen in ihrer virtuellen Präsenz immer übermenschlicher werden.

Wir haben uns auf das Karussell als ein metaphorisches Zentrum konzentriert, dem es um Exzentrizität geht. Der Essay hat kristallin und fragmentarisch seine Gesamtökonomie in den Blick zu nehmen versucht. Als ganzheitlich erscheint auch der Ort und das Spiel mit der Zeit. In die Vergangenheit leitet das Karussell hinein, infantil und nostalgisch – für die Demonstration einer gegenwärtigen Zukunft arrangiert es die Fliehkräfte einer zukünftigen Vergangenheit in einem kleinen Schwindel.

[440] Ebd.

[441] Ebd., S. 50.

LITERATURVERZEICHNIS

ADORNO, Theodor W.: *Der Essay als Form.* In: Ders.: *Noten zur Literatur I.* Frankfurt a. M. 1969

ADORNO, Theodor W.: *Ontologie und Dialektik.* Nachgelassene Schriften Abteilung IV: Vorlesungen, Bd. 7, Frankfurt a. M. 2002

BARTHES, Roland: *Mythen des Alltags.* Frankfurt a. M. 2015

BATAILLE, Georges: *Die Souveränität.* In: Ders.: *Die psychologische Struktur des Faschismus. Die Souveränität.* München 1978

BATAILLE, Georges: *Die Aufhebung der Ökonomie.* München 1985

BAUDRILLARD, Jean: *Laßt euch nicht verführen!* Berlin 1983

BAUDRILLARD, Jean: *Das Jahr 2000 findet nicht statt.* Berlin 1990

BAUDRILLARD, Jean: *Der symbolische Tausch und der Tod.* München 1991

BAUDRILLARD, Jean: *Von der Verführung.* München 1992

BAUDRILLARD, Jean: *Die Illusion des Endes oder der Streik der Ereignisse.* Berlin 1994

BAUDRILLARD, Jean: *Die Konsumgesellschaft. Ihre Mythen, ihre Strukturen.* Wiesbaden 2015

BENJAMIN, Walter: *Agon und Theater.* In: Florens Christian Rang: *Historische Psychologie des Karnevals.* Berlin 1983

BENJAMIN, Walter: *Das Kunstwerk im Zeitalter seiner technischen Reproduzierbarkeit.* In: Ders.: *Gesammelte Schriften*, Bd. I, Frankfurt a. M. 1980

BENJAMIN, Walter: *Gesammelte Schriften,* Bd. I. Frankfurt a. M. 1980

BENJAMIN, Walter: *Metaphysisch-geschichtsphilosophische Studien. Erfahrung und Armut.* In: Ders.: *Gesammelte Schriften,* Bd. II. Frankfurt a. M. 1980

BERGFLETH, Gerd: *Theorie der Verschwendung. Einführung in Georges Batailles Antiökonomie.* München 1985

BERNFELD, Siegfried; CASSIRER BERNFELD, Suzanne: *Bausteine der Freud-Biografik.* Frankfurt a. M. 1988

BIRKHAN, Helmut: *Spielendes Mittelalter.* Wien 2018

BLUMENBERG, Hans: *Schiffbruch mit Zuschauer. Paradigma einer Daseinsmetapher.* Frankfurt a. M. 1979

BLUMENBERG, Hans: *Paradigmen zu einer Metaphorologie.* Frankfurt a. M. 2021

BOHN, Ralf: *Techniktäume und Traumtechniken. Die Kultur der Übertragung und die Konjunktur des elektrischen Mediums.* Würzburg 2004

BOHN, Ralf: *Inszenierung als Widerstand. Bildkörper und Körperbild bei Paul Klee.* Szenografie & Szenologie Bd. 2, Hg. Ralf Bohn und Heiner Wilharm, Bielefeld 2009

BOHN, Ralf: *Szenische Hermeneutik. Verstehen, was sich nicht erklären lässt.* Szenografie & Szenologie Bd. 12, Hg. Ralf Bohn und Heiner Wilharm, Bielefeld 2015

BOHN, Ralf: *Das Karussell – Schwindel Tausch und Täuschung. Szenen einer Medienphilosophie.* Szenografie & Szenologie Bd. 17, Hg. Ralf Bohn und Heiner Wilharm, Bielefeld 2022

BOHN, Ralf; Wilharm, Heiner (Hg.): *Inszenierung und Vertrauen. Grenzgänge der Szenografie.* Szenografie & Szenologie Bd. 4, Hg. Ralf Bohn und Heiner Wilharm, Bielefeld 2011

BUÑUEL, Luis: *Mein letzter Seufzer. Erinnerungen.* Königstein 1983

CAILLOIS, Roger: *Die Spiele und die Menschen. Maske und Rausch.* Berlin 2017

CAMPBELL, Joseph: *Der Heros in tausend Gestalten.* Frankfurt a. M. 1999

CASSIRER, Ernst: *Davoser Disputation zwischen Ernst Cassirer und Martin Heidegger.* In: Martin Heidegger: *Kant und das Problem der Metaphysik.* Frankfurt a. M. 1973

COHEN-SOLAL, Annie: *Sartre 1805 – 1980.* Reinbek 1988

CREMONINI, Andreas: *Die Durchquerung des Cogito. Lacan contra Sartre.* München 2003

DAHMER, Helmut: *Pseudonatur und Kritik. Freud, Marx und die Gegenwart.* Frankfurt a. M. 1994

DELEUZE, Gilles: *Woran erkennt man den Strukturalismus?* Berlin 1992

DELEUZE, Gilles: *Die Falte. Leibniz und der Barock.* Frankfurt a. M. 2000

DELEUZE, Gilles; GUATTARI, Félix: *Anti-Ödipus. Kapitalismus und Schizophrenie I.* Frankfurt a. M. 1979

DERING, Florian: *Volksbelustigungen. Eine bildreiche Kulturgeschichte von den Fahr-, Belustigungs- und Geschicklichkeitsgeschäften der Schausteller vom achtzehnten Jahrhundert bis zur Gegenwart.* Nördlingen 1986

DERRIDA, Jacques: *Randgänge der Philosophie.* Frankfurt a. M. 1976

DERRIDA, Jacques: *Falschgeld. Zeit geben I.* München 1993

DERRIDA, Jacques: *Marx' Gespenster. Der Staat der Schuld, die Trauerarbeit und die neue Internationale.* Frankfurt a. M. 1996

Die Heilige Schrift des Alten und des Neuen Testaments. Hg. V. Kamp, M. Stenzel, J. Kürzinger, Aschaffenburg 1970

DRESSLER, Roland: *Von der Schaubühne zur Sittenschule. Das Theaterpublikum vor der vierten Wand.* Berlin 1993

ELLENBERGER, Henry F.: *Die Entdeckung des Unbewußten. Geschichte und Entwicklung der dynamischen Psychiatrie von den Anfängen bis zu Janet, Freud, Adler und Jung.* Bern 1996

ERIKSON, Erik H.: *Der junge Mann Luther. Eine psychoanalytische und historische Studie.* Frankfurt a. M. 1975

FRANK, Manfred: *Präreflexives Selbstbewußtsein. Vier Vorlesungen.* Stuttgart 2015

FREUD, Sigmund: *Der Witz und seine Beziehung zum Unbewußten.* Frankfurt a. M. 1981

FREUD, Sigmund: *Die Zukunft einer Illusion.* Frankfurt a. M. 1981

FREUD, Sigmund: *Das Ich und das Es und andere metapsychologische Schriften.* Frankfurt a. M. 1982

FREUD, Sigmund: *Die Traumdeutung.* Frankfurt a. M. 1984

FREUD, Sigmund: *Der Realitätsverlust bei Neurose und Psychose* (1924). In: Ders.: *Schriften zur Krankheitslehre der Psychoanalyse.* Frankfurt a. M. 1991

FREUD, Sigmund; BREUER, Josef: *Studien über Hysterie.* Frankfurt a. M. 1981

FROMM, Erich: *Die Entdeckung des gesellschaftlichen Unbewußten.* München 1990

GOFFMAN, Erving: *Interaktion: Spaß am Spiel. Rollendistanz.* München 1973

GÖTTERT, Karl-Heinz: *Geschichte der Stimme.* München 1998

GUATTARI, Félix: *Mikro-Politik des Wunsches.* Berlin 1977

HEIDEGGER, MARTIN: *Aus der letzten Marburger Vorlesung.* In: Ders.: *Wegmarken,* Frankfurt a. M. 2004

HEIDEGGER, MARTIN: *Kants These über das Sein.* In: Ders.: *Wegmarken.* Frankfurt a. M. 2004

HEINZ, Rudolf: *Jean-Paul Sartres existentielle Psychoanalyse. Korrektur der Metapsychologie und narzißmustheoretische Antizipation.* In: *Archiv für Rechts- und Sozialphilosophie,* Bd. LXII/1. Wiesbaden 1976

HEINZ, Rudolf: *Schief und Scheel. Propädeutikum zu Bild und Stabismus.* In: Hans Belting, Dietmar Kamper (Hg.): *Der zweite Blick. Bildgeschichte und Bildreflexion.* München 2000

HONNETH, Axel: *Kampf um Anerkennung. Zu Sartres Theorie der Intersubjektivität.* In: Traugott KÖNIG (Hg.) *Sartre. Ein Kongreß.* Reinbek 1988

KIERKEGAARD, Sören: *Der Begriff Angst.* Hamburg 1991

KIERKEGAARD, Sören: *Die Wiederholung. Die Krise.* Hamburg 1991

KIERKEGAARD, Sören: *Furcht und Zittern.* Hamburg 1992

KITTLER, Friedrich A.: *Rock Musik – ein Mißbrauch von Heeresgerät.* In: Ders.: *Die Wahrheit der technischen Welt. Essays zur Genealogie der Gegenwart.* Frankfurt a. M. 2013

KLOSSOWSKI, Pierre: *Die lebende Münze.* Berlin 1998

KOHUT, Heinz: *Die Heilung des Selbst.* Frankfurt a. M. 1991

KÖNIG, Traugott: *Sartre und Bataille.* In: Ders. (Hg.): *Sartre. Ein Kongreß.* Reinbek 1988

KÖPP-FREDEBEUL, Susanne: *Vom Karussellpferd zur Raketenbahn. Die Geschichte der deutschen Karussellindustrie in Thüringen.* Ahlen 2019

KRAUS, Alfred: *Die „existentielle Psychoanalyse" Jean-Paul Sartres: Eine Anwendung bei Melancholischen und Hysterischen.* In: Hermann Lang, Pawel Dybel, Gerda Pagel (Hg.): *Grenzen der Interpretation in Hermeneutik und Psychoanalyse.* Würzburg 2014

LACAN, Jacques: *Das Spiegelstadium als Bildner der Ichfunktion.* In: Ders.: *Schriften 1.* Frankfurt a. M. 1949

LACAN, Jacques: *Die vier Grundbegriffe der Psychoanalyse. Das Seminar von Jacques Lacan, Buch XI (1964).* Olten 1980

LACAN, Jacques: *Die Ethik der Psychoanalyse. Das Seminar Buch VII (1959-60).* Weinheim 1996

LACAN, Jacques: *Die Angst. Das Seminar, Buch X (1962-63).* Wien 2010

LACAN, Jacques: *Das Begehren und seine Deutung. Das Seminar VI (1958-59).* Wien 2020

LACAN, Jacques: *Von einem Anderen zum anderen. Das Seminar, Buch XVI (1968-69).* Wien 2022

LADEWIG, Rebekka: *Schwindel. Eine Epistemologie der Orientierung.* Historische Wissensforschung, Bd. 6. Tübingen 2016

LAPLANCHE, Jean: *Die unvollendete kopernikanische Revolution in der Psychoanalyse.* Frankfurt a. M. 1996

LUHMANN, Niklas: *Liebe als Passion. Zur Codierung von Intimität.* Frankfurt a. M. 1995

LUHMANN, Niklas: *Die Gesellschaft der Gesellschaft.* Frankfurt a. M. 1997

LYOTARD, Jean-François: *Der Widerstreit.* München 1989

LYOTARD, Jean-François: *Das postmoderne Wissen. Ein Bericht.* Wien 1993

LYOTARD, Jean-François et al.: *Immaterialität und Postmoderne.* Berlin 1985

MAASE, Kaspar: *Grenzenloses Vergnügen. Der Aufstieg der Massenkultur 1850-1970.* Frankfurt a. M. 1997

MARX, Karl: *Das Kapital.* Köln 2000

MAUSS, Marcel: *Die Gabe.* In: Ders.: *Soziologie und Anthropologie 2.* Frankfurt a. M. 1989

MÜLLER, Michael: *Die Verdrängung des Ornaments. Zum Verhältnis von Architektur und Lebenspraxis.* Frankfurt a. M. 1977

NIETZSCHE, Friedrich: *Sämtliche Werke. Kritische Studienausgabe,* Bd. 5, Hg. Giorgio Colli, Mazzino Montinari, München 1980

NIETZSCHE, Friedrich: *Sämtliche Werke. Kritische Studienausgabe. Nachgelassene Fragmente 1887-1889, Bd. 13, Hg. Giorgio Colli, Mazzino Montinari,* München 1980

PFAFFENBICHLER, Matthias: *Die Anfänge des Turniers im 12. und 13. Jahrhundert.* In: Stefan Krause, Matthias Pfaffenbichler (Hg.): *Turnier. 1000 Jahre Ritterspiele.* Wien 2017

PFALLER, Robert: *Die Illusionen der anderen. Über das Lustprinzip in der Kultur.* Frankfurt a. M. 2002

PFALLER, Robert: *Warum man beim Zaubern laut sprechen muss. Die Kultur der Magie und der Narzissmus der Aufgeklärten in der psychoanalytischen Theorie.* In: Brigitte Felderer (Hg.): *Phonorama. Eine Kulturgeschichte der Stimme als Medium.* Berlin 2004

PIRANDELLO, Luigi: *Sechs Personen suchen einen Autor.* Stuttgart 1986

PLESSEN, Marie-Louise von: *Rossbalett und Reiterspiel: Schautänze zu Pferde.* In: Stefan Krause, Matthias Pfaffenbichler (Hg.): *Turnier. 1000 Jahre Ritterspiele.* Wien 2017

RAULET, Gérard: *Natur und Ornament. Zur Erzeugung von Heimat.* Darmstadt 1987

RÜPKE, Jörg: *Zeit und Fest. Eine Kulturgeschichte des Kalenders.* München 2006

SARTRE, Jean-Paul: *Das Imaginäre. Phänomenologische Psychologie der Einbildungskraft.* Reinbek 1971

SARTRE, Jean-Paul: *Marxismus und Existentialismus. Versuch einer Methodik.* Reinbek 1971

SARTRE, Jean-Paul: *Über Merleau-Ponty. Freundschaft und Widersprüche.* In: Ders.: *Gesammelte Werke,* Bd. 2. Reinbek 1977

SARTRE, Jean-Paul: *Kritik der dialektischen Vernunft. Theorie der gesellschaftlichen Praxis.* Reinbek 1980

SARTRE, Jean-Paul: *Bewußtsein und Selbsterkenntnis. Die Seinsdimension des Subjekts.* Reinbek 1981

SARTRE, Jean-Paul: *Das Sein und das Nichts. Versuch einer phänomenologischen Ontologie.* Hamburg 1981

SARTRE, Jean-Paul: *Die Transzendenz des Ego. Philosophische Essays 1931 – 1939.* Reinbek 1982

SARTRE, Jean-Paul: *Der Idiot der Familie III.* In: *Gesammelte Werke,* Bd. 7. Reinbek 1986

SARTRE, Jean-Paul: *Saint Genet, Komödiant und Märtyrer.* In: *Gesammelte Werke,* Bd. 3. Reinbek 1986

SARTRE, Jean-Paul: *Selbstporträt mit siebzig Jahren. Interview mit Michel Contat* (1975). In: Ders.: *Gesammelte Werke,* Bd. 2. Reinbek 1986

SARTRE, Jean-Paul: *Entwürfe für eine Moralphilosophie.* Reinbek 2005

SCHILLER, Friedrich: *Von der ästhetischen Erziehung des Menschen.* Stuttgart 2006

SHORTER, Edward: *Moderne Leiden. Zur Geschichte der psychosomatischen Krankheiten.* Reinbek 1994

SIMMEL, Georg: *Soziologie. Untersuchung über die Formen der Vergesellschaftung.* Leipzig 1908

SMITH, Adam: *Untersuchungen über Wesen und Ursachen des Reichtums der Völker.* Bd. 1, Hg. Erich W. Streissler, Düsseldorf 1999

SOHN-RETHEL, Alfred: *Zur kritischen Liquidierung des Apriorismus.* In: Ders.: *Warenform und Denkform. Mit zwei Anhängen.* Frankfurt a. M. 1978

SOHN-RETHEL, Alfred: *Geistige und körperliche Arbeit. Zur Epistemologie der abendländischen Geschichte.* Weinheim 1989

SOHN-RETHEL, Alfred: *Geld, die bare Münze des Apriori.* Berlin 1990

SONNEMANN, Ulrich: *Negative Anthropologie. Vorstudien zur Sabotage des Schicksals.* Frankfurt a. M. 1981

SZABO, Sacha: *Rausch und Rummel. Attraktionen auf Jahrmärkten und in Vergnügungsparks. Eine soziologische Kulturgeschichte.* Bielefeld *2006*

Szabo, Sacha: *Chillrides.* In: Ders. (Hg.): *Kultur des Vergnügens. Kirmes und Freizeitparks, Schausteller und Fahrgeschäfte. Facetten nicht-alltäglicher Orte.* Bielefeld 2009

Treichler, Hans Peter: *Die magnetische Zeit. Alltag und Lebensgefühl im frühen 19. Jahrhundert.* Zürich 1988

Turner, Victor: *Vom Ritual zum Theater. Der Ernst des menschlichen Spiels.* Frankfurt a. M. 2009

Ullrich, Wolfgang: *Alles nur Konsum. Kritik der warenästhetischen Erziehung.* Berlin 2013

Webber, Carl W.: *Brot und Spiele. Massenunterhaltung als Politik im antiken Rom.* Hersching 1989

Weber, Max: *Die protestantische Ethik und der Geist des Kapitalismus.* Hamburg 2006

Weismüller, Christoph: *Psychoanalyse und Philosophie des Todestriebs, des Körpers und der Dinge.* In: Christoph Weismüller (Hg.): *Philosophie und Psychoanalyse.* Psychoanalyse und Philosophie, Jahrbuch 2021, Düsseldorf 2021

Weismüller, Christoph: *Therapie und Television.* In: Christoph Weismüller (Hg.): *Mensch und Welt in Therapie.* Psychoanalyse und Philosophie, Jahrbuch 2022, Düsseldorf 2022

Winnicott, D. W.: *Vom Spiel zur Kreativität.* Stuttgart 1973

Wittgenstein, Ludwig: *Tractatus logico-philosophicus. Logisch-philosophische Abhandlung.* Frankfurt a. M. 1980

Žižek, Slavoj: *Liebe Dein Symptom wie Dich selbst! Jacques Lacans Psychoanalyse und die Medien.* Berlin 1991